U0516109

权威·前沿·原创

皮书系列为
"十二五""十三五"国家重点图书出版规划项目

BLUE BOOK

智 库 成 果 出 版 与 传 播 平 台

汽车安全蓝皮书

BLUE BOOK OF
AUTOMOBILE SAFETY

中国汽车安全发展报告
（2020）

ANNUAL REPORT ON AUTOMOBILE SAFETY IN CHINA
(2020)

中国汽车技术研究中心有限公司／研创

社会科学文献出版社
SOCIAL SCIENCES ACADEMIC PRESS（CHINA）

图书在版编目（CIP）数据

中国汽车安全发展报告. 2020／中国汽车技术研究
中心有限公司研创. —— 北京：社会科学文献出版社，
2020. 11
　（汽车安全蓝皮书）
　ISBN 978 - 7 - 5201 - 7587 - 6

　Ⅰ. ①中… Ⅱ. ①中… Ⅲ. ①汽车工业 - 工业安全 -
经济发展 - 研究报告 - 中国 - 2020 Ⅳ. ①F426. 471

　中国版本图书馆 CIP 数据核字（2020）第 221037 号

汽车安全蓝皮书
中国汽车安全发展报告（2020）

研　　　创／中国汽车技术研究中心有限公司

出 版 人／谢寿光
责任编辑／张　超

出　　　版／社会科学文献出版社·皮书出版分社（010）59367127
　　　　　　地址：北京市北三环中路甲 29 号院华龙大厦　邮编：100029
　　　　　　网址：www. ssap. com. cn
发　　　行／市场营销中心（010）59367081　59367083
印　　　装／天津千鹤文化传播有限公司

规　　　格／开　本：787mm×1092mm　1/16
　　　　　　印　张：21.75　字　数：321 千字
版　　　次／2020 年 11 月第 1 版　2020 年 11 月第 1 次印刷
书　　　号／ISBN 978 - 7 - 5201 - 7587 - 6
定　　　价／128.00 元

本书如有印装质量问题，请与读者服务中心（010 - 59367028）联系

汽车安全蓝皮书编委会

主要编撰者简介

尤嘉勋 高级工程师，中汽研（天津）汽车信息咨询有限公司副总经理，主要从事汽车前瞻技术与产业规划研究。主要参加了"中国汽车工业年鉴""中国汽车出口年鉴""郑州市汽车产业发展专项规划""中国汽车企业社会责任评价方法研究""基于用户评价的新能源汽车品质研究"等课题研究工作，作为主要牵头人开展中国汽车行人保护研究工作组相关工作，在《汽车工业研究》《汽车与配件》《商用汽车》等期刊上发表文章数十篇。

武守喜 高级工程师，中汽研（天津）汽车信息咨询有限公司信息咨询部部长，主要从事新能源汽车政策及标准法规研究。作为课题负责人或核心成员先后完成了"怠速启停技术中国验证试验及政策研究""中国电动汽车动力电池回收利用的可行性研究""防治机动车细颗粒物（PM2.5）污染的政策研究""关于加快电动汽车充电基础设施建设的指导意见"等多项重大课题研究，并主持完成多项地方政府的新能源汽车产业发展规划及可行性研究项目，在《汽车与配件》、"新能源汽车蓝皮书"等书刊上发表科技论文数十篇。

左培文 高级工程师，中汽研（天津）汽车信息咨询有限公司信息咨询部总工程师，主要从事汽车产品与技术情报研究工作。作为课题负责人或主持人先后完成了"汽车国五排放控制技术发展状况与国六标准建议""轻型柴油车国四、国五排放技术发展状况与政策建议""乘用车智能化技术发展状况与建议研究""乘用车高效变速器技术发展状况与建议研究"等多项重大课题研究，参与中国汽车行人保护研究工作组相关工作，在《中国汽车市场展望》《汽车工业研究》等期刊上发表科技论文30余篇。

中汽研（天津）汽车信息咨询有限公司

中汽研（天津）汽车信息咨询有限公司为中国汽车技术研究中心有限公司（简称：中汽中心）全资子公司，具有 35 年的行业研究经验、科研历史，始终坚持"为汽车行业提供技术情报及软科学研究"的宗旨，为行业、企业、地方政府、社会及消费者提供权威、专业的汽车技术情报及软科学研究。

中汽研（天津）汽车信息咨询有限公司的前身为中汽中心下属汽车技术情报研究所。1985 年 8 月，为发展科技情报工作，中汽中心设立情报所和报导部。1987 年 5 月二部合并为汽车技术情报研究所。作为最早伴随中汽中心成立的"一院四所"，按照中汽中心设定的职责，汽车技术情报研究所承担全国汽车行业情报技术、科技期刊、专利的归口管理工作，是汽车行业的文献中心和数据库中心。

2018 年，根据国务院关于《中央企业公司制改制工作实施方案》有关要求，中汽中心汽车技术情报研究所通过公司制改制成立了中央企业二级国有独资公司——中汽研（天津）汽车信息咨询有限公司。

中汽研（天津）汽车信息咨询有限公司主要业务领域涵盖：产品技术研究、产业发展研究、商用车研究、区域规划研究、消费者研究、知识产权研究、数据化信息服务与平台、汽车赛事文化、汽车公关传媒、汽车公益推广和汽车品牌传播等。

地址：天津市东丽区先锋东路 68 号

电话：022 – 84379352

电子邮箱：dingqian@ catarc. ac. cn

摘　要

"汽车安全蓝皮书"是关于中国汽车安全发展的年度研究报告,自2014年第一本报告出版以来,受到了汽车业界的广泛关注。本书是在国内部分汽车企业以及众多汽车安全领域资深专家的鼎力支持下,由中国汽车技术研究中心有限公司的多位研究人员及行业内安全领域专家共同撰写完成。

《中国汽车安全发展报告(2020)》下设总报告、宏观环境篇、标准法规篇、技术研究篇、优秀安全产品研究篇、行人保护篇、专项调查篇、借鉴篇和附录等九个部分。

总报告综合阐述了2019年中国汽车交通安全发展情况、改善对策与建议,从主动安全正向开发、车身平台开发、乘员保护技术、汽车碰撞后维修及评估技术等四个方面对汽车全局安全技术进行深入阐述。同时,对中国行人保护现状与趋势进行了分析。

宏观环境篇对中国道路交通安全发展现状、交通管理系统、交通安全隐患等方面进行分析,提出道路交通安全改善对策与建议。基于交通事故数据,通过对AEB系统的定义、结构、功能和测试场景的分析,构建车辆—行人事故场景,为虚拟测试场景的大量产生及相关测试提供参考。同时,分析了我国缺陷汽车召回的特点及未来走势。

标准法规篇首先对2021年版C-NCAP管理规则的变化要点进行解读。同时,对商用车辆电子稳定性控制系统性能要求及试验方法标准、自动紧急制动系统性能要求及试验方法标准的重要条款进行分析。

技术研究篇从主动安全正向开发标准流程及规范、先进安全车身平台及其轻量化开发技术、复杂工况的乘员保护技术、汽车碰撞后维修及评估技术四个方面对汽车全局安全技术进行分析研究。同时,从国家政策、技术发展

趋势、产品市场等多个维度分析新能源汽车热管理领域相关政策法规，对未来技术升级发展提出建议。

优秀安全产品研究篇从正面碰撞、侧面碰撞、鞭打试验、行人保护、主动安全等方面介绍了 SUV 车型的整车性能开发情况。

行人保护篇详细描述国内行人保护评价体系建立、行人保护标准在试验过程中的具体实施情况。基于国内行人的身高数据以及某车型行人保护试验数据，提出集成式行人保护系统伤害风险评估的方法。以 CIDAS 交通事故数据为基础对两轮车碰撞进行研究。并通过对比 Flex-PLI 腿型和 aPLI 腿型的差异，针对不同车型的 aPLI 腿型进行碰撞分析，提出相应的改进方案。

专项调查篇通过分析轿车、SUV 和 MPV 三个细分市场消费者对安全性的满意度评价情况，研究不同细分市场车型的安全性表现及差异，提出未来重点改进方向。

借鉴篇详细介绍欧盟汽车整车型式批准框架性技术法规及欧盟汽车安全框架性技术法规的相关内容，系统分析欧盟在汽车安全领域技术法规制修订和实施情况。

《中国汽车安全发展报告》以编撰中国汽车安全领域最权威的出版物、向行业和社会公众展示汽车安全技术进步、普及汽车安全知识、引领中国汽车安全发展方向为目标，以加强行业交流与合作、促进汽车安全技术创新与应用、为建设汽车强国贡献力量为愿景，汇聚主流汽车企业、权威专家的精彩力作。从社会科学角度，对中国汽车安全状况进行全面梳理和系统分析，旨在为汽车行业管理部门、研究机构、汽车和零部件企业、社会公众等掌握汽车安全发展情况提供全面的借鉴和参考。

关键词：汽车安全　行人保护　汽车碰撞

Abstract

The Blue Book of Automobile Safety is an annual research report on the development of China's automobile safety. Since the publication of the first volume of the report in 2014, it has received extensive attention from the automotive industry. This book is written by a number of researchers in China Automotive Technology and Research Center Co. , Ltd. and the experts in the field of safety in the industry and domestic automotive companies.

Annual Report on Automobile Safety in China (2020) includes 9 chapters of General Report, Macro Environment, Standards and Regulations, Technology Research, Research on Excellent Safety Products, Pedestrian Protection, Special Investigations, Reference and Appendix.

In the General Report, it covers the development of China's automobile safety industry in 2020 and the improvement measures and suggestions. It includes in-depth descriptions on the auto safety technologies in four areas of Forward Development of Active Safety, Development of Body Platform, Passenger Protection Technology, Repairing and Evaluation Technology after Collision and the analysis on the current situation and development trend of pedestrian protection in China.

In the report of Macro Environment, it covers the analysis on the current situation of the development of Chinese road traffic safety, transport management system, and hidden dangers in transport etc. , and puts forward the measures and suggestions on improving the road traffic safety. Based on the traffic accident data, the analysis of the definition, structure, function and test scenarios of the AEB system, the paper constructs vehicle-pedestrian accident scenarios to provide reference for the mass production of virtual test scenarios and related tests. At the same time, the characteristics and future trends of the recalls of China's defective automobiles are analyzed.

In the report of Standards and Regulations, it firstly explains the key changes of the rules of C-NCAP and makes analysis on the key articles in the standards for the requirements and testing methods for the performance of AEB and ESC on commercial vehicles.

In the report of Technology Research, the overall automobile safety technologies are analyzed in the areas of standard process and regulations of the forward development of active safety, advanced safe body platform and its lightweight development technology, passenger protection technologies in complicated working conditions, and repairing and evaluation technologies after collisions. At the same time, it analyzes relevant policies and regulations in the field of thermal management of new energy vehicles from the national policies, technology development trends, and product markets etc. , and put forward suggestions on the development and upgrades of the technologies in future.

In the report of Research on Excellent Safety Products, the performance development of the SUV model is introduced in the areas of collision, side collision, whiplash test, pedestrian protection, and active safety etc. .

In the report of Pedestrian Protection, it systematically and comprehensively described the establishment of evaluation system for pedestrian protection in home and the implementation of pedestrian protection standard in tests. Based on the height data of the domestic pedestrians and the pedestrian protection test data of a model, an assessment method for the injury risk of the integrated pedestrian protection system is proposed. It also describes the research on the collision of two-wheel vehicles based on the CIDAS traffic accident data. In addition, by comparing the difference between the Flex-PLI legform and the a-PLI legform, the collision analysis of the a-PLI leg form of different models is carried out, and the corresponding improvement plan is proposed.

In the report of Special Investigations, through analyzing the satisfaction evaluation of consumers in the three market segments of cars, SUVs and MPVs, the safety performance and differences in different market segments are studied, and the key improvements in the future are proposed.

In the report of Reference, it introduces the relevant contents of the EU framework technology regulations for vehicle type approval and EU automotive safety framework technology regulations, and systematically analyzes the revision and implementation of EU technology regulations in the field of automobile safety.

The book aims to strengthen the industry's exchanges and cooperation by compiling the most authoritative publications in China's automotive safety field, showing the progress of automobile safety technology to the industry and the public, popularizing automobile safety knowledge, and leading the development of China's automobile safety. The book will promote the innovation and application of automotive safety technology to contribute to building a strong powerhouse of automobiles and gather the masterpieces of mainstream automobile companies and authoritative experts. From the perspective of social sciences, it comprehensively sorts out and systematically analyzes China's automobile safety status, aiming at providing comprehensive reference for management departments of the automotive industry, research institutions, automobile and parts enterprises, and the public to grasp the development of automobile safety.

Keywords: Automobile Safety; Pedestrian Protection; Automobile After Collision

序　言

2020 年，突如其来的新冠肺炎疫情对我国汽车产业链、供应链产生了严重冲击，市场下行压力加大。汽车产业作为国民经济的支柱产业之一，为对冲新冠肺炎疫情的影响，2020 年 2 月习近平总书记要求："要积极稳定汽车等传统大宗消费，鼓励汽车限购地区适当增加汽车号牌配额，带动汽车及相关产品消费"。2020 年 4 月，国家发改委等 11 部门印发《关于稳定和扩大汽车消费若干措施的通知》，积极营造有利于汽车消费的市场环境。数据显示，2020 年上半年汽车销量同比下降 16.9%，降幅持续收窄，总体表现好于预期。从长期来看，我国汽车产业长期向好的态势没有改变，在经济社会发展中仍然有着举足轻重的地位。随着消费升级，我国千人汽车保有量仍有较大的增长空间。实现高质量发展是汽车产业转型升级的必然要求，其中汽车安全是不可忽视的重要组成部分。

近年来，汽车被动安全技术发展趋于成熟，汽车主动安全技术方兴未艾，并呈现主被动安全技术集成化发展趋势。随着"新四化"不断推进，新能源汽车和智能网联汽车成为企业技术和产品布局的重点。新能源汽车安全隐患凸显，成为影响消费信心和新能源汽车向市场驱动转型的主要因素之一。自动驾驶将重塑未来出行方式，有助于提升道路交通安全，解决日常出行中的一系列挑战，实现安全、高效和绿色出行。随着新一轮科技革命和产业变革的到来，社会公众对车辆安全以及道路交通安全的认知和期待也在不断提升。

为了顺应汽车产业发展新形势和满足汽车产业发展新需求，《C-NCAP 管理规则（2018 年版）》于 2020 年 4 月完成修订并正式发布。新修订的 C-NCAP 管理规则进一步优化了运营管理流程、强化了 C-NCAP 的独立性和透明度，并聚焦"大安全"目标定位。与此同时，为持续保持 C-NCAP 管理

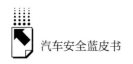

规则的技术先进性，进一步与国际接轨，《C-NCAP 管理规则（2021 年版）》的编制工作正在开展。新规则将引入更加符合交通特征的被动安全测试场景，并进一步突出主动安全的分值权重，实现持续引领中国汽车安全技术进步、持续引领汽车文明社会的和谐安全观的目标定位。

为了提高社会公众对汽车安全的关注度，更科学、更客观地分析中国汽车安全产业发展的状况，中国汽车技术研究中心有限公司组织行业力量编写《中国汽车安全发展报告（2020）》。本报告通过探索先进的交通管理方法与技术，从顶层设计层面对减少交通违法与交通事故数量、遏制重特大事故等提出道路交通安全改善对策及建议；基于交通事故数据，分析车辆—行人事故场景的构建与应用，为虚拟测试场景的大量产生及相关测试提供参考；从主动安全正向开发、轻量化开发、乘员保护、汽车碰撞后维修及评估等方面对汽车全局安全技术进行分析研究；并以中国交通事故深入调查数据库（CIDAS）交通事故数据为基础，重点研究车辆碰撞事故对行人的伤害，分析国内行人保护评价体系建设、行人保护标准的实施情况，提出相应的改进方案。本报告通过对中国汽车安全产业发展的系统研究，展望未来发展趋势，为关注汽车安全的社会各界人士提供丰富有效的信息参考。

《中国汽车安全发展报告（2020）》在撰写过程中，得到了汽车行业众多专家学者的支持和帮助，他们为本书的出版提出了富有建设性的独特意见和建议；本书在研究过程中，也得到了相关汽车及零部件企业的大力支持和配合；社会科学文献出版社也对本书的出版给予了大力支持，做了大量工作，在此一并表示感谢。

由于时间、能力和水平等各种因素有限，书中疏漏在所难免，敬请读者批评指正。

吴志新

2020 年 8 月 10 日

目 录

Ⅶ　专项调查篇

Ⅷ　借鉴篇

Ⅸ　附录篇

皮书数据库阅读**使用指南**

CONTENTS

I   General Report

II   Macro Environment

III　Standards and Regulations

IV　Technology Research

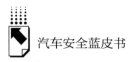

V Research on Excellent Safety Products

VI Pedestrian Protection

Ⅶ Special Investigations

Ⅷ Reference

Ⅸ Appendices

总 报 告

General Report

B.1
中国汽车安全技术发展环境与应用趋势

武守喜 戴 淼 秦丽蓬[*]

摘 要： 当前中国道路交通安全态势持续平稳向好，人民群众出行需求持续旺盛，但安全文明教育缺失、车辆安全技术性能偏低、道路安全隐患突出、交通安全支撑性研究不足等问题增加了道路交通安全的风险。因此，不断推进国内汽车安全技术的升级十分必要。近年来，全社会对道路交通安全的重视程度越来越高：从国家层面来看，顶层设计对交通安全管理工作提出了更高的要求，通过探索先进的管理方法与技术，压降交通违法与交通事故数量，遏制重特大事故；从企业层面来

* 武守喜，高级工程师，中汽研（天津）汽车信息咨询有限公司信息咨询部部长，主要从事新能源汽车政策及标准法规研究；戴淼，助理工程师，任职于中汽研（天津）汽车信息咨询有限公司信息咨询部，主要从事商用汽车技术及市场研究；秦丽蓬，工程师，任职于中汽研（天津）汽车信息咨询有限公司信息咨询部，主要从事汽车主被动安全技术、汽车座椅舒适性研究。

看，以主动安全/驾驶辅助（ADAS）为核心的智能技术逐步成为汽车行业研发重点，企业纷纷加大对车辆安全性能的投入研发，做好复杂工况下车内乘员及车外行人的保护，降低交通事故伤亡率。

关键词： 道路安全　标准法规　被动安全　主动安全　行人保护

一　中国道路交通安全现状分析

（一）中国道路交通运输业平稳向好发展

随着经济发展及人民群众出行需求的快速增长，中国道路交通运输行业快速发展。截至 2019 年底，中国高速公路总里程达 14.96 万公里，机动车保有量达 3.48 亿辆，机动车驾驶员数量达 4.35 亿人，三者均位居世界第一。与此同时，在全社会共同努力下，中国道路交通安全形势持续向好，一次死亡 3 人、5 人以上事故及重特大交通事故数量均呈同比下降态势。

回顾 2019 年中国道路交通安全态势，主要呈现以下特征：①驾驶人数量持续增加，2019 年新增 2637 万人，同比增长 6.45%，汽车驾驶逐渐成为普通群众的基本技能；②驾驶人主要分布于 26~50 岁区间，年龄分布集中化，60 岁以上驾驶人微增，随着中国人口老龄化，未来老年驾驶人数量将增加；③2019 年新增汽车 2578 万辆，近两年增量同比下降，但机动车保有量持续增加，私家车突破 2 亿大关；④营运客车保有量达 279 万辆，同比减少 1.60 万辆，营运货车保有量达 2791 万辆，同比增加 221 万辆；⑤公路总里程达 501.25 万公里，再创新高，等级公路占比持续提高；⑥全国道路交通安全形势持续平稳向好，重特大事故创新低。

（二）中国道路交通安全面临的风险与挑战

中国正在进入汽车社会，道路交通出行需求体量巨大。随着中国驾驶人数量、机动车保有量、道路里程持续增长，道路交通安全也存在诸多风险与挑战。主要体现在以下几个方面。①驾驶人数量、车辆规模及道路交通基础设施规模持续增长，道路交通管理对象体量巨大，安全管理任务繁重。②随着社会发展，交通新业态不断涌现，车联网、自动驾驶等技术兴起，带来了管理专业化水平及政策法规方面的挑战。③交通安全宣传教育牵涉面广，驾校、学校、幼儿园等源头教育力度不够，宣传教育工作力量不足。④大货车安全技术条件较低，货运企业对交通安全重视程度不足，超载及非法改装等违法行为突出。⑤农村道路规模扩大，但存在安全设施缺失、安全隐患治理资金难落实、部门间协作不到位等问题。⑥交通安全管理涉及专业领域广，交通安全支撑性研究不足，制约了综合治理能力的发展。

（三）中国道路交通安全改善对策与建议

在新的发展环境下，交通安全管理工作水平要求也随之提升。既要加强顶层设计、完善政策法规，也要积极探索先进管理方法与技术，提升道路交通安全水平。具体建议为：①完善相关法律制度，做好顶层设计，通过深入剖析交通事故致因倒逼责任落实，完善中国道路交通救援体系；②积极探索并应用5G、大数据、人工智能等前沿技术，将科技手段转变为管理力量；③通过探索将交通违法行为纳入社会征信体系并与车辆保险费率挂钩、增加驾驶证申请及考试难度、系统性提高营运驾驶人的职业素养等方式加强驾驶人管理，从源头遏制交通违法；④借鉴发达国家车辆安全管理标准经验，完善车辆安全标准技术体系，升级相关客、货车辆的安全防护配置等级；⑤着力改善农村道路、城市道路及高速公路等道路的通行条件，排查并治理道路安全隐患，提升道路基础安全水平；⑥持续、系统地开展交通安全宣传教育，加强幼儿园、学校、驾校及农村地区的交通安全宣传教育工作，提升全民安全意识；⑦强化路面执法力度，有针对性地打击酒驾、营运车辆"三超一疲劳"、农村面包车超员、电动自行车违法等行为；⑧协调政府各部门及社会力量，加强数据共享，建立联络机制、长效保障及应急保障机制。

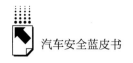

二 汽车安全标准法规进展分析

（一）欧盟汽车安全技术法规新发展

欧洲作为传统的主流汽车市场，其汽车技术法规的制定与实施在国际上具有较大影响力，是全球绝大部分市场的法规范例。因此，了解欧盟汽车技术法规的发展，对欧洲及全球绝大部分汽车市场的拓展都具有十分重大的意义。2018～2020年，欧盟在汽车安全技术法规的制修订与实施方面又取得一些新进展，主要涉及整车型式批准框架性技术法规（EU）2018/858和欧盟汽车安全框架性技术法规（EU）2019/2144。

欧盟新的汽车整车型式批准框架性技术法规（EU）2018/858很大程度上颠覆了欧盟原有的汽车产品市场准入体制和做法，对汽车企业提出了更高、更严的要求。（EU）2018/858中所要求的各个汽车零部件和系统的单项安全、环境保护和节能等方面的EEC（EC）技术法规/指令既单独存在，又构成欧盟整车产品型式批准的必要组成部分。

欧盟议会和理事会法规（EU）2019/2144，即"关于机动车及其挂车和用于这些车辆的系统、零部件和独立技术装置的一般安全以及对车辆使用者和易受伤害的道路使用者的保护的型式认证要求"，为欧盟最新的汽车安全框架性技术法规。该法规增加了一大批汽车安全装置和要求，提升了汽车产品安全性能和要求，拉大了我国安全标准与欧盟安全法规的差距，因此如果国内车辆定型准备出口欧盟市场，应当考虑上述新的法规项目要求。

（二）国内汽车安全技术法规新进展

近几年，国内商用车市场蓬勃发展。而伴随着市场的繁荣，近五年来全国共发生涉及商用车辆死亡10人以上的重特大交通事故41起，商用车安全技术水平的提升应当引起全社会的高度重视。以商用车电子稳定性控制系统和商用车自动紧急制动系统为代表的安全技术标准的进展及技术的应用尤为重要。

电子稳定性控制系统（ESC）在提高汽车主动安全性能和减少交通事故方面具有显著作用。全国汽车标准化技术委员会从 2013 年开始启动了商用车辆电子稳定性控制系统（ESC）试验方法标准的预研工作，就其技术原理、功能作用、评价方法等进行了系统研究。2019 年 10 月 18 日 GB/T 38185 – 2019《商用车辆电子稳定性控制系统性能要求及试验方法》正式发布并于 2020 年 5 月 1 日起实施。标准结合我国实际情况，提出了商用车电子稳定性控制系统性能要求和试验方法，确定了适合我国实际情况的商用车电子稳定性控制系统性能评价的技术方案。

据统计，在近五年全国涉及商用车辆死亡 10 人以上重特大交通事故中，追尾事故占 14.3%，自动紧急制动系统的应用，能够有效防止此类交通事故的发生，因此研究制定商用车自动紧急制动系统标准十分重要。全国汽车标准化技术委员会于 2017 年启动相关工作，2019 年 10 月 18 日 GB/T 38186 – 2019《商用车辆自动紧急制动系统（AEB）性能要求及试验方法》正式发布，并于 2020 年 5 月 1 日起实施。标准结合我国实际情况提出了商用车辆自动紧急制动系统性能要求和试验方法，确定了适合我国实际情况的商用车辆自动紧急制动系统性能评价的技术方案，对于提高商用车辆安全性具有重要意义。

三 汽车全局安全技术

（一）主动安全正向开发须统一标准流程及规范

主动安全正向开发流程，包含产品规划、架构设计、需求设计、系统集成和匹配优化。其中，前四个阶段实现了从产品概念设计到软硬件开发的逐级过渡。最后一个阶段是对所开发产品的校验和评审，通过匹配标定和优化分析，修正前四个阶段存在的设计疏忽和不足，同时提升产品的性能。

受限于发展历程不足等问题，国内汽车技术基础较为薄弱，包括主动安全在内的关键部件的研发和设计流程、规范及技术一直掌握在国外企业手中，导致大量市场红利被国外企业掠夺，国内自主整车企业和零部件供应商的发展受到严重制约。为突破技术壁垒，充分把握行业发展黄金期，在未来国际化的市场竞争中占据核心地位，必须用创新和发展践行出独具特色的中国方案，快速推动产业协同发展和技术落地。

（二）车身平台开发需综合考量轻量化技术应用与平台安全性

轻量化作为车型平台设计和车身设计的关键管控属性，受到高度关注。整车轻量化技术开发以轻量化材料应用性能研究、轻量化车身结构开发、轻量化工艺开发为主线。

汽车材料是汽车品质的基础，新材料的应用是实现汽车轻量化的主要途径之一。目前，轻质材料在汽车轻量化技术中得到了快速应用，在汽车工业中，轻质材料包括镁、铝等低密度金属材料和塑料、碳纤维等非金属材料等。车身结构和材料的轻量化与汽车的被动安全以及燃油性有着密切的关系，因此提高汽车被动安全性能的重要任务之一就是对车身材料的断裂失效行为进行深入研究。轻量化的实现需对整车结构多学科多目标进行优化设计，其中的多目标可以代表车身结构质量、一阶模态、二阶模态、静态弯曲刚度、静态扭转刚度、B柱加速度、头部加速度、肋骨变形量、腹部峰值力等响应量中的任一量。目前，常常将耐撞性、结构静力学、低频结构动力学相关的领域纳入多学科优化设计中，更为广泛、深入的学科领域将会集成到汽车设计开发过程中。

（三）乘员保护技术需综合考虑传统多工况碰撞和主被动一体化融合碰撞工况

汽车行业技术发展日益细化，随着主动安全技术的发展，车内乘员碰撞形式的姿态变化也变得复杂多样，因此，复杂工况的乘员保护研究为今后建立基于复杂工况、汽车碰撞安全的评价方法、标准和法规奠定了一定基础。

传统的车内约束系统对乘员的保护有一定的局限性，不同参数可能对不同假人、不同速度的碰撞有不同程度的影响，研究约束系统在高速碰撞下对乘员保护作用的同时，需要更多关注约束系统参数对不同车速、不同尺寸驾乘人员的影响情况。

为了进一步提高道路安全性，在被动安全技术基础上融合主动安全技术的汽车一体化安全技术已成为智能驾驶时代的主流方向。汽车一体化安全技术增加了以 ITS（智能交通系统）技术为基础的智能化驾驶辅助系统以及预碰撞安全技术，在事故发生的瞬间，汽车预警系统、保护系统和驾驶员辅助系统等系统协同发挥作用，从而使事故损失达到最小。汽车一体化安全技术能够有效地降低交通事故的发生率，保护交通参与者的生命和财产安全，也越来越受到国家和汽车制造企业的重视。

（四）需跟进汽车碰撞后维修及评估技术的研究

研究汽车碰撞后维修及评估技术，能够促进主机厂在汽车设计时考虑车辆的抗损伤性和可维修性，减少车辆碰撞后的维修成本，降低保险公司的赔付成本和消费者的使用成本。目前，各个国家以及国际性研究机构均出台了相应的行业标准，其中影响力最大、认可度最高的是汽车维修研究委员会（RCAR）出台的关于汽车低速结构碰撞和保险杠测试试验评价标准。

汽车可维修性技术开发流程同碰撞安全开发流程一致，分为产品规划阶段、概念设计阶段、工程设计阶段、试验验证阶段四个阶段。产品规划阶段，首先分析竞品车型的低速碰撞结果、保险等级信息以及相关的可维修性优缺点；概念设计阶段主要包括碰撞区域造型校核、总布置校核、高成本零部件位置校核三个方面；在工程设计阶段，主要针对白车身、零部件、内外饰的设计；试验验证阶段需根据碰撞试验结果，评估试验中结构件、零部件的损伤情况，根据维修过程、维修配件、维修工时等因素，计算获得汽车的维修成本。

四 中国行人保护现状与趋势

行人保护性能是汽车被动安全领域的重要部分，降低道路行人伤亡成为各国相关机构关注重点。欧盟于 2003 年颁布首部行人保护法规 102/2003/EC，NCAP 由美国最早发起并且已经在多数发达国家实行很多年。2009 年我国完成首次行人保护试验，并推出首部行人保护法规 GB/T 24550《汽车对行人的碰撞保护》，于 2010 年 7 月 1 日正式实施。2018 年 7 月 1 日，行人保护加入 C-NCAP 中国新车评价体系。

目前标准评价以及汽车行人保护技术主要关注行人的安全。以减轻行人头部和腿部的伤害为目标，采取的主要策略是：①优化发动机罩、发动机舱内各部件布局和结构等；②通过弹起发动机罩或者添加行人保护气囊等方式获得更多头部缓冲空间；③利用主动安全系统检测行人碰撞可能性，通过提醒或者主动刹车的方式，避免行人碰撞事故或者降低行人碰撞伤害。

根据中国 VRU 交通事故数据统计，两轮车事故占比达到 63.87%，行人事故占比达到 16.41%，可见我国两轮车交通事故问题尤为突出，同时两轮车骑行者的头部碰撞区域主要集中在车辆发动机罩后端的雨刮和风挡玻璃区域。C-NCAP 管理中心发布的路线图显示，未来将考虑对两轮车骑行者的伤害评价。在发布的 C-NCAP（2021 年版）草案中，行人头碰区域由 WAD1000～WAD2100 扩大至 WAD1000～WAD2300，以涵盖两轮车骑行者的头部碰撞区域。未来针对两轮车行人保护的研究将可能成为研究的重点方向。

目前，针对行人目标的识别和检测场景比较有限，汽车的行人避撞策略有待优化。未来汽车的主动行人安全保护将更多地致力于通过优化汽车的感知能力提高全场景下行人目标的识别和检测成功率。同时，随着智能网联汽车单车智能和 V2X 的快速发展，车辆的行人避撞和伤害减缓的能力也将得到不断提高。

参考文献

刘广萍：《道路交通安全教育要加强"顶层设计"》，《汽车与安全》2019 年第 12 期。

《道路交通安全隐患治理存在的问题及改进措施》，《汽车与安全》2019 年第 12 期。

Stephan Hakuli，Markus Krug，*Virtual Integration in the Development Process of ADAS*，Springer International Publishing，2016.

姚凌云：《汽车轻量化开发中的轻质材料技术应用》，《西南汽车信息》2018 年第 6 期。

Karen Fierst、张淑珍：《走近 RCAR——国际汽车维修研究理事会的起源与发展（上）》，《汽车维修与保养》2016 年第 7 期。

Karen Fierst、张淑珍：《走近 RCAR——国际汽车维修研究理事会的起源与发展（下）》，《汽车维修与保养》2016 年第 8 期。

C-NCAP 管理中心：《C-NCAP 管理规则（2018 年版）》，中国汽车技术研究中心有限公司，2017。

World Health Organization，*Make Walking Safe：A Brief Overview of Pedestrian Safety Around the World*，Geneva，Switzerland，2013.

袁泉、郭锐、胡晓佳、李一兵：《基于信息融合的轿车碰撞两轮车事故车速分析》，《汽车工程》2019 年第 12 期。

宏观环境篇

Macro Environment

B.2

2019年中国道路交通安全发展
情况及对策建议*

刘 君 徐炅旸**

摘　要：　2019年，中国道路交通安全态势持续平稳向好，一次死亡3
人、5人以上事故，以及重特大交通事故均实现同比下降，
同时，驾驶人数量、机动车保有量、公路里程继续增长，人
民群众出行需求持续旺盛。本文分为三部分，第一部分阐述
了2019年中国道路交通安全发展情况，统计分析了驾驶人、

---

* 本文除特别注明外，数据均来源于公安部交通管理局历年道路交通事故统计年报及2019年交通运输行业发展统计公报。
** 刘君，研究员，公安部道路交通安全研究中心道路安全研究室副主任，全国交通工程设施（公路）标准化技术委员会委员，公安部重特大道路交通事故深度调查专家组专家，贵州省道路交通安全咨询委员会特聘专家，中国人民公安大学、北京建筑大学硕士研究生导师，主要从事道路安全风险评估、交通监测预警、交通应急管理等方面研究工作；徐炅旸，公安部道路交通安全研究中心道路安全研究室助理实习员。

机动车、公路里程、交通事故等要素情况及近年变化趋势。第二部分梳理了道路交通安全存在的风险与挑战，列举了驾驶人安全文明教育缺失、大型车辆安全技术性能偏低、农村道路安全隐患突出、交通安全支撑性研究不足等典型问题。第三部分提出了道路交通安全改善对策建议，从完善法制建设、加强驾驶人管理、提高车辆安全技术标准、强化道路安全隐患排查治理等方面提出了改善措施。

关键词： 中国　道路交通安全　交通事故

一　2019年中国道路交通安全发展情况

截至 2019 年底，中国机动车驾驶人数量达 4.35 亿人，机动车保有量达 3.48 亿辆，高速公路里程达 14.96 万公里，三者均位列世界第一。在全社会的共同努力下，2019 年中国道路交通安全形势持续向好，一次死亡 3 人、5 人以上事故同比分别下降 18.20% 和 34.70%，重特大交通事故数量降至 2 起、同比减少 3 起，再创新低。具体看，2019 年中国道路交通安全呈现以下态势特点。

（一）驾驶人数量持续增加，汽车驾驶技能普及化

2019 年，全国机动车驾驶人数量达到 4.35 亿人，同比增加 2637 万人，增长 6.45%，有 19 个省区市的驾驶人数量超过 1000 万人，其中广东超 4000 万人，山东超 3000 万人，江苏、河南、四川、浙江、河北均超 2000 万人。汽车驾驶人数量达 3.97 亿人，占驾驶人总量的 91.26%，同比增加 2806 万人，增长 7.60%，近五年平均增长量达 3017 万人，汽车驾驶人数量与经济活动人口（16 岁以上劳动人口）总量比值逐年上升，从 2015 年的 0.35 上升至 2019 年的 0.49，汽车驾驶逐渐成为普通群众的基本技能。2015 ~ 2019 年汽车驾驶人数量如图 1 所示。

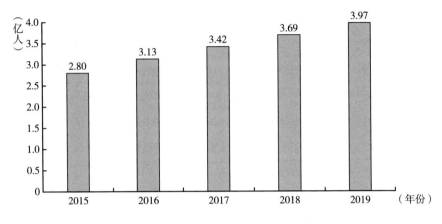

图1　2015~2019年汽车驾驶人数量

（二）新增驾驶人数量近五年总体呈下降态势，2019年同比小幅反弹

尽管中国驾驶人数量持续攀升，但增幅在放缓，从近五年数据来看，每年新增驾驶人数量由2015年的3613万人开始逐年减少，2016年为3314万人，2017年为3054万人，2018年为2798万人，2019年小幅反弹至2943万人。2015~2019年，新增驾驶人数量年均下降167.5万人，总体呈下降态势。2015~2019年新增驾驶人变化趋势如图2所示。

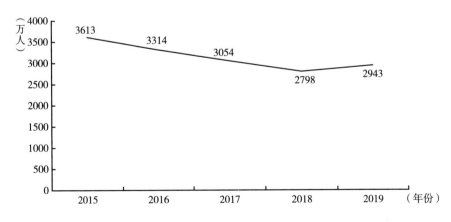

图2　2015~2019年新增驾驶人变化趋势

（三）驾驶人年龄分布集中化，60岁以上驾驶人微增

从驾驶人的年龄分布看，2019年，处在18~25岁年龄段的驾驶人有5305万人，占总数的12.18%，处在26~50岁年龄段的驾驶人有3.16亿人，占总数的72.47%，处在51~60岁年龄段的驾驶人有5354万人，占总数的12.30%，超过60岁的驾驶人有1330万人，占总数的3.05%。驾驶人年龄分布主要位于26~50岁年龄段，而60岁以上驾驶人所占比例有所上升，比2018年底上升0.31个百分点，由于中国人口结构已呈现老龄化趋势，预计未来老年驾驶人数量将持续增加。各年龄段驾驶人分布情况如图3所示。

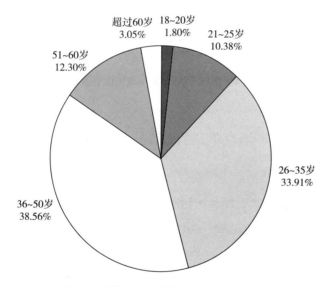

图3　2019年各年龄段驾驶人分布比例

（四）机动车保有量持续增加，私家车突破2亿大关

2019年，中国机动车保有量达3.48亿辆，同比增加2098万辆；汽车保有量达2.60亿辆，摩托车保有量达6766万辆，分别占机动车总量的75.15%、19.44%。汽车占机动车总量的比例持续提高，近五年从61.82%提高至75.15%，为机动车构成的主体。城市机动化水平进一步提升，有66

个城市的汽车保有量超过百万辆，其中北京、成都均超过500万辆。私家车近五年年均增长1966万辆，2019年底保有量已达2.07亿辆，未来私家车出行将愈发普及。2015～2019年私家车保有量如图4所示。

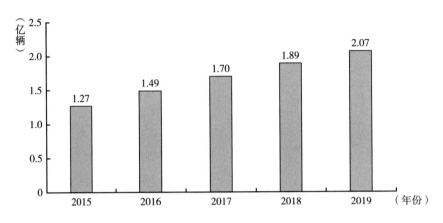

图4 2015～2019年私家车保有量

（五）2019年新增汽车2578万辆，近两年增量同比下降

从近年的统计数据看，中国新增汽车数量由2011年的1628万辆开始逐年增加，至2017年为2813万辆，达到近年汽车年度增量的顶峰，2018年新增汽车数量开始下降，为2670万辆，2019年进一步下降至2578万辆，连续两年下降。近年来，随着人们生活水平的普遍提高，第一波全民购车需求基本得到满足，加之受部分城市限牌限购措施等因素影响，预计未来一段时期中国年度汽车增量或同比持续下降。2010～2019年新增汽车变化趋势如图5所示。

（六）营运客车数量减少，载货汽车数量持续增加

2019年，全国营运机动车保有量达2303万辆，占机动车总量的6.62%，同比增加31万辆，上升1.36%。营运客车保有量达279万辆，同比减少1.60万辆，下降0.59%。载货汽车保有量达2791万辆，占汽车总量的10.67%，同比增加221万辆。2019年新注册登记载货汽车351万辆，同

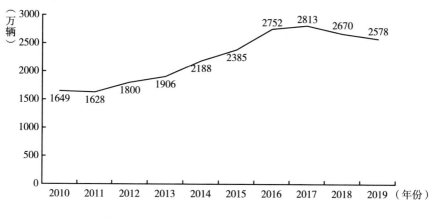

图 5 2010~2019 年新增汽车变化趋势

比增加 25 万辆，增长 7.62%，新注册登记载货汽车数量近五年持续增长。由于高速铁路网的发展完善，预计未来公路客运车辆或将继续减少，而道路货运作为国民经济命脉，载货汽车数量仍将保持增长。近五年载货汽车新注册登记数量如图 6 所示。

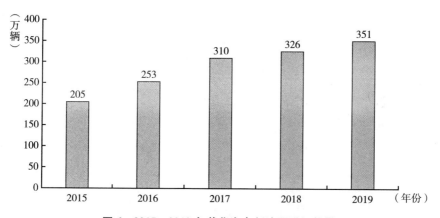

图 6 2015~2019 年载货汽车新注册登记数量

（七）公路总里程再创新高，等级公路占比持续提高

2019 年，全国公路总里程达 501.25 万公里，同比增加 16.60 万公里。公路密度为 52.21 公里/百平方公里，同比增加 1.73 公里/百平方公里。四

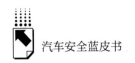
级及以上的等级公路里程达 469. 87 万公里，同比增加 23. 29 万公里，占公路总里程 93. 70%，同比提高 1. 60 个百分点。高速公路里程达 14. 96 万公里，同比增加 0. 70 万公里。2015～2019 年公路总里程如图 7 所示。

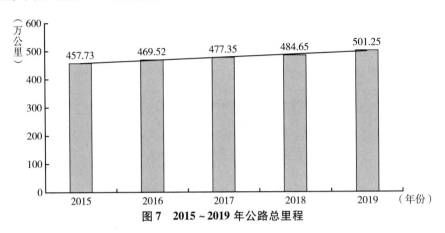

图 7　2015～2019 年公路总里程

（八）道路交通安全形势平稳，重特大事故创新低

2019 年，在机动车保有量增加 2098 万辆、驾驶人数量增加 2637 万人、公路通车里程增加 16. 60 万公里的整体背景下，全国道路交通安全形势持续平稳向好，一次死亡 3 人、5 人以上事故同比分别下降 18. 20% 和 34. 70%，重特大交通事故降至 2 起、减少 3 起，再创新低。2015～2019 年重特大交通事故数量如图 8 所示。

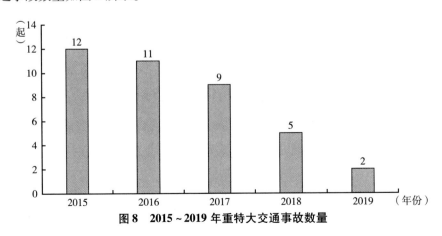

图 8　2015～2019 年重特大交通事故数量

二 道路交通安全风险与挑战

近年来，中国驾驶人数量、机动车保有量、道路里程持续增长，道路交通出行的体量巨大，从"硬件"来看，中国已进入汽车社会，成为交通大国，但是在"软件"方面，道路交通安全仍存在诸多风险与挑战，比如，驾驶人交通安全文明意识总体偏低，大货车安全性能不容忽视，道路安全隐患分布较广，道路交通安全的支撑性研究不足等。

（一）道路交通管理对象体量巨大，安全管理任务繁重

作为人口大国，加之经济快速发展，中国道路交通需求旺盛，交通安全管理量多、面广、难度大。一是人、车、路基数巨大，驾驶人数量4.35亿人，机动车保有量3.48亿辆，高速公路里程14.96万公里，均位列世界第一。二是道路交通要素持续增长，新增驾驶人数量、新增汽车数量虽有放缓的趋势，但从长远看，中国千人汽车保有量仅为170辆左右，与美国超过900辆、欧洲和日本均接近600辆相比，还有很大的增长空间，2020年新改建农村公路将达20万公里。预计今后一个时期，驾驶人数量、机动车保有量、公路通车里程仍将持续增长，加之交通强国战略的实施，道路交通安全管理对象体量将会越来越大，任务将会越来越重，难度将会越来越大。

（二）"外部变化"需及时应对，"内在能力"尚待加强

近年来，随着社会发展，我国涌现了许多交通新业态，交通安全防控形势复杂多变，交通安全管理工作同时面临"外患"与"内忧"。一是快递、外卖等行业快速兴起，加之"骑手"的安全文明意识普遍较低，城市交通事故存在潜在增长点。二是车联网、自动驾驶等新技术的兴起，给现有交通安全政策与法律带来新挑战，急需填补管理空白。三是作为交通安全管理的主体，公安交管部门警力编制难以大幅增长，且队伍老龄化日趋严重。四是

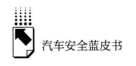

交通安全管理的专业化水平低，公安交管部门缺乏交通规划、交通工程方面的人才，难以有效应对交通安全管理的疑难杂症。

（三）交通安全宣传教育牵涉面广，源头性工作力度有待提高

人作为道路交通系统中的主体，对交通安全的影响最为明显。一是驾校源头培训力度不够，驾校过多关注学员考试通过率，忽略了对学员交通安全文明意识的培养，新领证驾驶人普遍缺乏交通安全意识与技能。二是幼儿园、学校源头教育力度不够，与发达国家相比，中国尚未形成常态化的校园交通安全教育机制。三是宣教工作源头力量不足，交通安全宣教工作基本由公安交管部门独立开展，其他力量的参与程度低。

（四）大货车安全性能偏低，运输企业主体责任有待落实

中国大货车的安全技术条件普遍较低，货运企业对交通安全重视程度不够，加之大货车自身重量大，造成的交通事故后果往往较为严重。一是大货车制动系统性能偏低，在长下坡路段行驶时，易发生热衰减，致使车辆失控。二是道路货运企业的主体责任未得到有效落实，大货车普遍缺乏必要的维护保养，超载、非法改装等违法行为突出。

（五）农村道路安全隐患突出，隐患治理工作保障不足

农村道路因自然条件及经济因素制约，道路安全隐患突出，很多地区虽实现了"村村通"，但未能"路路安"。一是农村道路的安全设施缺失，仍存在无交通标志标线、无防护栏情况。二是农村道路安全隐患治理资金难落实，排查出的道路隐患有积压。三是部门间协作不到位，实际工作中部门间缺乏对接机制，对于隐患的认定标准不统一。

（六）交通安全支撑性研究不足，综合治理能力有待改进

交通安全管理涉及的专业领域广，相关领域支撑性研究不足，制约了综合治理能力。一是交通事故救治体系尚未建成，与发达国家相比，中国交通

事故救治效率偏低，交通事故死亡率仍有很大的下降空间。二是信息共享机制不健全，交通安全管理涉及公安、交通、应急管理等多个政府部门，各部门之间存在信息孤岛。三是交通气象预警能力不足，道路交通安全与气象因素关系密切，恶劣天气导致的交通事故时有发生，亟须加强对团雾等气象的研究，加强恶劣天气预警能力。

三 道路交通安全改善对策与建议

中国特色社会主义进入新时代，对交通安全管理工作也提出了更高的要求，道路交通安全关乎人民群众生命健康安全，要加强顶层设计，完善政策法规，做好人、车、路的管理，积极探索先进的管理方法与技术，压降交通违法与交通事故数量，遏制重特大事故，人人参与，共同治理。

（一）践行依法治国思想，用制度保障交通安全管理

法制建设是道路交通安全管理的重要保障，要完善相关法律制度，做好顶层设计。一是立法回应现实管理中的突出问题，对自动驾驶等新兴事物，要及时制修订专项法规。二是坚持交通事故深度调查，深入剖析交通事故的源头性致因，倒逼责任落实。三是继续修订《道路交通事故社会救助基金管理办法》，完善中国道路交通救援体系。

（二）应用科技发展前沿技术，变科技手段为管理力量

随着中国科技产业蓬勃发展，5G技术、大数据、人工智能等新技术为交通安全管理提供了创新保障，应紧密依托前沿技术，变科技手段为管理力量。一是加强公安交管大数据的应用，在人、车、路、违法、事故等数据之间开展关联性分析，实现深度挖掘，充分释放大数据应用价值，为决策提供数据参考。二是探索管理手段创新，研究无人机在交通执法中的应用，解放基层警力，推广虚拟现实设备在交通安全宣传中的应用，增强宣教工作效能，试点人工智能识别技术在交通违法审核中的应用，提升办案效率。三是

鼓励公安民警开展交通安全治理的微创新、小创造、小应用，积极推广经验，促进新成果的落地应用。

（三）严格驾驶人监督管理，减少交通违法源头隐患

交通违法行为是交通事故的主要致因，要加强驾驶人特别是营运驾驶人管理，从源头遏制交通违法。一是提高驾驶人违法成本，探索将交通违法行为与频率纳入社会征信体系，并挂钩车辆保险费率，倒逼驾驶人"不敢违法、不能违法、不想违法"。二是增加驾驶证申请及考试难度，提升交通安全及文明意识的考核比重，确保驾驶人培训质量。三是系统性提高营运驾驶人的职业素养，学习发达国家经验，设立专门培养营运驾驶人的技校，开设驾驶专业，从源头培养高度职业化、具备良好安全意识与驾驶技能的营运驾驶人。

（四）完善车辆标准技术体系，升级安全防护配置

德国、日本、美国等发达国家的车辆安全标准体系较为成熟，营运车辆安全配置丰富，安全系数高，中国应学习借鉴相关经验，持续提升营运车辆安全性。一是提升车辆安全技术标准，减少推荐性、参考性等不具约束力的标准规范，推动以技术法规代替标准规范，兼具技术性和强制性。二是提升大客车安全性，优化车身强度及空间设计，保障车体变形后的安全空间，改善座椅与车体连接设计，避免挤压伤害。三是提升大货车安全性，强制安装盘式制动器、防抱死系统、电子制动系统等，提高制动效能，优化设计牵引车和挂车间制动性能匹配性。

（五）治理各类道路安全隐患，全面夯实道路安全基础

道路条件是交通安全的基础，良好的道路条件能够诱导驾驶人安全驾驶，减小事故后果，要常态化开展道路安全隐患排查与治理，实现道路基础安全水平提档升级。一是农村道路要深入推进"公路生命安全防护工程""千灯万带"等专项行动，以临水临崖路段、农村道路交叉口等事故多发点

段为抓手，解决安全设施不足、防护少的问题，探索低成本的道路安全改造措施，提升资金使用"性价比"。二是城市道路以减少行人、机非事故为发力点，完善机非隔离设施以及路口道路渠化，整治路口秩序，科学规范设置交通标志标线、信号灯、护栏、行人过街等交通设施。三是高速公路以长下坡路段为整治重点，完善路段提示标志以及控速、降速措施。四是普通国省道以穿村过镇路段为重点，完善各类交通设施，降低车辆行驶速度，整治马路市场，净化道路环境，规范行车秩序。

（六）交通安全宣传教育全民化，促进安全意识提升

持续、系统的宣传教育，才能培育出良好的交通安全意识，要以薄弱环节为抓手，加大宣传教育力度。一是幼儿园、学校交通安全教育方面，制定交通安全教育课程，对教师进行专业培训，由教师作为校园交通安全教育的主体。二是驾校交通安全教育方面，深入推进"五个一宣教活动"，驾校要设立一个文明交通宣传阵地、给学员讲好一堂文明交通常识课、组织每位学员看一次文明交通宣传片、组织参与一次文明劝导服务活动、组织每位新驾驶人参加一次文明驾驶宣誓仪式，着力向学员灌输交通安全意识。三是农村地区交通安全宣传教育方面，依托乡镇政府，以"两站两员"作为工作抓手，通过广播、标语、交通安全影视作品，丰富宣传材料内容，激发群众兴趣，提升宣传效果。

（七）持续开展路面巡逻管控，打击重点违法行为

严格的路面巡逻管控，能够及时制止交通违法，震慑驾驶人的侥幸心理，要强化路面执法力度，针对性开展专项违法打击行动。一是坚持对酒驾"零容忍"，加大城乡接合部以及农村地区的酒驾查处力度，持续开展周末夜查。二是严查营运车辆的"三超一疲劳"，通过研判分析，掌握违法多发时间、路段，科学布点设卡，整顿路面通行秩序，加大夜间的执法力度。三是打击农村面包车超员，在务工人员出行、赶集人员出行等特殊时段，严把村口、公路要道口，查处违法行为。四是强化对电动自行车的管理，以城区

路口为节点，整治电动自行车载人、闯红灯等违法行为，要与企业联合整治快递、外卖骑手的违法行为，推行信用惩戒，对多次违法的骑手实施行业禁入，并曝光违法突出的企业。

（八）多方联合发挥各自优势，形成协同共治新局面

交通安全治理需要政府各部门以及社会力量的共同努力，整合多方优势，推进协同共治。一是与交通部门合作，加强数据共享，打通信息壁垒，建立统一的营运车辆、驾驶人管理平台，形成联防联控机制。二是与运输企业合作，建立定期联络对接机制，确保主体责任的落实。三是与保险公司合作，推广深化农村"两站两员"建设，建立长效保障机制，依托保险公司的力量解决农村交通安全"管不到"的问题。四是与气象部门合作，加强对团雾等不利天气的预警，完善交通应急管理保障体系，为勤务安排、应急管理提供信息支撑。五是与医院合作，实现重伤员救治的快速对接，提高重伤员救治率，完善交通事故救援救助机制，探索推广直升机救援模式。

参考文献

布和：《道路交通事故的成因分析及预防研究》，《武汉公安干部学院学报》2019 年第 2 期。

刘广萍：《道路交通安全教育要加强"顶层设计"》，《汽车与安全》2019 年第 12 期。

魏朗：《完善车辆生产源头监督管理制度研究》，《道路交通管理》2015 年第 2 期。

邓毅萍、常宇、王晓燕、王峻极：《我国营运货车交通安全问题研究》，《中国公共安全（学术版）》2013 年第 4 期。

《道路交通安全隐患治理存在的问题及改进措施》，《汽车与安全》2019 年第 12 期。

樊晓霞：《如何做好中小学生交通安全教育》，《汽车与安全》2019 年第 12 期。

刘晓晨：《我国驾驶人管理要向国外学什么？——由"海归辣评"引发的思考》，《汽车与安全》2017 年第 3 期。

B.3
基于交通事故数据的 AEB 行人场景构建方法

王兴昌*

摘　要： 随着自动驾驶技术的不断发展，自动驾驶汽车的测试成为其中的重要环节。本文提出基于交通事故数据的自动紧急制动系统（AEB）行人事故场景构建方法，通过对 AEB 系统的定义、结构、功能和测试场景的分析，从交通事故数据中选取合适的参数组成构建场景的参数集，并用层次分析法，对选取的参数进行权重排序，进而大量且快速地产生理想的测试场景。以真实事故数据为基础，在虚拟测试软件中建立测试场景，验证该场景构建方法的可行性。

关键词： 交通事故数据　场景构建　自动紧急制动系统

一　前言

在交通领域，自动驾驶一直是人类的梦想，随着科学技术的不断进步，越来越多的企业开始踏足该方向，而自动驾驶汽车的核心便是安全，那么对其的测试便是重中之重。

---

* 王兴昌，工程师，司法鉴定人，中汽中心车辆安全与鉴定技术研究所交通事故研究部 CIDAS 项目组主管工程师，主要从事交通事故深度调查、事故数据挖掘分析、交通事故场景分析、交通事故技术鉴定等工作。

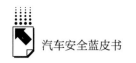

　　自动驾驶汽车测试是自动驾驶研发中的重要环节，也是自动驾驶技术发展的重要支撑。在自动驾驶汽车测试技术的研究工作中，主要的测试方法为基于用例的测试方法、基于场景的测试方法和公共道路测试方法。① 根据美国著名智库兰德公司发布的研究报告②，为了实现自动驾驶的安全可靠性验证，其测试里程达到了一个难以实现的数量级，这就意味着需要在测试方法上进行创新。目前，基于用例的测试方法只能针对某个特定功能测试且成本高，难以满足上述要求。根据 Akamatsu 等人的研究③，基于公共道路的测试方法需要大量车辆，测试时间长，预算多。基于场景的测试方法与其他两种测试方法相比，拥有自由度高、可操作性强的优点，但其面临的巨大挑战便是测试场景的构建。目前通过自然驾驶数据、事故数据的研究等方式获取场景构建的必要信息。④

　　在 SAE 自动驾驶系统的分级中⑤，高级驾驶辅助系统（Advanced Driving Assistant System，ADAS）是自动驾驶的重要组成部分，其中 AEB（Autonomous Emergency Braking）是通过自动制动来避免碰撞或减轻碰撞伤害的主动安全系统。通过 Euro NCAP 的研究，AEB 系统可以避免大约 27% 的交通事故。⑥ 随着 AEB 的不断开发和应用，相应的测试需求在不断攀升，对测试场景的需求亦随着增加。

　　本文针对 ADAS 中 AEB 车辆—行人系统，以中国真实交通事故数据为

---

① 余卓平、邢星宇、陈君毅：《自动驾驶汽车测试技术与应用进展》，《同济大学学报》（自然科学版）2019 年第 4 期。

② Kalra N. , Paddock S. M. , "Driving to safety: How many miles of driving would it take to demonstrate autonomous vehicle reliability?", *Transportation Research* Part A, 2016, 94: 182 – 193.

③ M. Akamatsu, P. Green, and K. Bengler, "Automotive technology and human factors research: Past, present, and future," *Int. J. Veh. Technol.* , 2013, pp. 1 – 27.

④ Geyer S. , Baltzer M. , Franz B. , et al. , "Concept and development of a unified ontology for generating test and usecase catalogues for assisted and automated vehicle guidance", *IET Intelligent Transport Systems* , 2013, 8 (3): 183.

⑤ "Taxonomy and definitions for terms related to driving automation systems for on-road motor vehicles: Standard J3016", Warrendale: SAE International, 2016.

⑥ 吴俊、向国梁、杨俊辉：《汽车自动紧急制动（AEB）行人检测系统的开发与测试》，《汽车安全与节能学报》2018 年第 4 期。

基础，选取了车辆—行人事故进行分析。文中首先以事故形态为基础，通过对构成场景的环境、车辆、道路等要素的分析，提出 AEB 车辆—行人事故虚拟测试场景的构建方法。其次，通过层次分析法对所构建的场景进行评价。最后，在虚拟测试软件中构建事故场景，并做出相应说明。本文的场景构建方法及相应评价方法，可以为 AEB 车辆—行人系统测试提供大量且满足相关要求的场景，加速自动驾驶系统测试，提高系统安全性。

二 车辆—行人事故场景构建

（一）数据来源

从 2011 年至今，中国汽车技术研究中心有限公司中国交通事故深入研究团队一直专业从事交通事故数据采集，是国内专职人员最多、采集事故地点及数量最多的交通事故研究团队。中国国土面积较大，不同区域的交通事故情况各不相同，为了体现中国真实交通状况，在对全国交通事故数据统计分析的基础上，本文选取了长春、北京、威海、宁波、佛山、长沙、成都、兴义作为交通事故数据采集的地点，调查采集的事故需满足相关要求：事故至少有四轮机动车辆参与、事故中至少有 1 人受伤和事故现场为原始状态，没有遭到破坏。

目前，团队已经采集 5000 余起真实交通事故的数据，每个事故基本涵盖了一起事故中涉及的 2000 多项信息。其中部分内容见表 1。

表 1　事故信息概览

名称	内容
基本信息	时间、地点、描述、涉及人员数等
道路信息	道路类型、道路线性、障碍物等
车辆信息	类型、尺寸、厂商等
人员信息	伤亡人员情况、身高、体重等
环境信息	天气、一天的时段等
车辆运动信息	外部及内部损坏、运动状态等

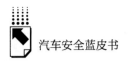

本文从 2011～2018 年的事故数据中,提取出 801 起行人事故数据,依据 AEB 车辆—行人测试场景的构建需求,如车辆类型、碰撞点、行人运动状态等,最终选取了 390 起事故用于场景的构建。

(二)场景构建参数的选取

面对交通事故数据中的大量参数,如何选取场景构建所需要的重要参数是必须考虑的问题。本文从 AEB 车辆—行人系统定义、结构及国内外相应的测试场景中总结出这些重要参数。

AEB 车辆—行人系统是通过传感器检测车辆前方的行人,判断车辆和行人之间各类参数,当驾驶员未及时对前方出现的潜在危险做出反应时,系统将采取有效应对措施帮助驾驶员避免事故或降低事故损伤。在结构上,从传感器形式来看,AEB 车辆—行人系统主要依靠的是前向传感器,一般为毫米波雷达和单目摄像头。这些传感器通常布置在车辆前部,图 1 展示了两种常见的布置形式。

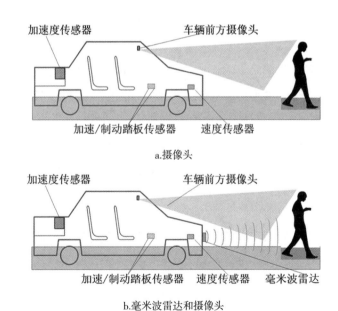

图 1　AEB 行人系统传感器布置形式

最初对行人 AEB 测试的是 Euro NCAP，随后 C-NCAP 也添加了对 AEB 车辆—行人系统的测试。[①] 通过对比可以发现，Euro NCAP 主要模拟以下几种城市场景：成年行人从远端跑步闯入、成年行人从近端步行闯入、儿童从障碍物后面窜出以及成人步入机动车道与车辆同向行走。C-NCAP 主要包括成年行人从近端步行闯入和远端跑步闯入等场景。

综上所述，确定场景构建中重要的事故参数：现场道路环境；天气、光照情况；总车道数（通行方向）；本车道宽度；初始速度；运动形态；路灯开启情况等参数。

（三）各个参数数据的统计分析

事故形态是指产生事故时车辆的行驶过程或冲突状态。事故形态能够很好地表现事故发生时双方的位置关系及运动关系，部分事故形态说明见表 2。表 2 中的编号第一位表示冲突形式，第二位和第三位表示冲突原因。对于选取的 390 个行人事故，根据事故形态将其归类，对该形态下的相应参数进行统计分析，形成场景构建的参数集。

表 2　部分行人事故的事故形态说明

序号	编号	图例	含义
1	401		行人穿行—视线无障的车辆与左侧横穿行人
2	421		行人穿行—车辆与右侧横穿行人

---

① Euro NCAP, Test Protocol-AEB VRU systems 2015, European New Car Assessment Program, 2015；C-NCAP 管理中心：《C-NCAP 管理规则（2018 年版)》，中国汽车技术研究中心有限公司，2017。

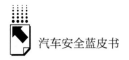

序号	编号	图例	含义
3	671		纵向交通—道路右侧,车辆与同向行人之间
4	451		行人穿行—路口前,车辆与右侧横穿行人
5	431		行人穿行—路口前,视线无碍车辆与左侧横穿行人
6	471		行人穿行—路口后,车辆与右侧横穿行人
7	221		转弯—左转的车辆与同向的行人
8	222		转弯—左转的车辆与反向的行人

　　事故形态 401 和 421 可以用于测试 AEB 系统对行人从左右两侧进入道路时的识别效果，事故形态 671 可以测试 AEB 系统对前方行人的识别效果，事故形态 451 和 431 可以测试 AEB 系统在进入路口前对行人从左右两侧进

入道路时的识别效果，事故形态 471 可以测试 AEB 系统在经过路口后对行人从右侧进入道路时的识别效果，事故形态 221 和 222 可以测试 AEB 系统在路口处车辆转向时对行人从左右两侧进入道路时的识别效果。这些事故形态中的行人运动状态可以继续细分为慢走、快走、跑步等，行人穿行时与车辆的距离可以分为远端和近端，这样对 AEB 系统的测试会更加多样化，使测试方法更加完善。

在 390 个行人事故中，选取数量最多的事故形态 401，对其场景构建的参数进行数据统计分析，获得构建该类场景的参数集。

符合 401 事故形态的事故有 93 起，其车辆的初始速度如图 2 所示。

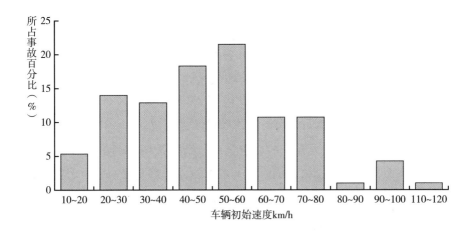

图 2 事故形态 401 车辆初始速度分布

资料来源：中国交通事故深入调查数据库（CIDAS），后同。

从图 2 中看到，车辆初始速度范围为 10～120km/h 内，占比最高的是 50～60km/h。Euro NCAP 和 C-NCAP 在 AEB 车辆—行人系统测试中，车辆测试速度范围限定在 20～60km/h 范围内，本文结合数据统计结果及测试的要求，对该参数的选取适当扩展，选取 10～80km/h，占比达到 93.55%。

行人的运动形态主要分为近端穿行、远端穿行、顺行和静止。Euro NCAP 和 C-NCAP 测试中，近端和远端穿行分类以行人穿行的方向分类，本

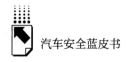
文依据的是行人在进入车辆行驶车道之前，是否跨越相邻车道。① 该参数统计结果如图 3 所示。

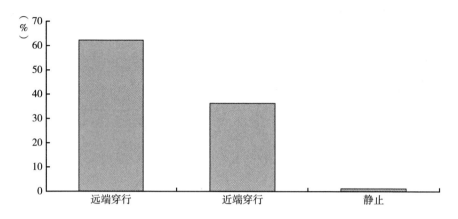

图 3　事故形态 401 行人运动形态分布

从图 3 中看到，行人穿行占比达到 98.92%，远端穿行占到 62.37%，在该类场景构建时，行人远端穿行是主要的考虑因素。

结合 AEB 车辆—行人系统的功能定义、结构及场景测试的要求，本文对天气、光照情况、现场道路情况、本车道宽度等参数也做上述统计分析，具体分析图表不再一一赘述，最后，将统计分析结果进行总结，形成事故形态 401 场景构建的参数集，见表 3。

通过上述方式，将行人事故涉及的其余事故形态进行相应的统计，获取相应的参数集。

针对每个事故形态，通过对相应的参数集中的参数选取，便能够产生巨量的虚拟测试场景，进而能够进行快速而低成本的 AEB 车辆—行人系统测试。

虽然有了大量的测试场景，但是如何评价一个测试场景的优劣，如何选取对测试最有效的场景，便是面临的新问题。

---

① 陈强、连晓威、李旭东：《通过真实交通事故数据验证 AEB 行人系统的有效性》，《质量与认证》2018 年第 9 期。

表 3　401 事故形态场景构建参数

图例	形态	现场道路环境	天气	光照情况
401 B → A	401	最少弯道,最多平直	晴 74%,阴 11%,雨 14%,大风 1%	白天 30%,晚上 62%,黄昏/黎明 8%

乘用车				
路灯开启	运动形态	本车道宽度	总车道数(通行方向)	初始速度
开启 53%,关闭 28%,无路灯 19%	直行	3.1～22m,频次最高 3.3m	1～4 车道,频次最高 2 车道	10～80km/h,频次最高 50km/h

行人				
路灯开启	运动形态	本车道宽度	总车道数(通行方向)	初始速度
开启 53%,关闭 28%,无路灯 19%	远端穿行	3.2～22m,频次最高 3.3m	0～4 车道,频次最高 2 车道	0～20km/h,频次最高 5km/h

三　构建场景的参数选择优化

对于已经完成的构建场景,本文采用层次分析法对其进行评价,层次分析法是指将与决策始终有关的各类元素分解成为目标、准则、方案等不同层次,然后在该基础之上进行定性及定量分析的一种决策方法。此方法是美国运筹学家 T. L. Saaty 教授于 20 世纪 70 年代提出的简便、灵活而实用的多准则决策方法。[1] 何海燕、王斌等人通过层次分析法对 AEB 相关评价指标进行了优化,为智能驾驶策略的选择提供了完整的评价依据。[2]

---

[1] 蔡鹤生、周爱国、唐朝晖:《地质环境质量评价中的专家—层次分析定权法》,《地球科学》1998 年第 3 期。

[2] 何海燕、王斌、叶晨桦:《基于层次分析法的 AEB 评价指标优化》,《上海汽车》2018 年第 9 期。

（一）构建场景的参数选择优化方法

层次分析法主要通过层次结构设计、构建两个不同元素的比较判断矩阵、对影响因素进行排序及完成一致性检验这一路线，实现定性与定量分析相结合的多个目标决策。

在构建层次分析法理论模型前，首先筛选出影响场景构建的准则元素和方案元素。基于所选择的元素，按照层次分析法方法论体系建立事故场景层次分析法理论模型，建立完善的参数选择优化体系。

（二）参数选择

对于某一种事故形态和 AEB 车辆—行人系统的功能及结构，其目标层是构建某一形态的事故场景。对于事故场景，人员、车辆、道路和环境是其组成的四个主要部分。结合前述对场景构建重要参数的分析，可将这些参数作为场景的基础参数。

（三）层次分析法理论模型的建立

首先，建立层次结构，该结构是进行参数选择优化的前提，层次结构的合理选择，能够对整体的优化过程起到一定加速作用，见表 4。

表 4　事故场景参数选择优化层次结构

A 目标层	B 准则层	C 方案层
某事故形态的构建场景	B1 道路情况	C1 现场道路环境
		C2 总车道数（通行方向）
		C3 车道宽度
	B2 运动情况	C4 初始速度
		C5 运动形态
		C6 天气
	B3 照明状态	C7 光照情况
		C8 路灯情况

其次，构建判断矩阵。建立如表 4 所示的结构，接着确定某层元素权重时，采用两两元素相互比较法：指在准则 C_k 下，对它所包含的元素 A_1，A_2，$\cdots$，A_n 中任意两个元素 A_i 和 A_j 进行比较，它们中哪一个重要以及重要的程度，并且采用相应的分数加以区别。相关的打分方式采取 1 ~ 9 的比例标度，其每个数字的具体意义见表 5。[①]

表 5 9 级比例标度的含义

标度	含义
1	两指标相比,具有同样的重要性
3	两指标相比,前者比后者稍重要
5	两指标相比,前者比后者明显重要
7	两指标相比,前者比后者极其重要
9	两指标相比,前者比后者强烈重要
2,4,6,8	上述相邻判断的中间值
1/2,$\cdots$,1/9	两指标相比,后者比前者的重要程度

按照上述 9 级比例标度，分析表 4 的层次结构中上层元素对下层元素的支配关系，根据相关领域的专家经验构建比较判断矩阵。方案层 C 中的元素相对于道路情况 B1 比较时，其判断矩阵 D 如表 6 所示。

表 6 判断矩阵 D

B1	C1	C2	C3	C4	C5	C6	C7	C8
C1	1	1/3	1/5	1/5	1/3	1/3	3	1/5
C2	3	1	1/3	1/7	1/7	1/5	5	1/3
C3	5	3	1	3	3	3	6	1
C4	5	7	1/3	1	1	2	7	2
C5	3	7	1/3	1	1	2	7	2
C6	3	5	1/3	1/2	1/2	1	6	2
C7	1/3	1/5	1/6	1/7	1/7	1/6	1	1/5
C8	5	3	1	1/2	1/2	1/2	5	1

---

① 王国良：《层次分析法在地质灾害危险性评估中的应用》，《西部探矿工程》2006 年第 9 期。

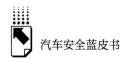

方案层 C 中的元素相对于运动情况 B2 比较时，其判断矩阵 E 如表 7 所示。

表 7　判断矩阵 E

B2	C1	C2	C3	C4	C5	C6	C7	C8
C1	1	1	1/2	1/5	1/3	1	3	1/5
C2	1	1	1/3	1/5	1/5	1/5	5	1/3
C3	2	3	1	3	3	3	6	1
C4	5	5	1/3	1	1	2	7	3
C5	3	5	1/3	1	1	2	7	2
C6	1	5	1/3	1/2	1/2	1	6	2
C7	1/3	1/5	1/6	1/7	1/7	1/6	1	1/5
C8	5	3	1	1/3	1/2	1/2	5	1

方案层 C 中的元素相对于照明状态 B3 比较时，其判断矩阵 F 如表 8 所示。

表 8　判断矩阵 F

B1	C1	C2	C3	C4	C5	C6	C7	C8
C1	1	3	1/5	1/5	1/3	1/3	3	1
C2	1/3	1	1/3	1/7	1/7	1/5	5	1
C3	5	3	1	3	3	3	6	1
C4	5	7	1/3	1	1	2	7	2
C5	3	7	1/3	1	1	2	7	2
C6	3	5	1/3	1/2	1/2	1	6	2
C7	1/3	1/5	1/6	1/7	1/7	1/6	1	1/5
C8	1	1	1	1/2	1/2	1/2	5	1

准则层 B 中的所有元素相对于某事故形态的构建场景 A 进行比较判断时，得到的相关判断矩阵 H 如表 9 所示。

表 9　判断矩阵 H

A	B1	B2	B3
B1	1	7	5
B2	1/7	1	1/3
B3	1/5	3	1

再次，对各个层次单排序及完成一致性的检验。层次的单排序是指本层所有元素相对上一层的排序。设 γ_{max} 是最大特征根，$(w_1, w_2 \cdots w_n)^T$ 是 γ_{max} 的特征向量，对特征向量归一化后，得到矩阵中相关元素 A_1，A_2，…，A_n 的排序向量。

两两比较判断矩阵是依据 9 级比例标度给定的，因此在客观上会存在所做判断不一致的问题，因此必须对矩阵一致性进行校验，层次分析法中采用 $CI = (\gamma_{max} - n)/(n - 1)$ 的值来检验。

随着矩阵阶数的增大，其一致性会变得越来越低。为清除矩阵阶数对一致性检验的影响，需要 RI 值，即随机一致性指标，其对应于 3~8 阶矩阵的数值见表 10。

表 10　随机一致性指标 RI

阶数	3	4	5	6	7	8
RI 值	0.52	0.89	1.12	1.26	1.36	1.41

接着，采用 CR 值，即一致性比例，来对判断矩阵的一致性进行检验。

根据层次分析法的要求，定义 CR = CI/RI，当 CR < 0.1 时，则认为所获得的判断矩阵具有合理的一致性。否则，应当对相应判断矩阵中数值进行修改，再一次进行检验，直到满足 CR 的值小于 0.1 的要求为止。

对于 D、E、F、H 矩阵，计算每个矩阵的 γ_{max}，其次计算相应特征向量，然后归一化，可得相对应的单排序向量，如下：$\omega_D = (0.04, 0.059, 0.261, 0.185, 0.175, 0.13, 0.022, 0.128)$ T，$\omega_E = (0.063, 0.053, 0.246, 0.196, 0.169, 0.12, 0.022, 0.132)$ T，$\omega_F = (0.064, 0.054, 0.267, 0.189, 0.175, 0.13, 0.022, 0.099)$ T，$\omega_H = (0.724, 0.083, 0.193)$ T。

计算 CI 值，结合 RI 值，得到 CR 值，根据一致性检验的要求，进行每个矩阵的一致性检验，然后通过不断的修正相关矩阵，直到满足要求为止。

最后，进行层次的总排序，此排序目的是获取各个元素对总目标层的相对权重。将表 4 中的各个层次从底层的各元素到最高层的层次单排序结果相

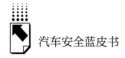
乘，最终获得层次总排序结果。

经过相应计算，得到底层 C 对层次 A 的影响权重为 [C1，C2，C3，C4，C5，C6，C7，C8] = [0.047，0.058，0.261，0.186，0.174，0.129，0.022，0.123]，通过对各参数的权重比较，可以得到对构建场景影响较大的参数，进而在场景构建过程中，可以优先考虑该参数的选择。

（四）软件中实现场景构建及参数替换

PreScan 是一款广泛应用的虚拟软件，可以实现自动驾驶的仿真测试。从事故形态 401 的事故数据中，选取一例真实的交通事故案例，在软件中搭建事故场景，如图 4 所示。

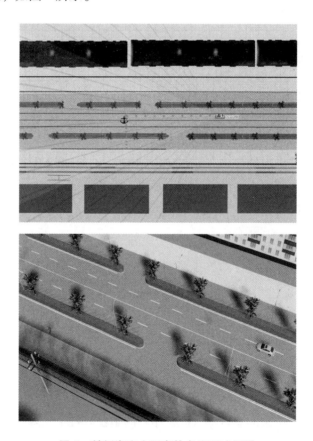

图 4　某例真实交通事故虚拟测试场景

该起事故中，相关场景参数为：行人为远端穿行，道路为直路，行人初始速度为13km/h，车辆初始速度为38km/h，天气为晴天，白天光照条件良好，有路灯且处于关闭状态。

通过前文建立的该事故形态参数集以及相应参数的权重，将该场景中的白天替换为夜间，路灯关闭替换为开启状态，构建出一个新的事故场景，如图5所示。

图5　替换相关参数后的虚拟测试场景

对于不同的行人事故，均可以采用上述方式进行场景构建，产生新的测试场景，进而完成新一轮的测试。

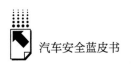
四　结论

本文使用 390 起车辆—行人事故数据，通过统计分析，建立了以事故形态 401 为基础的场景构建参数集，并使用层次分析法给出了相关参数在构建场景时的权重，进而得出以下结论。

（1）提出了以真实交通事故数据中八个主要参数为基础的场景构建方法，该方法可以快速、大量地产生新的测试场景。

（2）通过层次分析法，对构成场景的参数进行了分析，得到其在场景构建过程中的权重排序，使参数选择具有一定的目标性，能够快速搭建理想的测试场景。

（3）以某真实事故案例为基础，在虚拟软件中完成参数的选择和替换，验证了本文方法的可行性。

上述场景构建方法及相应评价方法，可以为虚拟测试场景的大量产生及相关测试提供参考。

B.4
2019年汽车产品召回现状分析

摘　要： 2019年，我国共实施缺陷汽车产品召回223次，所涉及的车辆数达到652.97万辆。与上年相比，召回次数同比增加1%，但总体召回数量显著下降，减少48%，达到2016年以来最低水平。伴随汽车企业及消费者对汽车安全重视度的同步提升，我国缺陷汽车产品召回正逐步常态化。从召回原因来看，缺陷所涉及的总成仍以气囊和安全带、发动机、悬架系统等传统部件为主；从车型分布来看，传统车辆仍是召回主体，但新能源汽车产品召回力度加大。同时，缺陷汽车产品召回也将逐步向新能源汽车及智能汽车等新业态拓展。

关键词： 汽车召回　汽车安全　缺陷汽车产品

一　2019年汽车产品召回情况

国家市场监督管理总局数据显示，2019年我国实施汽车召回共计223次，其中涉及的车辆数为652.97万辆。与上年相比，召回次数增加了1%，但召回总体数量呈现显著下降，减少48%，达到2016年以来最低水平。

我国缺陷汽车产品召回制度始于2004年，16年间（截至2019年底）

---

* 马文双，工程师，任职于中汽研（天津）汽车信息咨询有限公司信息咨询部，主要从事汽车安全及智能网联发展领域的研究工作。

共实施汽车召回1992次，涉及缺陷车辆总数达到7578.01万辆。从召回数量年度走势来看，2015～2019年的召回数量相比其他年份，总体呈现较高的水平，但是每年的召回次数波动并不大，平均每年召回228次，不到2天就要发生一起召回事件，这也说明我国缺陷汽车产品召回逐步常态化（见图1）。

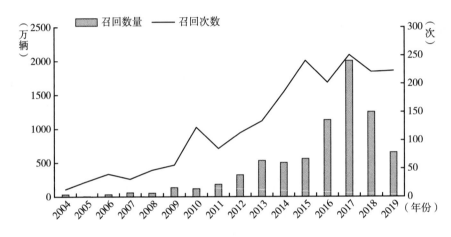

图1　2004～2019年汽车产品召回的数量与次数

资料来源：国家市场监督管理总局，后同。

常态化的召回现状以及超7000万辆的汽车缺陷产品召回的主要意义在于保护消费者的人身及财产安全。

从召回数量月度走势来看，2019年8月、5月、11月是召回数量前三的月份，召回总数均超百万辆，8月召回数量最多，主要是由于涉及三次超20万辆规模的召回，其中北京现代关于全新途胜汽车（2015年8月17日至2018年9月18日生产的搭载1.6T发动机的全新途胜汽车）的召回规模达到400377辆（见图2）。

缺陷所涉及的总成主要覆盖气囊和安全带、发动机、悬架系统、电器设备、车身、传动系、制动系、转向系、轮胎和车轮以及附加设备。其中气囊和安全带、发动机仍为主要缺陷部件，占比均超30%，气囊和安全带的占比最高，达到33%（见图3）。

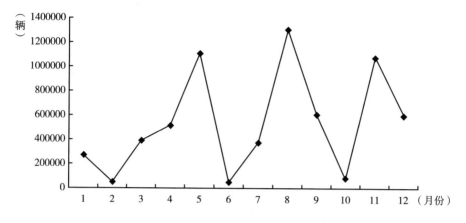

图2　2019年汽车召回数量月度走势

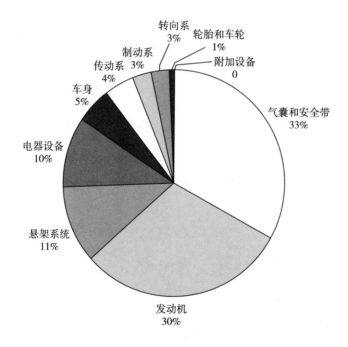

图3　汽车产品缺陷涉及总成召回数量分布

汽车产品召回的原因主要有制造原因、设计原因和标识原因,不同原因引发的召回次数分别为166次、51次和6次,召回缺陷产品数量分别为415.82万辆、237.06万辆、941辆(见图4)。

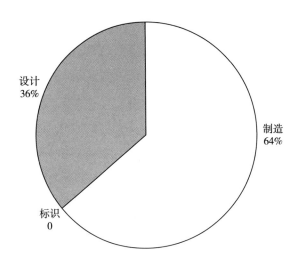

图4 汽车产品缺陷原因分类召回数量占比

另外，值得注意的是，因标准符合性问题产生的汽车产品召回在次数与数量上均呈现显著增长，召回次数达到了23次，同比增长156%，召回数量1.96万辆，增长822%。因不合理危险问题导致的召回数量占召回总数的比例达到99%以上。

从召回涉及的汽车品牌来看，德系品牌明显居前（见图5）。

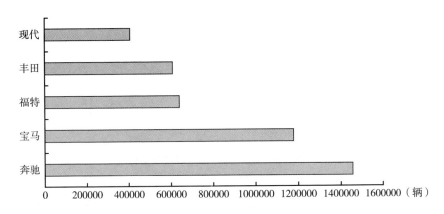

图5 2019年汽车召回数量前五的企业

二 2019年缺陷汽车召回的特点分析

（一）消费者对汽车安全关注度提升

2019年，全国消费者协会所受理的汽车类投诉（含零部件）同比增长25.1%，具体包括发动机、变速箱等重要部件，25.63%的投诉为质量和安全问题。国家缺陷信息采集平台有14971条汽车产品缺陷线索由消费者提供，其中，30.42%涉及发动机总成、19.02%涉及传动系、16.91%涉及电气设备、13.56%涉及车身。

（二）受缺陷调查影响而实施的被动召回次数占比提高

2019年，受国家市场监管总局缺陷调查影响而实施的召回次数为70次，达到2016年以来新高，同比上年增长4.69%，涉及的缺陷车辆数量总计437.23万辆，占比提升12.63%，这也说明政府部门对缺陷产品的监管在加强（见图6）。

截至2019年底，受缺陷调查影响实施的汽车召回次数达到439次，所涉及的缺陷车辆达4429.91万辆，占召回车辆总数的比重超过50%。

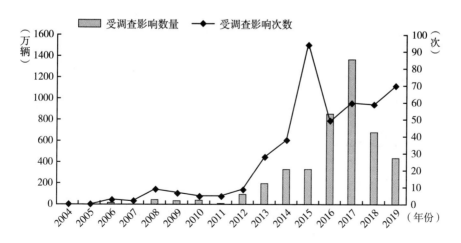

图6 2004～2019年受调查影响召回的次数与数量

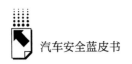
（三）新能源汽车缺陷产品召回管理加强

随着新能源汽车保有量的增加及市场化进程的提速，其安全问题逐步凸显，国家市场监管总局加强了对新能源汽车的监管，发布《关于进一步加强新能源汽车产品召回管理的通知》（市监质函〔2019〕531号），对新能源汽车召回监管有了更明确的要求。

2019年，在新能源乘用车的召回中，自主品牌占比更高，召回次数占比为60%。包括奇瑞汽车召回2017年12月28日至2018年10月26日生产的8580辆瑞虎3xe纯电动汽车；蔚来汽车召回4803辆蔚来ES8电动汽车，主要为搭载了2018年4月2日到2018年10月19日生产的动力电池包的车辆。

（四）召回原因仍集中于传统部件

目前来看，气囊和安全带、发动机、悬架系统仍是缺陷产品召回的主要原因，召回数量占比较大（见表1），而智能网联汽车等相关新技术引发的召回暂未凸显。

表1　主要缺陷汽车产品召回次数及数量

单位：次，万辆

召回原因	召回次数	召回车辆总数
气囊和安全带	46	215.18
发动机	47	198.02
悬架系统	7	72.19
电器设备	35	65.50

三　缺陷汽车产品召回趋势

针对下一阶段的汽车和消费品召回工作，2020年，国家市场监管总局将以传统汽车、智能汽车、新能源汽车等为重点，开展案件缺陷调查和召回监督等工作。这就意味，伴随新能源汽车和智能汽车的市场化发展，其也将逐步成为监管重点。

在制度方面，国家市场监管总局、生态环境部将加快出台《机动车环境保护召回管理规定》，完善机动车排放召回缺陷线索信息收集、风险分析和缺陷识别技术支撑体系。

参考文献

蒋颜：《汽车认证标准与法规》，北京理工大学出版社，2017。

何可：《召回制度：汽车产业质量提升的助推器》，《产品可靠性报告》2017 年第 4 期。

标准法规篇

Standards and Regulations

B.5
《C-NCAP 管理规则（2021年版）》
要点解读及未来发展方向

张云龙　周博雅　李向荣*

摘　要：　《C-NCAP 管理规则》经过 2006 年版、2009 年版、2012 年版、2015 年版和 2018 年版的多次变更与修订。2021 年版又进行了多项完善和提升，在原有的碰撞试验基础上增加了正面 50% 车—车对撞测试，导入侧面柱碰撞试验，座椅鞭打试验延伸到第二排的乘员保护，增加了儿童保护考核项，增加了对二轮车骑行者保护性能的考核，等等。本文主要对《C-NCAP 管理规则（2021 年版）》的变化要点进行解读。

* 张云龙，中级工程师，中汽中心汽车测评管理中心技术管理部 C-NCAP 专员，主要研究领域为汽车安全性能及安全相关功能测评；周博雅，博士，高级工程师，中汽中心汽车测评管理中心技术管理部部长；李向荣，高级工程师，中汽中心汽车测评管理中心试验管理部部长。

关键词： C-NCAP 碰撞测试 被动安全 乘员保护 主动安全

一 引言

经历了 2006 年版、2009 年版、2012 年版、2015 年版和 2018 年版的变更与修订，中国汽车技术研究中心有限公司对《C-NCAP 管理规则》进行了多次完善和提升。随着车辆被动安全技术的日益精细化，主动安全技术进入飞跃式发展阶段，主、被动安全技术的相互融合将构成车辆乘员和弱势道路使用者的全方位安全防护体系；同时，随着中国道路交通事故研究、中国汽车市场车型基础数据研究、国际前沿汽车试验技术研究等一系列工作的不断深入，C-NCAP（2021 年版）管理规则在原有的碰撞试验基础上增加了正面 50% 车—车对撞测试，通过碰撞兼容性考核推动大车小车和谐一体的交通环境；导入侧面柱碰撞试验，加强对新能源车辆电池系统碰撞安全性考核；座椅鞭打试验延伸到第二排的乘员保护；增加了儿童保护考核项；安全带提醒装置由加分项修改为罚分项，进一步提升安全带的佩戴率；针对中国道路交通中弱势群体事故高发的特点，不仅行人保护试验增加了对二轮车骑行者保护性能的考核，而且自动紧急制动系统（AEB）试验也增加了对二轮车骑行者保护性能的考核；增加了与行车安全密切相关的汽车前照灯性能考核；此外，更多的先进驾驶辅助系统成为评价内容的一部分。

二 乘员保护部分变化

C-NCAP（2021 年版）在乘员保护部分，以正面 50% 的重叠移动渐进变形壁障（MPDB）碰撞试验替代了正面 40% 的重叠可变形壁障碰撞试验；针对新能源车辆，用侧面柱碰撞试验替代了侧面碰撞试验；安全带提醒装置由加分项修改为罚分项；修改了对于侧气帘加分的技术要求；增加了关于事故紧急呼叫系统加分的技术要求；增加了第二排两侧座椅鞭打试

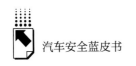
验及评价方法；修改了第二排儿童乘员保护评价方法和儿童乘员保护静态
评价方法。

（一）正面50%MPDB碰撞替代了正面40%固定壁障碰撞

在乘员保护部分，首先发生变化的是正面40%偏置碰撞。在之前的测
试中，正面40%偏置碰撞的壁障采用固定形式，2021版开始，正面偏置碰撞
的壁障改为移动台车（车重1400kg）形式，移动台车与测试车以100km/h
（两车的速度均为50km/h）的相对速度对撞，并且碰撞重叠率从之前的
40%变更为50%，增大了参与碰撞的面积。C-NCAP（2021年版）将正面偏
置碰撞的固定壁障改成可移动台车，虽然偏置面积增加，但更贴近现实交通
事故中的"两车对碰"情况。

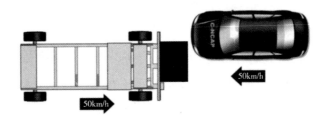

图1　正面50%MPDB碰撞

基于碰撞双方伤害最小化的考虑，MPDB碰撞试验工况被设计出来，以
评价汽车碰撞的相容性。MPDB碰撞试验的进行方式是：在前端安装有渐进
变形壁障的台车（车重为1400kg），以50km/h的均匀速度与试验车辆（车速
同是50km/h）发生重叠率为50%碰撞。按照C-NCAP（2021年版），以MPDB
碰撞替代了现行的正面40%碰撞。车辆速度由64km/h下调到50km/h，接触
面也由40%换成了50%，难度并没有因此而降低，恰恰相反，现行的正面
40%碰撞试验中的壁障是静止不动的，而在MPDB试验中，台车与试验车的
相对速度达到100km/h，属于比较典型的车对车碰撞，试验难度有了大幅
提升。

还有一个重要变化，在MPDB碰撞试验中，驾驶员侧使用了新一代的

THOR 男性假人，而 THOR 假人的身价不菲，且生物仿真度更高，也就"更像真人"。最新的 THOR 假人，与 Hybrid Ⅲ型假人在性能上有很大的差别：胸部结构差异是两种假人的主要差别之一，Hybrid Ⅲ 50th 假人胸部的压缩量使用胸部带小球的连杆测量，连杆转动的角度再换算成假人的胸部压缩量。THOR 50th 假人采用了更直接的直线位移传感器测量胸部压缩量，假人胸部装有 4 个 3D IR-TRACC 传感器，每一个 3D IR-TRACC 传感器具备 1 个线性伸缩量测量部分以及 2 个旋转电位器。简单来说，就是 THOR 假人在胸部性能上与真人更为接近，导致胸部伤害测量值相比于 Hybrid Ⅲ 假人会偏大，而之前的安全带、气囊开发都是基于 Hybrid Ⅲ 假人。因此，防御性考核中的难点在于：①THOR 假人的引入给约束系统的开发带来了更大的难度；②对于试验车而言，与 1400kg 的台车进行相对速度 100km/h 的碰撞，其乘员舱结构面临更严苛的考验。

C-NCAP（2021 年版）在 MPDB 碰撞试验假人布置方面与 Euro NCAP 不同，中国版 MPDB 碰撞试验在副驾驶位置放置了一个女性假人，用于考核车辆对小身材乘员的保护。媒体做过的一项研究结果表明，对 154 位受访者进行调查，其中有超过 3/4 的人表示：副驾驶是"专人专座"，只有不到 1/4 的人表示"无所谓"。大多数男性受访者表示愿意把副驾驶留给另一半，几乎所有女性受访者都选择了"专人专座"，她们对自己的领地充满占有感。因此汽车副驾驶位置在国内成为标配的"女王专属座驾"，在副驾驶放置女性假人评价车辆安全性是完全符合我国国情的。

在后排的假人放置上，中国版 MPDB 碰撞试验依旧保持了中国国情，选择了女性＋儿童的布置方式。后排使用女性假人进行评价是 2006 年由中国首创，近年来各国 NCAP 纷纷跟进，美国 IIHS 也计划在试验中引入后排假人。

C-NCAP（2021 年版）的 MPDB 碰撞试验考核分数：此项试验满分 24 分，其中，前排乘员占 16 分，后排的女性假人及儿童假人分别占 4 分。兼容性考核则是用"罚分"的方式进行，所涉及四个项目包括：标准偏差 SD、壁障侵入深度以及壁障侵入高度、台车上乘员载荷准则（OLC）。通俗

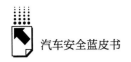

来讲，SD 值用于考核车辆前端结构的均匀性，若要改善这一指标，需要在车辆前端设计尽可能多的传力路径；OLC 则是通过台车上的传感器计算出台车受冲击的强度，想要改善 OLC 不仅要在结构上下功夫，整车的轻量化也是重要的解决手段；如果碰撞中发生蜂窝铝被击穿，则说明车辆结构太硬，且传力过于集中，罚 2 分。攻击性考核的难点在于，把车做得硬很容易，但把车做得不能太硬也不能太软很难。

（二）新能源汽车的侧面碰撞调整为侧面柱碰撞

对于车辆侧面的安全防护考核，在 C-NCAP（2021 年版）中增加了侧面柱碰试验。这种工况只用于新能源车型（包括纯电动和 PHEV），而传统燃油车型依然沿用现行侧面台车碰撞试验。对于传统车而言，在现行规则中只做驾驶侧碰撞，而新版规则改为了左右侧随机撞击，以考核前排假人和后排假人在碰撞过程中的受伤害情况。

新能源车辆的正面碰撞试验方式与传统燃油车一致，其侧面碰撞则改为侧面柱碰，重点考察的是乘员保护（只考核前排乘员）和电池安全性能。需特别说明的是，只有两侧同时装配头胸一体式气囊和侧面气帘的车辆，才能进行侧面柱碰撞试验，而对于未装配的车辆，该项试验得分为 0 分。新能源车辆在各项碰撞试验后仍需进行电气安全考核，所涉及的项目包括：触电保护性能、REESS 安全评价、电解液泄漏、高压自动断开装置等。截至目前，C-NCAP（2018 年版）测试的所有新能源车辆，虽然所获星级结果不同，但均满足电气安全要求；而 C-NCAP（2021 年版）中的侧面柱碰试验对车身结构的侵入量更大，将更加考验电池的安全性能。

（三）鞭打试验延伸到第二排座椅

C-NCAP（2018 年版）对于鞭打试验（低速后碰撞颈部保护试验）的考核只针对驾驶员席座椅，所占分值为 5 分；而 C-NCAP（2021 年版）增加了对后排的考核。按照 C-NCAP（2021 年版），第二排座椅鞭打试验分数最高得分为 2 分，假人伤害指标与评分方法和驾驶员座椅鞭打试验相同。按照驾

图2　侧面柱碰撞试验

驶员座椅鞭打试验方法计算得分，并将结果乘以0.4，作为第二排座椅鞭打试验最终得分。C-NCAP（2021年版）中，鞭打试验总成绩为7分（驾驶员座椅5分，第二排座椅2分）。

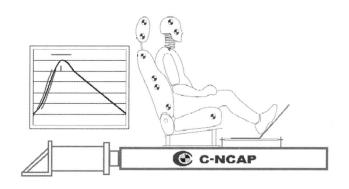

图3　鞭打试验增加了对后排的考核

（四）增加了儿童乘员保护静态与动态评价方法

在 C-NCAP（2018年版）中，只在正面100%重叠碰撞试验中涉及儿童乘员，在后排放置了儿童假人，重点考察儿童约束系统的固定装置是否有效，但对于假人的伤害值没有做定量评价。而在 C-NCAP（2021年版）中，则加强了对儿童乘员保护的评价，包括：儿童保护静态评价、动态试

验评价。

在动态试验评价方面，对于正面100%重叠碰撞试验，后排放置Q系列3岁儿童假人（后排随机放置儿童假人与女性假人）；正面50%重叠的MPDB碰撞试验中，在第二排的右侧放置Q系列10岁儿童假人。这两项试验中，儿童假人的伤害值评价的分值都是4分。儿童保护静态评价的最高得分为3分，其中，"基于车辆的评估"占2分；"儿童约束系统安装检查"占1分；对安全气囊禁用信息不满足要求的，则给予1分罚分。

（五）新增加分项：事故紧急呼叫系统

在C-NCAP（2018年版）中，乘员保护的加分项包括：前排乘员安全带提醒装置（SBR）（1分）、二排乘员安全带提醒装置（1分）、侧面安全气囊及气帘（3分）。在C-NCAP（2021年版）中，乘员保护加分项由5分调为4分，具体为侧面气帘（2分）、事故紧急呼叫系统（E-CALL，2分）。乘员安全带提醒装置则由加分项变罚分项，对于前、后排无SBR装置的车辆，将按扣分处理，最高可扣2分。

对配置E-CALL系统方面，若用于C-NCAP测试的3辆试验车的E-CALL系统性能均符合规定的技术要求，可获得相应的加分，最高可加2分。E-CALL系统应具备手动和自动两种模式的紧急通话报警功能，若仅满足其中一项功能，则可加1分。

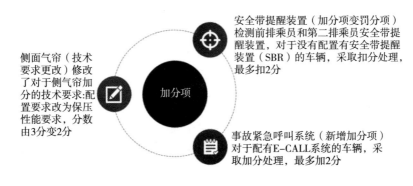

图4　C-NCAP（2021年版）加分项

三　行人保护部分变化

国内行人保护观念比较落后，且技术研发匮乏，在 C-NCAP（2018 年版）中引入行人保护试验，从而促进国内车企在行人保护方面的研发投入及技术提升。C-NCAP（2021 年版）中，对该项目又进行了更新调整，对行人保护试验及评价方法进行修改，在进行行人腿部碰撞保护试验评价中，采用先进的行人腿型（Advanced Pedestrian Legform Impactor，aPLI），并替代了传统 Flex-PLI 和 TRL 上腿型。同时，考虑到对二轮车骑行者的保护性能，扩大了行人保护头部试验区域面积。

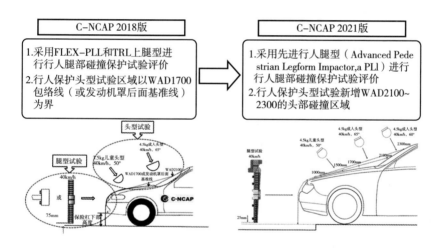

图 5　C-NCAP 2021 年版与 2018 年版对比

四　主动安全部分变化

（一）主动安全的权重进一步提升

在 C-NCAP（2018 年版）的主动安全项目中，仅考查 ESC 以及 AEB 系统；而在 C-NCAP（2021 年版）中，主动安全项目除了对 ESC 系统进行审核外，还增加了对车辆自动紧急制动系统（AEB）、整车灯光性能试验、车道保持系统（LKA），以及车道偏离报警系统（LDW）、车速辅助系统（SAS）、车辆盲区监测系统（BSD）的性能测试报告审核。在 C-NCAP（2018 年版）中，因考虑到车辆 AEB 系统的配置率不高，所以即便测试车型没有配 AEB 系统，也允许企业送高配车型（配有 AEB 系统）进行测试，并按照 AEB 系统配置率核算成绩。而在 C-NCAP（2021 年版）中，对于主动安全的审核和测试项目按照试验车辆实际配备情况进行评价，不考虑车辆配置率。至于在选择具体车型配置方面，2021 版规则和 2018 版规则一样，仍是选取销量较大的配置。同时，在 2021 年版规则中，主动安全项目的权重也由 C-NCAP（2018 年版）的 15% 提升至 25%，显示出主动安全受重视程度越来越高。

表 1　C-NCAP（2021 年版）与 C-NCAP（2018 年版）对比

测试项	C-NCAP(2018 年版)	C-NCAP(2021 年版)
电子稳定性控制系统(ESC)	√	√
自动紧急制动系统(AEB)	①AEB CCR(车对车) ② AEB Pedestrian（行人 AEB）	①AEB CCR(车对车)（减少 CCRb 场景） ②AEB Pedestrian(行人 AEB) ③AEB 二轮车
车道保持系统(LKA)	×	性能测试(左右侧实线/虚线偏离测试)
车辆盲区监测系统(BSD)	×	性能测试报告审核
车道偏离报警系统(LDW)	×	性能测试报告审核
交通标志识别系统(TSR)	×	性能测试报告审核(识别及超速报警)
前照灯整车性能试验	×	前照灯整车性能试验(远光灯和近光灯)

注：①C-NCAP（2021 年版）主动安全的审核和测试项目按照试验车辆实际配备情况进行评价，不考虑配置率；②对于主动安全审核项目，需要具备资质的国内外第三方检测机构出具报告。

（二）ADAS 系统评价体系初步形成

AEB 系统在车辆发生紧急情况时可自动制动以避免或减轻碰撞伤害。在 C-NCAP（2021 年版）中，对于配置有 AEB 系统的车型，在 C-NCAP

（2018 年版）进行车辆追尾、行人工况试验的基础上，新增了二轮车工况。AEB CCR（AEB 车对车）、AEB VRU_ Ped（AEB 车对行人）及 AEB_ TW（AEB 车对二轮车）的三项碰撞试验分别采用被测车辆以不同速度行驶至前方的模拟车辆目标物、行人目标物以及二轮车目标物，以检验被测车辆在没有人为干预的情况下的制动及预警情况，对 AEB 系统的性能好坏做出评价。除了 AEB 系统外，车道保持系统（LKA）测试包括两个测试场景：车辆右侧偏离出实/虚车道线、车辆左侧偏离出实/虚车道线。另外，还包括其他主动安全系统（LDW、ESC、SAS、BSD）的报告审核项目。可以说，C-NCAP（2021 年版）已初步形成较为系统的先进驾驶辅助系统（ADAS）项目的评价和考核体系。

（三）新增整车灯光性能评价

汽车前照灯性能与保障行车安全息息相关，在 C-NCAP（2021 年版）中，首次将整车灯光评价纳入考核项目，这属于主动安全项目，其得分率占主动安全部分的20%。整车灯光性能试验项目包括近光灯、远光灯以及相关的加分项和罚分项。近光灯评价项包括直/弯道引导距离、路口行人探测宽度、左侧行人可见度及弯道照明宽度；远光灯评价项包括路口行人探测宽度和照明范围。同时，对于满足要求的自适应近/远光功能、近光灯自动开启功能、自动前照灯调平系统会有相应的加分。另外，还有一个罚分项就是对于对向驾驶员的眩光，如眩光测量值超出规定限值，则要扣1 分。

五　星级门槛进一步提升

基于对车辆安全性能均衡的考虑，C-NCAP（2021 年版）与 C-NCAP（2018 年版）一样，其最终星级的获得除了满足综合得分率要求以外，还需同时满足乘员保护、行人保护和主动安全三部分各自设定的最低得分率要求。在 C-NCAP（2021 年版）中，综合星级门槛较 2018 年版进一步提升，

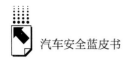

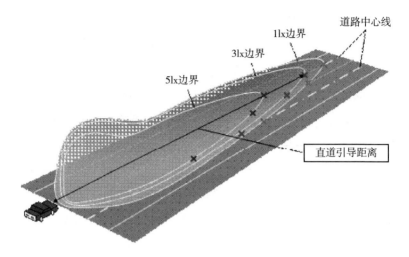

图 5 整车灯光评价纳入考核项目

主动安全部分星级门槛较 2018 年版大幅提升。主动安全门槛的提升将进一步推动 ADAS 系统的普及，并促进企业提高对于整车灯光性能的重视。

六 C-NCAP 后续发展方向

NCAP 的初心是利用安全测评和先进技术引导提高车辆乘员安全，同时也提升其他道路使用者的安全，最终达到减少交通事故伤亡的目的。

（一）乘员保护部分发展方向

乘员保护部分，对于碰撞试验，后续主要进行壁障形式的更新、兼容性考虑和试验参数调整；对于鞭打试验，后续考虑前后排融合；对于儿童保护，后续考虑更新动态试验评价方式/参数，增加侧面碰撞中的儿童保护评价；电安全部分，后续考虑研究增加新的测试工况；加分项内容考虑增加主动预紧式安全带等先进功能；儿童保护部分考虑增加检测儿童单独滞留车内，避免中暑死亡等功能；同时测试车型将考虑向电动物流车、皮卡车和其他商用车领域扩展，发挥 C-NCAP 的安全技术发展引导作用。

（二）行人保护部分发展方向

行人保护部分后续主要考虑增加主动弹起式发动机罩测试评价，更新优化头型和腿型试验程序和参数。

（三）主动安全部分发展方向

主动安全部分是 C-NCAP 后续的重点发展方向，得分权重有望进一步提升。具体测评内容后续将考虑加入驾驶员监控，以减轻/减少驾驶员注意力分散、疲劳驾驶、醉酒驾驶导致的交通事故伤害；将考虑加入自动紧急转向，AEB 的侧碰、交叉路口、迎头和倒车场景，以减轻/避免交通事故伤亡；将针对 C-V2X、IMA 等最新安全技术考虑增加测评场景。

随着车辆自动驾驶技术的快速发展，C–NCAP 后续将考虑加入安全相关的自动驾驶测评场景，向消费者展示自动驾驶车辆的安全状态，以减轻消费者对自动驾驶的恐惧，让消费者保持对车辆自动化程度的合理期望，督促消费者在自动化水平较低或者未普及的汽车中保持警惕驾驶的状态。

（四）信息安全

随着汽车越来越多地联网，越来越多地依赖于互联网上的数据交换，它们变得更容易受到黑客攻击和网络攻击。已有一些车辆控制装置被遥控的报告，人们越来越担心这一弱点可能被恶意利用来危害安全。C-NCAP 后续考虑加入信息安全测评，以保证车辆用户的信息安全。

参考文献

C-NCAP 管理中心：《C-NCAP 管理规则（2018 年版）》，中国汽车技术研究中心有限公司，2017。

C-NCAP 管理中心：《C-NCAP 管理规则（2021 年版）》，中国汽车技术研究中心有限公司，2020。

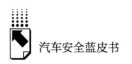
Implementation of Autonomous Emergency Braking（AEB）, The Next Step In Euro NCAP's Safety Assessment, ESV, Seoul.

"Retrieved 2017, from Procedure for assessing the performance of Reverse Autonomous Emergency Braking（R-AEB）systems in rear collisions", http：//www. rcar. org/Papers/MemberPapers/Reverse%20AutoBrake%20Test%20Procedure. pdf.

"Retrieved 2017, from 5G Automotive Association", http：//5gaa. org/.

商用车辆电子稳定性控制系统性能要求及试验方法标准解读与分析

刘 地 刘少军*

摘 要： 全国汽车标准化技术委员会从2013年开始启动了商用车辆电子稳定性控制系统（ESC）试验方法标准的预研工作，从 ESC 的技术原理、功能作用、评价方法等方面进行了系统的研究。在此基础上，初步提出了 ESC 性能要求及试验方法标准草案。

关键词： 商用车辆 电子稳定性控制系统（ESC）主动安全

一 概述

车辆电子稳定性控制系统（ESC）是继防抱死制动系统（ABS）之后车辆主动安全控制方面的一次里程碑式的技术进步。ESC 系统在提高汽车主动安全性能、减少道路交通事故等方面具有重要作用，越来越多的汽车厂商将 ESC 系统作为车辆标准配置。

近年来，世界各国均在积极推进 ESC 的相关标准法规制定工作。UN R13 附件 21《电子稳定性控制系统》和美国的 FMVSS 136《重型车辆电子稳定性控制系统》等都提出了商用车辆电子稳定性控制系统的技术要求及

---

* 刘地，博士，中国汽车技术研究中心有限公司汽车标准化研究所研究员级高工，全国汽车标准化技术委员会转向分会、变速器分会副主任委员，制动分会、底盘分会委员，主要研究领域为汽车主、被动安全及底盘控制系统；刘少军，东风商用车技术中心底盘开发部高级工程师，主要研究领域为制动系统及辅助制动系统设计。

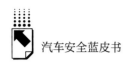

试验方法。在美国、欧洲、日本等国家和地区，ESC 已经或正在被作为商用车强制安装的安全装置。

为全面系统地了解我国商用车电子稳定性控制系统的发展情况，探讨 ESC 的技术应用和测试评价，推动 ESC 的标准研究与制定，全国汽车标准化技术委员会多次组织召开技术及标准研究研讨会，邀请汽车及相关零部件企业的专家和代表共同就商用车电子稳定性控制系统技术、标准法规动态等进行交流。同时，也分别走访了浙江亚太机电股份有限公司、万安科技股份有限公司、焦作博瑞克控制技术有限公司、WABCO 汽车控制系统有限公司以及中国一汽、中国重汽等商用车电子稳定性控制系统的研发、生产及应用的企业，了解商用车 ESC 系统的技术现状、发展趋势、应用匹配，以及对制定商用车电子稳定性控制系统技术标准的建议等。

经过充分地分析研究，最终确定本标准的制定原则，对主要参照的 FMVSS 136 法规的研究报告进行进一步的分析研究，以确定标准采用的主要评价方法对我国实际试验条件等方面的适用性。同时，也对 UN R13 附件 21 的相关技术内容进行分析，探讨相关试验方法在我国实施的可行性。

2017 年 2 月，标准研究与制定工作组正式成立。来自整车企业、科研检测机构、制动系统制造企业等 9 家单位的 20 位专家在第一次工作组会议上，经过讨论确定了标准修订原则的工作计划。

通过多次专题技术交流、工作组研讨、验证试验等环节，标准文本于 2018 年 1 月 26 日至 2018 年 3 月 12 日，在全国汽车标准化技术委员会网站上公开征求意见；2018 年 4 月完成送审稿并提交全国汽车标准化技术委员会制动分技术委员会审查；2018 年 5 月提交报批；2019 年 10 月 18 日，GB/T 38185 – 2019《商用车辆电子稳定性控制系统性能要求及试验方法》正式发布；2020 年 5 月 1 日起实施。

二 标准编制原则

本标准的研究制定是在对我国商用车电子稳定性控制系统产品开发及应

用现状进行调查，对相关国际、国外标准的关键技术指标在我国的适用性进行分析研究，并且对相关的试验方法在我国现阶段实施的可行性进行论证分析研究的基础上，结合我国实际情况提出的商用车电子稳定性控制系统性能要求和试验方法；并通过验证试验，对试验方案的可行性进行了验证，确定了适合我国实际情况的商用车电子稳定性控制系统性能评价的技术方案。

本标准主要技术内容参照了美国的 FMVSS 136《重型车辆电子稳定性控制系统》和 UN R13 附件 21《电子稳定性控制系统》的相关技术内容。

本标准按照 GB/T 1.1 – 2009 给出的规则起草。

三 标准主要内容

标准规定了商用车电子稳定性控制系统的性能要求与试验方法，针对商用车电子稳定性控制系统的特点，技术内容主要包括：一般要求、性能要求、故障监测、试验方法等。

本标准规定了商用车电子稳定性控制系统的性能要求和试验方法。

本标准适用于装备了电子稳定性控制系统的 M2、M3、N2、N3 类车辆。

（一）术语和定义

电子稳定性控制系统缩略语形式为 ESC。

GB/T 12549 – 2013 和 GB/T 30677 – 2014 界定的以及下列术语和定义适用于本文件。

ESC 制动（ESC braking）。

ESC 发出指令对任何车轮施加制动，制动压力持续至少 0.5 s 且压力至少达到 34 kPa（气压制动系统）或 172 kPa（液压制动系统）。

（二）主要技术内容

1. 一般要求

对 ESC 功能做出了明确的规定。

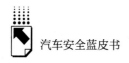
（1）能够按照某种控制逻辑来对所有车轮单独施加制动力矩。

（2）除以下情形外，在加速、滑行以及减速（包括制动）等整个行驶的各个阶段都能正常工作：①驾驶员关闭 ESC；②车速低于 20 km/h；③系统自检已经完成并且车辆处于 7.8.2 规定的驱动状态下不大于 2 min；④车辆处于倒车状态。

（3）即使在防抱死制动系统（ABS）或驱动防滑（ASR）作用期间也不应影响 ESC 的正常工作。

一般要求对 ESC 各种工况均给出了相关要求，并明确了 ESC 的安全等级要高于 ABS、ASR 等其他系统。

车辆低速行驶时，其稳定性对安全的影响可以忽略，因此，ESC 在车辆低速行驶时（前进或倒退）可以不必满足相关的性能要求。

2. 性能要求

重点项目是 J 转向试验（参见主要评价项目的 J 转向试验）。同时也对 ESC 故障监测、ESC 关闭信号装置等提出了相关要求。这些要求，与 FMWSS 136 的要求是一致的。

3. 主要评价项目

（1）J 转向试验

J 转向试验与 FMVSS 136《重型车辆电子稳定性控制系统》规定的试验方法和性能要求是一致的。

J 转向试验轨迹如图 1 所示。

采用相同的入口车速连续进行四次测试，以确定初始基准车速和基准车速。在 4 次测试中，测试车辆的车轮从试验起点（弧度为 0）到终点（弧度为 120）的过程中，至少有 2 次应始终保持在试验车道内。

通过每个系列连续四次测试的运行过程，确定发动机扭矩降低。车辆应在 4 次测试中至少 2 次满足下列要求：

（a）在车辆进入试验起点 1.5s 后到通过结束处，ESC 系统应至少持续 0.5s 减少驾驶员要求的发动机扭矩 10% 及以上；

（b）测试车辆的车轮从试验起点到终点应始终保持在试验车道内。

采用相同的入口速度对每个系列连续测试 8 次，确定侧翻稳定性控制。在 8 次测试中，车辆应至少有 6 次满足下列要求：

（a）测试车辆的速度在通过试验起点 3s 后，不应超过 47km/h；

（b）测试车辆的速度在通过试验起点 4s 后，不应超过 45km/h；

（c）测试车辆的车轮从试验起点到终点应始终保持在试验车道内；

（d）ESC 制动必须被激活。

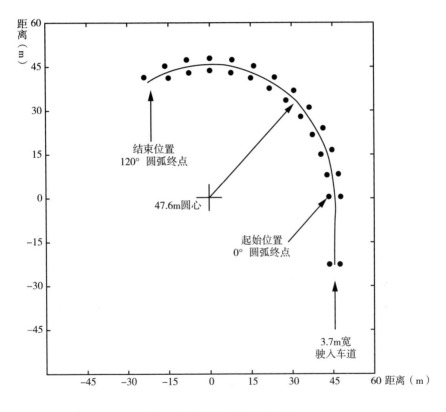

图1　试验轨迹（逆时针方向）

J 转向试验是通过两个专项试验，评价车辆在转弯工况下，车辆对自身保持行驶轨迹的控制能力和抗侧翻性能。

（2）定圆加速试验

定圆加速试验是根据工作组成员单位在进行出口认证时采用的试验方法

和要求归纳整理的。

定圆加速试验的目的是当车辆运行稳定性存在风险时，评价 ESC 系统是否能通过对发动机输出扭矩控制来保证车辆运行的稳定性。

定圆试验的试验轨迹半径可根据试验场地的实际情况，在保障安全的前提下，在规定的范围内选取。通过定圆试验来检验 ESC 系统对发动机输出扭矩的控制是否合理。不同的试验轨迹半径，对应的行驶速度会有一些差异，但不影响试验结果。

定圆加速试验按如下试验规程进行：

（a）定圆加速试验应在平坦、高附着系数的广场上进行，试验场地应足够宽阔，能够确保试验安全；

（b）定圆半径大小范围为 20 m ~ 100 m；

（c）试验应在 ESC 开启状态下进行；

（d）车辆沿着设定的定圆轨道逐渐踩油门踏板加速，直到发动机扭矩被限制车速不能增加，如果在试验过程中驾驶员感觉车辆出现不安全的状态，应立即终止试验。

（3）单变道试验

单变道试验是根据工作组成员单位在进行出口认证时采用的试验方法和要求归纳整理的。

单变道试验的目的是考核在变道工况中，当车辆稳定性存在风险时，其 ESC 系统是否能通过采取选择制动等方式来修正车辆的运行状态，保证车辆的行驶稳定性。

从高附着路面向低附着路面变道的选择，是为了使车辆更容易在低速行驶时产生对其自身 ESC 系统的控制需求，也更容易对 ESC 系统的控制能力进行评价。

单变道试验按如下试验规程进行：

（a）单变道试验应在 ABS 性能道路上进行，道路两侧应有足够的缓冲区域，能够确保试验安全；

（b）试验道路应采用颜色醒目的标志桩布置而成，路段尺寸应符合图 2 的规定；

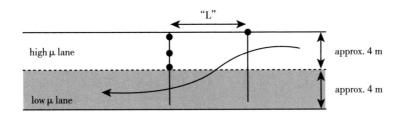

图2　单变道试验示意

注：L（m）= V（km/h）/3.6。

（c）试验应在 ESC 开启状态下进行；

（d）为保证试验安全，应从 30 km/h 的起始车速开始，以不超过 5 km/h 的幅度逐渐增加试验车速；

（e）每次试验时，在高附路面上将车辆加速到规定试验车速，车辆在标桩 L 区间内从高附路面变道进入低附路面；

（f）系统对车轮实施选择性制动或驾驶员感觉车辆出现不安全的状态时应终止试验。

定圆加速试验和单变道试验属于附加试验项目，试验时，可根据实际条件参照该标准给出的方法进行。

4. 试验条件

与其他汽车道路性能试验类似，对环境、测试路面、测试车辆状态、加载方式、轮胎、制动系统、安全防护装置等做出了相应的规定。

5. 试验方法

对应相关性能要求，提出相应的试验方法与试验规程。

包括系统检查、制动器预处理、轮胎磨合等试验前的准备与确认项目。

6. 数据处理

J 转向试验相关数据处理方法，主要参照 FMWSS 136 的相关条款，采用相同的方法。

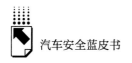

四 标准主要条款理解

5.2.3 当启动系统处于互锁状态时，ESC 故障信号装置不必启动。

【条文理解】

由于其他系统原因，启动系统处于互锁状态，此时车辆无法启动，ESC 故障信号装置不必启动。

5.2.5 制造商也可采用故障信号装置的闪烁模式提示 ESC 处于工作状态。

【条文理解】

ESC 工作状态是车辆处于危险等级较高的运行状态，需要提醒驾驶员注意。提醒方式可以由系统或车辆制造商选择。可以选择用 ESC 故障信号，但提醒方式必须与 ESC 故障有所区别，以便驾驶员容易区分。

6.3.3 试验车按如下要求加载：

（a）牵引车通过挂车加载到满载（见 6.3.5），包括测试驾驶员、测试仪器和一个主挂防折叠系统；

（b）货车加载到满载，包括测试驾驶员、测试仪器、辅助轮；

（c）客车按 GB/T 12428 加载，如果加载后总质量（包括测试驾驶员、测试仪器、辅助轮）小于额定总质量，额外的装载物可加到行李舱或客舱的地板上，以达到满载，且任一轴荷不应超过额定值。

【条文理解】

各种类型的车辆，均应在满载状态下进行试验，并且轴荷分配、质心位置等都应满足各种车辆的相关规定。

为了保障试验安全，应使用辅助轮。

6.3.5 挂车应符合下列要求：

（a）单轴并且轴重不超过 750 kg 的平板半挂车可以不带制动；

（b）加载后挂车的质心高度应位于鞍座承载面和鞍座承载面之上 610mm 之间。

（c）挂车应装有辅助轮；

（d）通过挂车加载到牵引车非转向轴上，挂车载荷不应超过挂车的车轴额定总质量，如果牵引车的鞍座销是可调的，可通过调整其位置来分配牵引车各车轴的载荷，使轴荷尽量接近且不超过车轴额定总质量，如果牵引车鞍座销不可调，为了使牵引车轴荷不超过允许的车轴额定总质量，可以适当减少挂车的载荷。

【条文理解】

挂车试验应在满载状态下进行，并且轴荷分配、质心位置应满足相关要求。但为了满足牵引车轴荷分配要求，可以适当减少挂车载货，不必满足满载的试验要求。

单轴小型平板挂车无须配备制动系统的要求是 GB 12676、GB 21670 等相关标准的规定。6.3.5（a）是确定由此类车辆匹配组成的汽车列车也同样要满足 ESC 的性能要求。

为了保证试验安全，在进行挂车试验时，应安装辅助轮。

6.3.6 试验车辆的辅助轮最大设计质量不应超过 1134 kg（不包括其固定装置）。

【条文理解】

对辅助轮的质量进行限制，可以降低辅助轮在试验过程中对被试车辆产生的转动惯量的影响，从而减少因安装辅助轮对被试车辆在试验过程中的行驶稳定性的影响。

6.3.8 主挂防叠系统允许牵引车与挂车的最小角度为 30°。

【条文理解】

为了保障试验安全，在进行挂车试验时，牵引车与挂车之间应安装主挂防折叠系统。为了在保障安全的前提下，尽量减少对试验结果的影响，牵引车与挂车的最小角度应限制在 30°。

6.3.11 试验过程中，制动器摩擦片的初始制动温度应在 60℃~200℃之间。

【条文理解】

控制制动器摩擦片的温度是为了避免因制动器热衰退影响 ESC 系统的

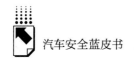
性能。

7.4.1 按 GB 12676 - 2014 中 5.1.1.2 规定的方法对制动器进行磨合。

【条文理解】

对制动器进行磨合是为了使制动器工作状态满足试验要求，减少因制动器的性能对 ESC 系统产生的影响。如果被试车辆已经完成了制动系统试验，则不需要再次对制动器进行本条款规定的磨合。

五 相关标准制定历程

在全球范围内，在联合国"世界车辆法规协调论坛"框架下，有关 ESC 的标准法规制定工作一直在积极推进。但欧美在制定 ESC 全球技术法规方面存在一定的分歧。

美国将 ESC 系统作为防止车辆翻滚、减少碰撞事故的重要手段，其主要研究工作也是围绕这方面开展的，其研究对象以乘用车等小型车辆为主。而欧洲的观点则认为 ESC 与制动系统密切相关，而将 ESC 作为 ABS 功能的提升和扩展，并希望通过该系统进一步改善车辆的方向稳定性及提高抗侧翻能力，其主要研究对象为城际客车和危险货物运输车（ADR）等大型商用车辆。欧洲认为应该在原制动法规 UN R13 的基础上，通过增加附件的形式，对 ESC 提出相应的技术要求。

世界各国尽管存在分歧，但对 ESC 能够改善车辆主动安全性的看法是基本一致的。WP29/GRRF（世界车辆法规协调论坛/制动和行走系工作组）同样在求同存异的基础上提出协调方案，将 ESC 全球技术法规的适用范围限定为一般乘用车和 SUV，而对商用车的 ESC 则继续在 ECE R13 的范畴内开展工作。

美国已公布的 FMVSS 126 法规 *Electronic stability control systems* 的适用对象限定为一般乘用车和 SUV，法规要求，到 2012 年所有最大设计总质量在 4536kg 以下的相关车辆都必须强制安装 ESC 系统。

在美国的提议下，WP29/GRRF 成立了车辆电子稳定性控制系统工作组，制定了车辆电子稳定性控制系统 GTR。2007 年 6 月 5 ~ 6 日，车辆电子稳定性控制系统 GTR 工作组在法国巴黎召开第一次会议，会议就制定车辆电子稳定性控制系统 GTR 的相关内容进行了讨论。讨论内容包括该标准的适用范围、目的、引用标准、定义、一般要求、性能要求、试验条件和试验程序等。随后又多次召集工作组会议，对法规草案的技术内容进行修改和完善。

2008 年 6 月，"轻型汽车电子稳定性控制系统"（GTR 8）获得 WP29 批准。包括美国、欧美、日本、澳大利亚、韩国等在内的国家和地区已经或正在将 ESC 作为强制安装的安全装置。

作为"1998 年协议书"签署国，我国从 2007 年开始全面参与 ESC 全球技术法规的协调进程，结合我国国内 ESC 产品开发、应用和试验能力提出了若干提案。按照"1998 年协议书"，我国也有义务在该项全球技术法规发布以后尽快将其转化为我们国家的国家标准。

按照全球技术法规制定与协调的要求，2007 年 2 月，中国汽车技术研究中心有限公司标准化研究所作为 WP29 中国工作委员会（C-WP29）秘书处，在组织国内主要企业及检测机构讨论的基础上，就 GTR 适用范围、ESC 定义及功能要求、试验路面附着系数要求及测定等内容提出了中国的提案和意见，并派员参加 WP29/GRRF 会议及后续协调活动。

基于"轻型汽车电子稳定性控制系统"（GTR 8），全国汽车标准化技术委员会组织开展 ESC 技术及产品、试验场地、设备适应性调查及可行性分析等前期研究工作，正式提出"轻型汽车电子稳定性控制系统"推荐性国家标准立项申请，并于 2011 年 2 月获国家标准化管理委员会批准。2014 年 12 月 31 日，GB/T 30677 – 2014《轻型汽车电子稳定性控制系统性能要求及试验方法》正式发布，并于 2015 年 7 月 1 日实施。

参考文献

GB/T 38185 – 2019《商用车辆电子稳定性控制系统性能要求及试验方法》。

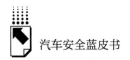
FMVSS 136, *Electronic Stability Control Systems for Heavy Vehicles.*

UN R13, Annex 21, *Electronic stability control for trucks, tractors, buses, trailers.*

UN R140, *Electronic stability control for passenger cars and light CVs.*

GB 12676 – 2014《商用车辆和挂车制动系统技术要求及试验方法》。

B.7
商用车辆自动紧急制动系统性能要求及
试验方法标准解读与分析

陈宇超　刘　地*

摘　要： 根据交通部公路科学研究院统计，2015～2019年共发生涉
及商用车辆死亡10人以上的重特大交通事故41起，其中追
尾事故占到14.3%，加上驾驶员疲劳驾驶、酒驾、毒驾引
起的事故占到事故总数的23.8%。而自动紧急制动系统，
能有效防止这种类型的交通事故的发生，因此制定自动紧
急制动系统（AEB）标准对提高商用车辆主动安全性有非
常重要的意义。

关键词： 商用车辆　自动紧急制动系统（AEB）主动安全

一　概述

国家标准GB/T 38186－2019《商用车辆自动紧急制动系统（AEB）性
能要求及试验方法》的发布实施，对提高商用车辆智能化水平有着重要的
推动作用。同时AEB技术的推广应用，对改善商用车辆的安全性有重要意

---

* 陈宇超，一汽解放汽车有限公司商用车开发院底盘开发部高级主任工程师，主要研究领域为
商用车制动系统开发；刘地，博士，中国汽车技术研究中心有限公司汽车标准化研究所研究
员级高工，全国汽车标准化技术委员会转向分会、变速器分会副主任委员、制动分会、底盘
分会委员，主要研究领域为汽车主、被动安全及底盘控制系统。

义。最新修订的 GB 7258《机动车安全运行技术条件》中规定"车长大于11 米的公路客车和旅游客车应装备符合标准规定的车道保持辅助系统和自动紧急制动系统"。GB 7258《机动车安全运行技术条件》是我国机动车运输安全的基础标准，在机动车安全运行管理中发挥着重要作用，因此商用车辆自动紧急制动系统（AEB）性能要求及试验方法标准的研究制定，也是为了满足 GB 7258 应用的需要。

根据交通部公路科学研究院统计，2015～2019 年共发生涉及商用车辆死亡 10 人以上的重特大交通事故 41 起，其中追尾事故占到 14.3%，加上驾驶员疲劳驾驶、酒驾、毒驾引起的事故占到事故总数的 23.8%。而自动紧急制动系统，能有效防止这种类型的交通事故的发生，因此制定 AEB 标准对提高商用车辆主动安全性有非常重要的意义。

欧盟从 2013 年 11 月 1 日起对新注册的 N2、N3、M2、M3 类商用车辆（专项作业车和有站立位的客车等特殊车辆除外）已经强制要求安装自动紧急制动系统，我国的商用车辆保有量已经位居世界第一，而死亡10 人以上的重特大交通事故也大多与商用车辆有关，所以提高我国商用车辆主动安全水平，迫在眉睫，因此研究制定商用车 AEB 标准是非常必要的。

2017 年 3 月 21 日在沈阳召开了《商用车辆自动紧急制动系统（AEB）性能要求及试验方法》标准工作组成立及第一次工作组会议。来自整车企业、科研检测机构、制动系统制造企业和高等院校等 17 家单位组成标准研究与制定工作组开展工作。

通过多次专题技术交流、工作组研讨、验证试验等环节，标准文本于2018 年 3 月 13 日至 4 月 22 日，在全国汽车标准化技术委员会网站上公开征求意见；2018 年 5 月完成送审稿并提交全国汽车标准化技术委员会制动分技术委员会审查；2018 年 7 月提交报批；2019 年 10 月 18 日 GB/T 38186 - 2019《商用车辆自动紧急制动系统（AEB）性能要求及试验方法》正式发布；2020 年 5 月 1 日起实施。

二 标准编制原则

本标准的研究制定是在对我国商用车辆自动紧急制动系统产品开发及应用现状进行调查，对相关国际、国外标准的关键技术指标在我国的适用性进行分析研究，并且对相关的试验方法在我国现阶段实施的可行性进行论证分析研究的基础上，结合我国实际情况提出的商用车辆自动紧急制动系统性能要求和试验方法；并通过验证试验，对试验方案的可行性进行了验证，确定了适合我国实际情况的商用车辆自动紧急制动系统性能评价的技术方案。

本标准主要技术内容参照了 UN R131 紧急制动预警系统的相关内容，同时根据 GB 7258《机动车安全运行技术条件》、GB 12676《商用车辆和挂车制动系统技术要求及试验方法》、GB/T 13594《机动车和挂车防抱制动性能和试验方法》等相关国家标准对相关技术要求进行调整，保证相关技术标准间的协调一致。

本标准按照 GB/T 1.1 - 2009 给出的规则起草。

三 标准主要内容

由于国际上，特别是欧盟早在 2013 年，针对商用车辆自动紧急制动，就已经推出了 ECE R131 法规，并已经强制实施，目前在全世界范围内，主流商用车企业及零部件供应商都是遵照该法规进行试验认证。

考虑到我国标准应用情况及本标准已经被 GB 7258 - 2017 引用，用于产品公告试验的依据，所以标准只是对 AEB 的基本要求，并不包括各个企业针对细分市场的一些功能，也不包括正在研究的并不完善的场景和功能，并且作为标准也不等同于企业的开发试验，不能有过多的场景。根据这个原则，本标准的技术内容与现行的 ECE R13 基本相同，只是由于我国的标准架构的不同，对标准的文本结构做了较大的改变。

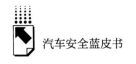
（一）适用范围

本标准适用于安装有自动紧急制动系统（AEB）的 M_2、M_3 和 N_1、N_2、N_3 类车辆的基本性能要求和试验方法。

（二）术语和定义

为兼顾国内智能网联汽车及汽车制动系统的习惯叫法，在标准的术语和定义方面，做了如下规定。

"自动紧急制动系统"，按照英文直译应该是先进紧急制动系统，但是考虑国内已经习惯的说法，同时，先进是一个阶段性的描述，所以，选择自动紧急制动系统这个名词术语。

"目标"为普通乘用车，正常情况下，行人、两轮非机动车和机动车都应该作为目标，但考虑到目前技术应用状态，目前标准定义的目标只针对普通乘用车。

"紧急制动阶段"为在 AEB 控制下，被试车辆以至少 $4m/s^2$ 减速度开始减速的阶段，这个定义与 UN R13 有所区别。因为 UN R13 是以至少 $4m/s^2$ 的制动请求开始计算时间，标准讨论过程中，几个检测机构认为，只有实测的值，才能作为公告试验的结果，因此改为现在的定义，并在试验验证阶段，进行专门的验证。

为了描述简洁准确，还包括"碰撞预警阶段""柔性目标"等几个术语和定义。

（三）主要技术内容

基本性能要求包括一般要求、预警及警告信号、静止目标条件下的预警和启动性能、移动目标条件下的预警和启动性能、系统失效时的警告信号、驾驶员干预性能、系统防止误响应性能、试验方法、功能安全要求。

表1 自动紧急制动系统基本性能要求

车型	静止目标			移动目标			
	报警模式的时间设定		速度降低	报警模式的时间设定		速度降低	目标速度
	至少一种触觉或声学信号	至少两种		至少一种触觉或声学信号	至少两种		
M₃ 和 N₃	最迟应在紧急制动阶段开始前1.4秒	最迟应在紧急制动阶段开始前0.8秒	车速不低于10km/h	最迟应在紧急制动阶段开始前1.4秒	最迟应在紧急制动阶段开始前0.8秒	未发生碰撞	(32±2)km/h (67±2) km/h (液压制动系统的 M₃)
N₂ > 8t	最迟应在紧急制动阶段开始前1.4秒	最迟应在紧急制动阶段开始前0.8秒	车速不低于10km/h	最迟应在紧急制动阶段开始前1.4秒	最迟应在紧急制动阶段开始前0.8秒	未发生碰撞	(32±2)km/h
N₂ ≤ 8t 和 M₂	最迟应在紧急制动阶段开始前1.4秒	最迟应在紧急制动阶段开始前0.8秒	车速不低于10km/h	最迟应在紧急制动阶段开始前1.4秒	最迟应在紧急制动阶段开始前0.8秒	未发生碰撞	(32±2)km/h (67±2) km/h (液压制动系统的 M₂)

四 标准重要条款理解

4.1.1 安装有自动紧急制动系统的车辆应安装符合 GB/T 13594 要求的防抱制动系统

【条文理解】

通常情况下，市场上自动紧急制动系统和制动系统是相同供应商，但也不排除有的系统供应商仅仅提供环境探测和识别，仅对制动系统执行机构发出指令或者用其他机构促动制动系统，所以这里提出了车辆安装有满足 GB 13594 标准要求的防抱死系统的要求，这里仅仅是要求车辆的制动系统具有满足要求的防抱死制动系统，对具体的系统实施方案不做要求。

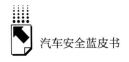

4.1.2 AEB 的电磁兼容性应符合 GB 34660 的要求

【条文理解】

在 GB 34660《道路车辆电磁兼容性要求和试验方法》实施之前，关于电磁兼容性有几个推荐标准，而 GB 34660 实施以后，引用该强制标准作为电磁兼容性的要求，该标准是在 UN R10 的基础上制定的。

4.1.2 AEB 的功能安全性应满足附录 A 的要求

【条文理解】

智能控制系统的功能安全非常重要，因此，这部分是全国汽车标准化技术委员会智能网联分技术委员会下设的功能安全工作组提供的，在我国的 GB/T 34590《道路车辆 功能安全》没有在商用车上全面推行前，本附录可以给大家提供一个指导。

4.2 预警和警告信号

【条文理解】

本标准所规定的预警信号是指系统功能完好时提供给驾驶员的，预警前方将要发生的碰撞的信号，可以包括声学、光学报警信号和触觉信号，如采用灯光信号，一般为闪烁的黄色信号；警告信号是指系统受外界因素影响或者自身的电气故障而不能充分发挥本标准规定的性能的时候向驾驶员发出的报警信号，一般为满足 GB 4094 规定的常亮的黄色灯光信号。

4.2.1 d) 对安装有 AEB 手动功能关闭装置的车辆，应在 AEB 手动功能关闭时发出警告。警告信号应符合 4.2.5 的规定

【条文理解】

"对安装有手动功能关闭装置的车辆"里的手动功能关闭是指，系统的预警及紧急制动功能关闭，但是系统的警告信号等功能要持续有效，并向驾驶员提供有效的信息。

4.2.6 当点火（启动）开关状态处于"on"（运行）状态或点火（启动）开关状态处于"on"（运行）和"启动"之间、制造商指定用作检查位置时，每个光学警告信号都应启动点亮。该要求不适用于在共用空间显示的报警信号

【条文理解】

本条是对系统自检时的规定，在车辆启动的时候，光学报警信号都应该点亮，后面提到的不适用于在公用空间显示的报警信号，这与车辆其他系统的做法相同，例如在车辆液晶屏幕上的那些报警信号，就不会点亮。

4.3 基本性能

AEB 正常运行时应满足下列要求：

除非发生4.4规定的驾驶员干预，在发出4.2.1a）规定的预警后，应进入紧急制动阶段，以使被试车辆车速明显降低；

除按照4.5手动功能关闭外，AEB 在车辆所有载荷状态下都至少应在15km/h 至最高设计车速之间正常运行；

在驾驶员不认为会与前方车辆发生碰撞的情况下，AEB 设计应尽量减少发出碰撞预警信号并且避免自动制动。

【条文理解】

本条虽然是基本性能，却是本标准的一个重要原则，因为自动紧急制动系统毕竟仅仅是驾驶辅助系统，还不是自动驾驶，即使是自动驾驶，也不能剥夺驾驶员对车辆的最终控制权，所以在发出预警信号后，出现了驾驶员干预，车辆应该听从驾驶员的指令，而不是继续紧急制动，因为紧急制动虽然有可能避免碰撞，但是，由于现有的环境感知和决策系统还不能做到驾驶员的感知水平，同时由于道路和车辆制动系统的原因，虽然紧急制动但是仍然不能避免碰撞，所以驾驶员可能选择做出躲避，而紧急制动状态不能退出，将会干扰驾驶员的操作，同时，不能退出的驾驶辅助系统，如果造成事故，可能会引起伦理和法律问题。

另外，尽量减少报警及避免紧急制动，因为过多的报警和干扰，会使驾驶员烦躁而关掉该系统，所以，商用车制造企业对于正在研究的工况，必须慎重研究，防止过多的预警，而起到与原有的目标相反的作用。

4.3.2 静止目标条件下的预警和启动性能

【条文理解】

本条对于气压制动和助力液压（伺服）制动系统的车辆分别提出要求，

这部分要求和 ECE R131 是一致的，考虑到使用电控真空助力器的车辆的具体情况，设置了不同的要求，同时规定预警阶段的速度下降的限制也是为了贯彻尽量减少报警对驾驶员操作的干扰。对于排除干扰因素，5 次试验 3 次成功的规定，是应检测机构的要求增加的，对于使用驾驶机器人进行试验成功率较高，但是对于用人操作的，人面对障碍物的不经意的操作，会造成很大的干扰，降低成功率，而检测机构还无法判断失效的原因，因此增加这样的规定。

4.3.3 移动目标条件下的预警和启动性能

【条文理解】

与静止目标相同。

4.5 驾驶员干预性能

【条文理解】

这一条非常重要，因为自动紧急制动系统是先进驾驶辅助系统，主要目的是提醒驾驶员前方即将发生的危险，当驾驶员没有及时做出反应的时候，尽量减少碰撞的损失。

4.5.2 AEB 应保证驾驶员能够中断紧急制动阶段

【条文理解】

基于对于先进驾驶辅助系统的要求和对车辆及其他道路交通参与者的安全角度，驾驶员应能中断紧急制动阶段而进行躲避。车辆虽然已经进入紧急制动，但是受到探测距离和道路及车辆载荷条件的限制，可能无法完全避免碰撞，所以如果在驾驶员判断安全的时候，变线躲避仍然是最优先的选择，而如果不能中断紧急制动阶段，车辆的路面附着力更多地用于制动，会影响车轮的转向性能，有更严重的事故隐患。因此要求应保证驾驶员能够中断紧急制动阶段。

4.5.3 上述两种情形均可通过表明驾驶员意识到紧急状态的主动动作（例如，踏下加速踏板、打开转向灯以及车辆制造商规定的其他方式）中断

【条文理解】

本条主要说明的是通过表明驾驶员意图的动作，就应该中断系统的相应

主管动作，并不仅限于上面提到的，这里需要解释的是打开转向灯，本身打开转向灯并不能使车辆产生实质上的运动轨迹及速度的变化，但是打开转向灯，已经可以明确表明驾驶员的换道意图，所以也认为是驾驶员的介入，如果是能够明显改变车辆纵向速度或者能直接改变车辆运动轨迹的驾驶员操作，就更应当作为驾驶员的直接意图。但是这里也应该明确说明，由于车辆振动引起的，方向盘的微小摆动，和油门踏板的微小煽动，制造商可以根据自己的情况，进行必要的滤波。

4.6 系统防止误响应性能

【条文理解】

本标准不是企业的开发试验，也不能作为企业的开发试验依据，在本标准之外，还有主管部门、行业协会、各个企业内部的标准和测试规程，都应该严格于本标准的规定，而且不论多么的详尽，也不能完全穷尽在路面上发生的所有情况，所以本误响应试验，实际上仅仅能够涵盖路面上单侧或者双侧有车辆的情况下的情形，对于隧道、限高架、路面强反射物、弯道上不同车道的前方车辆等情况，不能一一涵盖，这些都是企业自身开发试验是否详尽和完善而导致自身产品是否有竞争力的范畴。

5.1 试验条件

5.1.1 试验环境应符合 GB 12676 - 2014 的 5.1.2 的规定

【条文理解】

本来的试验条件和 GB 12676 可以有所区别，但是，由于有车辆减速度达到 $4m/s^2$ 以上的要求，还是按照制动专业标准的试验条件进行试验。

5.2.1 车辆载荷

车辆应在制造商规定的载荷状态下进行试验。试验开始后不应对车辆载荷进行任何调整。

【条文理解】

车辆制动性能不是本标准考量的范畴，本试验考察的仅仅是车辆在静止目标和移动目标情况下的自动紧急制动响应，而不是制动性能本身，为了保证车辆有好的响应，可以在空载的情况下试验，而对于后桥载荷过低而引起

制动易失稳的车辆，也可以采用半载试验，对于半挂牵引车，可以在仅有牵引车的情况下试验，因为对于满载车辆，特别是汽车列车，发动机结合的 O 型制动试验，可能刚刚能接近 $4m/s^2$，就会使试验数据处理遇到困难。而制动系统性能由于有专业的标准规定，不能用本标准的规定，放松或者加严原有的规定，引起标准间的冲突。试验后不对载荷进行调整是为了使同一组数据具有可比性。

参考文献

GB/T 38186 – 2019《商用车辆自动紧急制动系统（AEB）性能要求及试验方法》。

《营运货车重特大交通事故统计报告》，交通运输部公路科学研究院，2017 年 4 月。

UN R131，*Uniform provisions concerning the approval of motor vehicles with regard to the Advanced Emergency Braking Systems.*

GB 12676 – 2014《商用车辆和挂车制动系统技术要求及试验方法》。

JT/T 1242 – 2019《营运车辆自动紧急制动系统性能要求和测试规程》。

技术研究篇

Technology Research

B.8
主动安全正向开发标准流程及规范

唐野 宋攀 杨帅*

摘　要： 近年来，随着产业结构优化和技术升级，汽车行业迎来了前所未有的变革和机遇，以主动安全/驾驶辅助（ADAS）为核心的智能汽车逐步成为发展趋势。但我国汽车基础较为薄弱，如正向开发、信息安全和产业协同等方面与国外存在差距，难以复制过往经验实现换道超车。本文总结了主动安全/驾驶辅助（ADAS）正向开发流程与方法，包含产品规划、架构设计、功能需求、集成开发和匹配优化等方面，同时结合自动

---

* 唐野，中国汽车技术研究中心有限公司汽车工程院第一开发部主动安全开发工程师，主要研究方向主动安全/ADAS/AD集成开发、虚拟仿真建模等；宋攀，博士，高级工程师，中国汽车技术研究中心有限公司汽车工程院第一开发部主动安全技术专家，主要研究方向主动安全/ADAS/AD研发验证、虚拟仿真与先进控制等；杨帅，博士，高级工程师，中国汽车技术研究中心有限公司汽车工程院第一开发部副主任，主要研究方向为整车被动安全开发、车身平台规划设计、主被动一体化等。

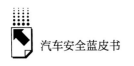

紧急制动系统（AEB）进行举例分析。

关键词： 智能汽车　主动安全/驾驶辅助（ADAS）　正向开发

一　前言

伴随着人工智能、传感技术、通信技术及移动互联的快速发展，人们需求的不断变更，推动汽车从单一的交通工具，向智能移动空间进行转型，汽车属性得到了重新定义与赋能。面对行业转型升级，发达国家和地区陆续出台政策支持智能汽车发展，逐步摸索形成了以渐进式和阶跃式为主要特征的两种发展途径，并依托于近乎垄断的软硬件平台优势，实现产业融合和多元化盈利。然而，受限于发展历程不足等问题，国内汽车技术基础较为薄弱，如动力和底盘等关键部件的研发和设计流程、规范及技术一直掌握在国外企业手中。从而导致一方面，大量的市场红利被国外企业掠夺；另一方面，国内自主整车企业和零部件供应商的发展受到严重制约。为突破技术壁垒，充分把握行业发展黄金期，在未来国际化的市场竞争中占据核心地位，必须用创新和发展践行出独具特色的中国方案，快速推动产业协同发展和技术落地。本文聚焦主动安全/驾驶辅助（ADAS）系统，详细介绍其正向开发的流程与方法。

二　正向开发流程与方法

如图 1 所示的主动安全/驾驶辅助（ADAS）正向开发流程，包含产品规划、架构设计、需求设计、系统集成和匹配优化。其中，前四个阶段实现了从产品概念设计到软硬件开发的逐级过渡。最后一个阶段是对所开发产品的校验和评审，通过匹配标定和优化分析，修正前四个阶段存在的设计疏忽和不足，同时提升产品的性能。接下来，对每一部分进行详细的论述说明。

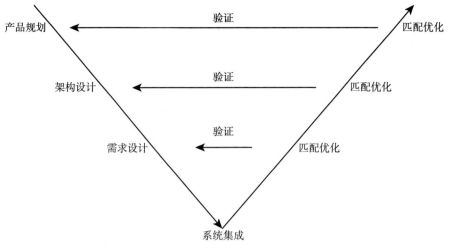

图1 整车正向开发流程

（一）产品规划

产品规划是正向开发的起点。在规划设计阶段，需考虑技术实现成本、消费市场调研和竞品车型数据等因素，并通过对已有的标准法规进行解读分析，综合评估产品的目标定位。表1中列举了部分主动安全/驾驶辅助（ADAS）现行国内标准，包含乘用车和商用车两大类，包括了 ACC、LDW、FCW、BSD/LCA 和 AEB 等功能。

表1 主动安全/驾驶辅助（ADAS）现行国内标准（截至 2020 年 4 月）

分类	标准号	名称
乘用车	GB/T 20608 – 2006	《智能运输系统自适应巡航控制系统性能要求与检测方法》
	GB/T 26773 – 2011	《智能运输系统 车道偏离报警系统性能要求与检测方法》
	GB/T 33577 – 2017	《智能运输系统 车辆前向碰撞预警系统性能要求和测试规程》
	GB/T 37471 – 2019	《智能运输系统 换道决策辅助系统性能要求与检测方法》
	GB/T 37436 – 2019	《智能运输系统 扩展型倒车辅助系统 性能要求与检测方法》
商用车	JT/T 1242 – 2019	《营运车辆自动紧急制动系统性能要求和测试规程》
	GB 7258 2017	《机动车运行安全技术条件》
	JT/T 883 – 2014	《营运车辆行驶危险预警系统技术要求和试验方法》
	JT/T 1094 – 2016	《营运客车安全技术条件》

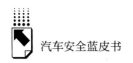

需要注意的是，单纯依赖标准法规进行开发，仅能保证整车的性能满足要求，无法反映不同车型的安全技术水平高低，更难以为产品规划提供分析对比数据。经过多年来不断归纳总结，不同国家形成了适用于本国国情的新车评价规程，如 C-NCAP、Euro NCAP 和 JNCAP 等，我国的 C-NCAP 已将主动安全部分纳入测评体系，特别是在最新的 2021 年版 C-NCAP 中，主动安全测试的占比进一步提升。在新车型的规划阶段，可通过"星级"得分评估获得科学、客观且量化的产品定义。C-NCAP 主动安全评分维度如图 2 所示，主要从纵向安全辅助、横向安全辅助、提醒类安全辅助和低速车周安全辅助等方面进行评价和审核。

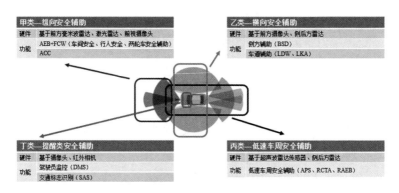

图 2　C-NCAP 主动安全评分维度介绍

此外，产品规划还需结合区域政策调整和新技术成熟落地等因素综合评估，方可制定翔实缜密的开发计划，指导新车型平台立项开发。

（二）系统架构设计

系统架构的顶层设计，是主动安全/驾驶辅助（ADAS）正向开发的关键。唯有通过设计系统架构，定义不同子系统的边界属性，梳理系统间的信号传递，方可沿自顶向下的思路完成产品正向开发。

1. 功能架构设计

为实现"人—车—路—控制"的信息闭环，设计如图 3 所示的功能架构。依据功能属性的差异，将主动安全系统划分为感知、决策和控制三部分。

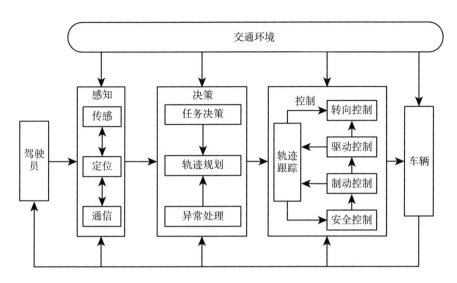

图3 主动安全功能架构

感知系统是保证主动安全及 ADAS 系统安全运行的前提，主要针对环境信息和车内信息完成数据采集与处理。若考虑单一传感器存在感知的局限性，不能实现复杂工况下的高精度测量，可采用多源异构感知信息融合技术，以保证感知系统稳定捕捉车辆周围的环境变化。此外，感知系统可融入诸如 5G 和 V2X 等国内领先技术，搭建中国特色的智能汽车感知平台。决策系统是保证车辆安全运行的核心。它根据环境感知、驾驶需求和预定义的控制策略，进行动态任务分析，在避免发生车辆碰撞的前提下，规划出最优的系统期望响应。为梳理决策系统的功能架构，将其分解为三个关键环节，分别是任务决策、轨迹规划和异常处理。控制系统是保证汽车安全运行的基础。它基于决策规划系统输入的目标指令，进行轨迹跟踪和横纵向运动解耦，控制汽车转向、驱动和制动等执行机构的高精度响应。此外，为防止执行机构失效导致汽车失控，控制系统应具备安全校验机制。

2. 电子电气架构设计

传统的电子电气架构设计以集成式或分布式为主，系统运算能力和存储空间有限，且随着功能增加导致的整车网络负载率提升，更难以满足日趋复杂的主动安全开发需求。基于此，可设计以多域控制为基础的整车电子电气

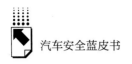

架构，如图4所示。根据整车功能划分，将电控系统分解为底盘域、车身域、动力域、信息娱乐域和主动安全域五个部分，每个域配置一个独立的域控制器，通过CAN、FlexRay和以太网等进行信号交互。不同域控制器间通过总线连接到中央网关，以确保整车电控系统的实时通信。

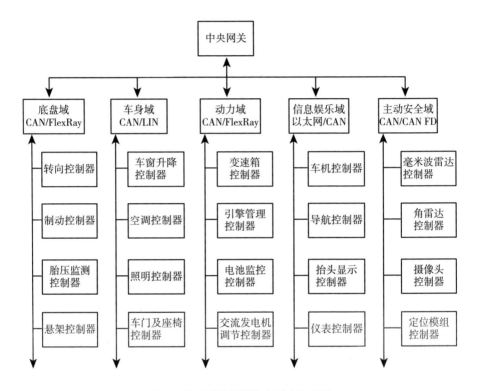

图4　基于域控制器的电子电气架构

（三）功能需求设计

功能需求设计是主动安全/驾驶辅助（ADAS）正向开发的主要内容。为降低产品开发团队的沟通成本、合理安排工作进度及人员配置，需定义清晰的功能设计需求（FDR）。

功能设计需求用于描述产品主要特征，包含典型应用场景、功能性能要求及相关接口定义等内容。下面以AEB为例，简单介绍功能需求设计步骤。

1. 典型场景描述

AEB 触发的典型场景可归纳为静止目标和移动目标两类，场景描述如下。

（1）静止目标场景。本车沿行进方向接近一个静止目标，当感知系统确定本车与静止目标间相对距离达到安全阈值时，驾驶员和系统动作时序如下：①系统提醒驾驶员即将发生碰撞危险，驾驶员在规定时间内响应预警并控制车辆制动；②若规定时间内驾驶员未响应预警，则系统主动接管并控制车辆制动；③制动过程中，若驾驶员干预加速或制动踏板，系统仲裁制动优先级，以确保车辆避撞；若驾驶员干预方向盘控制车辆转向，其他主动安全系统激活以确保车辆不发生失稳。

（2）移动目标场景。本车沿行进方向接近一个移动目标，或有一移动目标驶入本车道，当感知系统确定本车与移动目标之间的相对距离达到安全阈值时，驾驶员和系统动作时序如下：①系统提醒驾驶员即将发生碰撞，同时预激活制动系统。若驾驶员在规定时间内响应预警并控制车辆制动，则制动系统退出预激活状态；②若规定时间内驾驶员未响应预警，且本车与移动目标之间的相对距离仍低于安全阈值时，系统主动接管并控制车辆制动；③制动过程中，若驾驶员干预加速或制动踏板，或本车与移动目标之间的相对距离超出阈值，系统仲裁制动优先级，以确保车辆避撞，若驾驶员干预方向盘控制车辆转向，其他主动安全系统激活以确保车辆不发生失稳。

2. 功能及性能需求

结合前文所述的典型场景，设计 AEB 包含如下功能。

（1）前碰撞预警：安全距离预警，通过声音、图片或方向盘震动等方式，提示驾驶员前方危险情况，与前车保持安全距离。

（2）预填充：降低紧急制动的响应时间。

（3）紧急制动：通过紧急制动车辆避免或降低碰撞带来的风险。

（4）制动辅助：当驾驶员制动不足时协助驾驶员避免或降低碰撞带来的风险。

考虑到前车碰撞预警常通过人机交互的方式予以体现，故针对报警速度阈值、报警优先级和报警方式等方面做出如下性能要求。

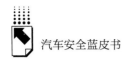

（1）限定前碰撞预警的工作速度，如不超过 180km/h，超过工作速度范围外不予报警。

（2）前碰撞预警具备最高的主动安全报警优先等级。

（3）前碰撞预警灵敏度可调，一般包含短报警距离、正常报警距离和长报警距离三个等级。

（4）前碰撞预警请求根据本车与前车的安全距离计算：如最长报警时长不超过 4000ms。

预填充是紧急制动的前置条件之一，有利于实现更快的制动响应。因此，针对预填充压力和保压时间等方面做出如下性能要求：①预填充的目标压力值，如不低于 1.0bar；②预填充需在规定时间内完成激活，如不超过 5s；③为防止预填充功能与其他主动安全功能发生干涉，可规定汽车侧向加速度 $\geqslant 2m/s^2$ 时，抑制预填充功能。

紧急制动是避免碰撞的最后一道防线，故针对激活速度阈值、制动响应和精度控制等方面做出如下性能要求：①限定紧急制动的工作速度，如不超过 180km/h；②限定紧急制动的速度降，如 55km/h，即系统检测到紧急制动激活且车速降低超过 55km/h 时，系统应立即停止响应紧急制动请求，且两次紧急制动应保持一定请求间隔时间，如不超过 5s；③应具备高效的制动响应，如响应时间不高于 600ms；④应保证较为恒定的制动稳态误差，如不超过 10%；⑤制动结束后，制动压力应于规定时间内完全释放，如250ms。

考虑到驾驶员在紧急制动过程中因紧张等情绪影响，可能干预制动或加速踏板、进而影响制动效果并发生碰撞危险，故制动辅助应满足如下性能要求：①制动辅助激活时，系统解除速度降限制；②制动辅助激活时，目标减速度在“驾驶员期望减速度”的两倍和“避撞所需减速度”中取较小值。

3. 接口定义

为确保功能需求正确响应，应预先定义相关系统的信号接口。根据 AEB 的典型应用场景和功能及性能要求，设计接口定义如图 5 所示。AEB

关联的子系统包括：制动系统、车辆动态控制系统、导航系统、环境感知系统、故障处理系统、灯光系统、车身控制系统、主动安全系统、人机交互系统、报警系统、转向控制系统以及驾驶员状态监控系统。

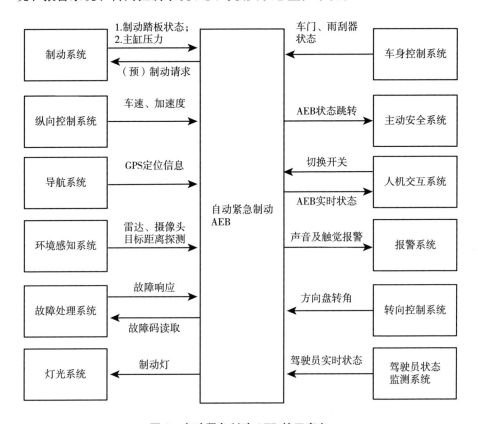

图5 自动紧急制动 AEB 接口定义

其中，AEB 系统的输入信息包括：液压主缸的压力值及制动踏板状态，纵向车速、纵向及侧向加速度和方向盘转角，全球导航卫星系统（GNSS）定位信息，雷达和摄像头等传感器探测的目标距离信息，车门及雨刮器等车身状态信息，人机交互界面的开关状态信息，驾驶员状态监测信息等。AEB 系统的输出包括：制动请求，声音、图片及方向盘震动等报警请求，制动光灯点亮请求，以及 AEB 实时工作状态。

此外，需求设计阶段还需满足功能安全开发，可沿相关项定义、HARA

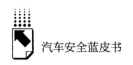
分析、ASIL 等级确定等步骤，对主动安全/驾驶辅助（ADAS）系统进行逐级剖析。

（四）系统集成

系统集成是实现主动安全/驾驶辅助（ADAS）正向开发的必经之路，其目的是将所设计的功能部署到不同的硬件及软件平台中，并通过不断调试、整合，最终实现整车的协调工作。

1. 硬件系统开发

主动安全的感知系统以雷达为主，雷达发射电磁波对目标进行照射并接收其回波，通过多普勒效应确定目标至电磁波发射点的相对距离、相对速度、方位角等信息。目前，主流车载雷达为 77GHz 调频连续波雷达。

雷达的系统硬件组成如图 6 所示，包含发射天线、接收天线、集成电路、微处理器、供电及通信接口等模块。微处理器通常使用双核浮点进行运算，集成电路中内置放大器、模数转换器、锁相环、序列器和定时时钟等运算单元。

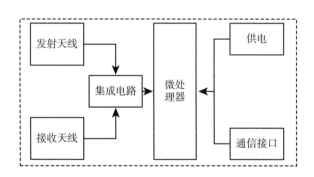

图 6　毫米波雷达硬件系统

2. 软件系统开发

软件系统包含车载系统和车控系统两大类。其中，车载系统以 AUTOSAR 和 OESK 为主。OSEK 基于电控单元 ECU 开发，AUTOSAR 基于整车电控系统开发。车控系统以安卓为主，近年来出现类似鸿蒙（华为）、斑马智行（阿里）等其他延伸系统。

针对车载系统 AUTOSAR，架构如图 7 所示。其采用分层设计，自顶向下分为应用层、运行实时环境（RTE）和基础软件三层，均运行在微控制器上。

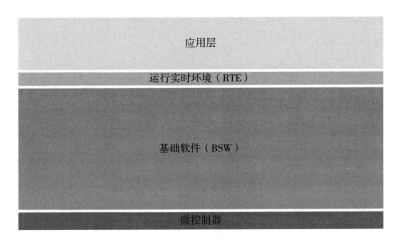

图 7 AUTOSAR 框图（R19-11 版本）

其中，应用层将每个软件划分为不同的软件单元，包含应用软件单元、传感器软件单元和执行器软件单元等，软件单元中封装了部分或全部控制功能。RTE 层提供基础的通信服务接口，支持应用层各软件单元之间的信息交互（包括软件内部程序调用和外部控制器总线通信）。基础软件层将实现软件单元所需的基础服务抽象出来，确保软件单元与硬件的分离，如诊断、通信和存储等。

（五）性能匹配优化

性能匹配优化是主动安全/驾驶辅助（ADAS）正向开发的重要手段。整车的性能一般包括动力性、经济性和平顺性等。性能匹配优化一般围绕优化目标分析、测试验证和参数辨识标定予以展开。

1. 优化目标分析

以 AEB 为例，若感知系统误报、漏报和制动系统误触发现象频发，不

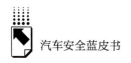

仅影响整车功能激活，且极易引发碰撞事故，带来不小的安全隐患。鉴于此，以 AEB 的误报率、漏报率和误触发率为优化目标，进行系统性能匹配优化。

2. 测试验证方法

根据被测对象的实物化程度不同，可将测试验证方法划分为部件级测试和整车级测试两类，如图 8 所示。

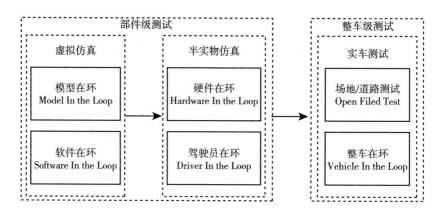

图 8　测试验证方法分类

部件级测试使用仿真验证的方法进行功能和性能校验。主要包括：基于模型在环（MIL）和软件在环（SIL）的虚拟仿真技术，基于硬件在环（HIL）和驾驶员在环（DIL）的半实物仿真技术。仿真的优点在于高效便捷地实现测试场景遍历，重点针对一些难以复现的危险场景和边缘场景，以便在原型阶段发现被测对象存在的缺陷与不足。针对前文提到的误报率、漏报率和误触发率等性能优化目标，通过构建仿真平台，含场景模型、传感器模型和驾驶员模型等，实现被测对象与仿真平台的信号交互。

由于现有技术建模仿真的局限性，难以还原如光照、温度和湿度等环境变量对车辆控制及运动系统的影响，故一般采用场地/道路测试完成整车级测试。如图 9 为 AEB CCRs（C-NCAP）实车场地测试，通过部署目标假车替代真实的静止车辆，验证系统的各项功能及性能指标。

图9 自动紧急制动 AEB CCRs（C-NCAP）实车场地测试

由于场地测试的不可控性，对于诸如纵向运动控制和灯光控制等主动安全/驾驶辅助（ADAS）系统，可使用整车在环平台进行测试验证，系统架构如图10所示。整车行驶并固定在转鼓上，以模拟车辆真实道路上的紧急加减速运动。使用驾驶机器人完成车速的闭环控制。配置如雷达模拟系统、视景还原系统和灯光仿真系统，以实现车载雷达和摄像头的目标仿真。整个系统运行在实时机柜中，具备远程监控和参数动态调整等功能。该平台最大的优点即为测试场景可定制化开发，测试效率敏捷高效，测试结果基于整车响应真实可靠。

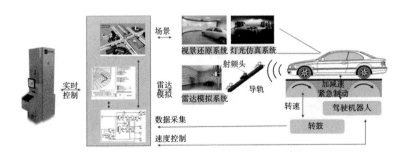

图10 整车在环仿真评价系统架构

3. 参数辨识标定

对虚拟仿真和实车测试所得数据进行梳理分析，辨识自动紧急制动系统

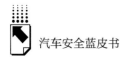

（AEB）的关键参数，并优化系统性能，优化前后的制动速度响应如图 11 所示。可以看出，标定前由于系统故障，紧急制动只激活了短暂时间，最终发生了碰撞危险。而标定后的系统识别率明显提升，紧急制动正常激活且控制车辆止停。

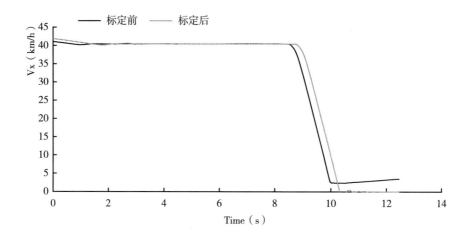

图 11　标定前后 AEB CCRs 速度响应

三　总结与展望

电动化、智能化、网联化和共享化是未来汽车发展的必然趋势，主动安全/驾驶辅助（ADAS）是智能汽车的重要里程碑。本文针对主动安全/驾驶辅助（ADAS）正向开发流程与方法进行总结，以自动紧急制动系统（AEB）举例，论述了产品规划、系统架构设计、功能需求设计、系统集成开发和性能匹配优化等五个阶段，确定了不同开发阶段的研究方向及目标，有助于国内自主整车企业和零部件供应商梳理开发思路，在提升自身"内功"的同时，打造独具中国特色且安全可靠的智能驾驶产品。

参考文献

J. Weber, *Automotive Development Processes*, Springer Berlin Heidelberg, 2009.

Stephan Hakuli, and Markus Krug. *Virtual Integration in the Development Process of ADAS*, Springer International Publishing, 2016.

Liu, Bohan, H. Zhang, and S. Zhu. "An Incremental V-Model Process for Automotive Development", 2016 23rd Asia-Pacific Software Engineering Conference (APSEC) IEEE, 2016.

Lutz, Sebastian, et al., Validation environment for Function Development and Coverage of ADAS in the Car Development Process, Internationales Stuttgarter Symposium, 2017.

Laschinsky, Yvonne, et al., "Evaluation of an Active Safety Light using Virtual Test Drive within Vehicle in the Loop", IEEE International Conference on Industrial Technology IEEE, 2010.

Pelliccione, Patrizio, et al., "A Proposal for an Automotive Architecture Framework for Volvo Cars", 2016 Workshop on Automotive Systems/Software Architectures (WASA) IEEE, 2016.

魏学哲、戴海峰等：《汽车嵌入式系统开发方法、体系架构和流程》，《同济大学学报》（自然科学版）2012 年第 7 期。

谭晶宝：《李克强：做好汽车发展顶层设计》，《汽车观察》2019 年第 6 期。

柯振宇：《基于毫米波雷达的车辆纵向碰撞预警系统设计》，武汉理工大学硕士学位论文，2014。

C-NCAP 管理中心：《C-NCAP 管理规则（2021 年版）》，中国汽车技术研究中心有限公司，2020。

B.9
先进安全车身平台及其轻量化开发技术

吴昊 孟宪明 方锐 杨帅*

摘 要: 近年来,在新能源汽车行业高速发展的情况下,轻量化作为车型平台设计和车身设计的关键管控属性,受到高度关注。本文面向整车轻量化性能领域,以轻量化材料应用性能研究、轻量化车身结构开发、轻量化工艺开发三条主线为基础,通过轻量化车身设计及多材料混合设计技术,以及新材料、新工艺开发与应用技术研究,对整车轻量化的正向开发关键技术进行阐述。

关键词: 车身平台 汽车轻量化 材料 工艺

一 轻量化材料选型

(一)汽车轻量化的主要途径

近年来,受全球能源匮乏及生态环境不断恶化等因素的影响,汽车产品

---

* 吴昊,中国汽车技术研究中心有限公司汽车工程院第一开发部新材料与轻量化工程师,主要研究方向为整车轻量化开发、新材料应用技术,整车与零部件腐蚀老化等;孟宪明,博士,高级工程师,中国汽车技术研究中心有限公司首席专家,汽车工程院第一开发部技术总监,主要研究方向为整车轻量化开发、新材料应用技术,整车与零部件腐蚀老化等;方锐,高级工程师,中国汽车技术研究中心有限公司汽车工程研究院第一开发部主任,主要从事整车被动安全性、维修性研究,整车主动安全与智能驾驶性能研究,整车安全相关零部件开发研究等;杨帅,博士,高级工程师,中国汽车技术研究中心有限公司汽车工程院第一开发部副主任,主要研究方向为整车被动安全开发、车身平台规划设计、主被动一体化等。

能源经济性的要求越来越高，而汽车轻量化技术日益受到行业的重视。目前，汽车轻量化的主要途径有：在不影响使用的前提下缩小汽车外形尺寸；结构优化设计；改进并提高制造工艺；减少钢材使用，并提高新型材料在汽车制造中的比重，比如采用非金属材料（塑料、碳纤维等）、轻金属材料（铝、镁等）。

汽车材料是保障汽车产品质量的基础，而汽车技术水平的提升主要是依托于汽车材料的发展，新型材料的应用是实现汽车轻量化的主要途径之一。因此，实现汽车轻量化的关键因素主要在于材料本身的质量和制造工艺上。目前，轻质材料在汽车上得到了快速应用。未来汽车材料应是在保证安全性的前提下，尽可能降低汽车的整备质量，发挥不同材料各自的优势，也就是合适的材料用在合适的位置。

（二）轻质材料在汽车轻量化中的应用

汽车产品采用的轻质材料主要包括镁、铝等低密度金属材料和塑料、碳纤维等非金属材料等。

1. 铝合金

与汽车用钢铁材料相比，铝合金具有密度小、比刚度与比强度较高、弹性好、抗冲击性能好，以及相当高的再回收率、再生率等诸多优点，因此受到广泛的关注。未来，轿车的零件都可能采用铝合金生产，在 10 ~ 15 年以后，汽车零部件的生产将会越来越多地采用铝合金材料，而铝合金制品完全可能比塑料还轻。

2. 镁合金

镁合金是最轻质的金属材料，具有比强度、减震性、导热性及可加工性等都非常好的优势。虽然镁合金材料的应用远没有铝合金广泛与迅速，但其应用前景依然广阔。目前，在轮毂、转向柱支架、仪表横梁、发动机支架等汽车零部件上已采用了镁合金材料，形成了一系列制造工艺。基于轻量化设计的需求，每辆汽车对镁合金材料的需求量将提高至 70 ~ 120kg。作为最轻质的工程结构材料，镁合金深受传统汽车厂商的青睐，而对于新能源汽车产

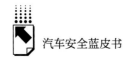

品的设计研发与制造者也极具诱惑力。

镁合金在发动机轻量化方面，主要应用在发动机缸体、油底壳、曲轴箱、齿轮室及罩盖等部件上。在行驶与转向系统的应用中，镁质方向盘骨架的生产技术已成熟，镁合金在转向器壳体、支架上也得到推广应用。

3. 碳纤维复合材料

碳纤维增强复合材料兼具碳材料和纤维的双重优良特性，具有比模量和比强度高、减重潜力大、安全性好等优点，而且比钢、镁、铝合金等具有更好的力学性能，如果在不考虑成本的前提下，可以说是汽车轻量化的最佳选择。碳纤维复合材料在汽车轻量化应用方面已在国外得到推广，以奔驰、宝马、大众、奥迪、通用、福特、日产、丰田等为代表的跨国厂商均涉猎碳纤维产业，并将碳纤维复合材料应用到旗下车型。碳纤维复合材料在国内汽车工业的应用虽起步较晚，但经过不断地创新与发展，已形成了比较完善的碳纤维复合材料产业链，并被广泛运用到汽车生产制造行业。

4. 可回收塑料

塑料以其质轻、设计灵活、性能优异等优点，成为汽车零部件生产的有力替代材料，也是汽车轻量化开发的主要材料。同时，塑料在安全性、低排放及制造成本等方面的优势，已成为当下汽车工业首选的制造材料。而且，大多汽车公司采用可回收技术对塑料进行再利用。

5. 发泡材料

PP 发泡材料具有质轻、耐高温、耐热等优点。随着汽车轻量化的发展，采用 PP 发泡材料成为汽车减少重量的重要途径，尤其是在汽车内饰的应用上越来越多，PP 发泡材料在各种汽车上的使用占比为：轿车为 45%，卡车、工程机械车为 20%，客车、商务车为 35%。

普通微发泡 PP 制品的表观质量不佳，仅适合需表面覆皮的高端车，既增加了制造成本，也限制了 PP 发泡材料的推广和应用。理想的泡孔直径应小于 $50\mu m$，而目前国内生产的微发泡 PP 的微泡孔直径在 $80\sim350\mu m$。微孔发泡主要有注塑微发泡、吹塑微发泡和挤出微发泡等，注塑微发泡适用于各种汽车内外饰件，如车身门板、尾门、风道等；吹塑微发泡适用于汽车风管等；挤出微发泡适用于密封条、顶棚等。

二　轻量化开发重点技术

汽车车身材料以及连接在碰撞过程中的失效行为是影响汽车被动安全性能的重要因素，在不同区域应用不同的材料是各汽车企业的普遍原则，随着汽车轻量化水平的逐渐提高，高强钢与镁铝合金等强量化材料在车身上的大量应用，使材料失效性能的需求更加迫切。

车身结构和材料的轻量化与汽车的被动安全以及燃油性有着密切的关系，各大厂商对于更加安全和轻量化的车身结构材料应用一直没有停止，主要追求汽车结构的优化以及轻量化材料的应用。汽车结构设计的优化使汽车底盘、车身在碰撞工况下的变形特征发生改变，而新的轻量化材料的应用更是使零部件的断裂失效特征发生明显改变，因此提高汽车被动安全性能的重要任务之一就是对车身材料的断裂失效行为进行深入研究。

（一）轻量化材料性能研究

汽车在发生碰撞时会使零部件受到多个方向的作用，因此零件在受力时的应力三轴度以及罗德角因子等因素会直接影响材料的断裂失效行为，需要针对此情况对材料在三轴应力条件下的断裂失效行为进行准确测试研究，才能更加准确地了解材料在碰撞加载条件下的失效过程，对其进行准确的预测，提高被动安全水平。

目前，汽车企业在前期设计阶段，多采用 LS-Dyna 等仿真分析软件对汽车在碰撞工况下的表现进行分析，以节约成本。而在此过程中，材料性能参数以及材料失效参数的设置会直接影响仿真分析的准确性。现今一种较为可靠的方法是通过材料试验以及零部件试验对车身应用材料的失效行为进行测试，包括准静态试验以及动态试验，建立含有应力三轴度以及罗德角因子等材料失效参数的模型，并代入 CAE 模型进行计算。

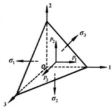

图 1　汽车零件失效断裂与三轴受力工况

这种方法能够对整车碰撞过程中车身零件所受到的三维受力工况进行分析，得到与碰撞试验结果相一致的仿真分析结果，从而提高分析效率与精度。

试验的准确性以及失效模型的准确性会直接影响 CAE 仿真的精度，而随着试验条件的进步，以德国 ZWICK 高速试验机以及日本鹭宫高速试验机为代表的高精度大型动态试验机的引进，使国内在试验能力上达到了国际先进水平。大吨位的试验机（如 ZWICK – 16020 型液压伺服试验机，最大载荷160kN，最大冲击速度 20m/s）可以使车身零部件的准确对标分析成为可能。而材料失效模型方面，国内外有多个包含结构参数的失效方程，如包含应力三轴度与罗德角因子的 MMC 方程等，通过试验对方程参数进行准确拟合，用以对材料的失效行为进行准确的判定。

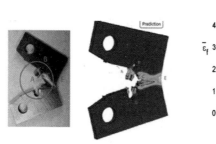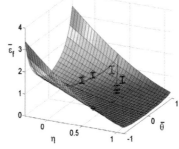

图 2　材料失效试验与 MMC 失效准则

（二）轻量化连接结构设计与性能

车身连接的失效行为是影响整车被动安全性能的一个重要因素，也一直是整车 CAE 中的难题。车身连接有很多种模拟分析模型，包括单杆模型、轮辐模型、多刚性杆模型和多个实体单元焊核模型，但这几种模拟方法都对网格质量的要求高，在建模过程中的网格划分过于烦琐，不便于工程应用。

在车身耐撞性数值分析中最常用的是梁单元焊点模型，不依赖网格节点。二维梁单元难以模拟结构中焊点的扭转行为，而实体单元焊点模型在几何形态上与结构中的焊点更为接近，且能很好地模拟扭转行为。

另外，从试验结果来看，焊点热影响区的失效形式是影响焊接结构失效的主要形式，因此，对于焊点热影响区的失效分析是焊点失效分析的重要一环，目前比较准确的方案是通过试验调节热影响区的局部性能参数，结合材料失效模型，对其失效形式进行预测。这种方法的优势在于，能够同时对焊点部位的失效强度、失效应变以及失效形式进行分析，提高仿真精度。

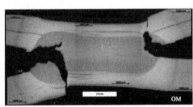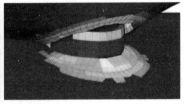

图 3　焊点失效试验与仿真分析

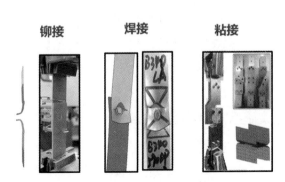

图 4　连接结构失效分析

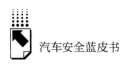

三　多目标的轻量化优化设计

在整车结构多学科多目标优化设计中，多目标代表车身结构质量、一阶模态、二阶模态、静态扭转刚度、静态弯曲刚度、B 柱加速度、头部加速度、肋骨变形量、腹部峰值力等响应量中的任一量。目前，常常将耐撞性、结构静力学、低频结构动力学相关的领域纳入多学科优化设计中，更为广泛、深入的学科领域将会集成到汽车设计开发过程中。

多目标优化是期望设计指标同时达到最优，并寻求非占优解或 Pareto 最优解集。多目标优化问题的解法可以分为间接解法和直接解法两大类，其中，间接解法还可细分为转化成一个单目标问题或多个目标问题的求解，以及非统一模型的求解等多种方式。

多目标优化的问题有很多种转化成单目标优化问题的方式，其中应用最广泛的有两种。①主要目标法：仅选其中一个目标，并将其他目标约束在一定范围内；②统一目标法（加权求和法）：人为给每个目标设定一个权重值，总优化目标定义为各目标值与其相应权重值的积的代数和。单目标问题的任何两个解都可以进行优劣比较，而多目标问题的任何两个解则很难能比较出优劣。

（一）车身轻量化模型优化

在车辆早期开发阶段，已将结构轻量化思想融入车身结构设计中。国内在该方面的研究大多集中在车辆研发后期，针对现有车型的车身板材件进行厚度和材料强度等级的减重优化设计，很少有在前期就引入结构轻量化的研究。

车身轻量化设计要与车身性能紧密结合，这是一个多学科多目标的集成优化设计过程，而并非单纯的减重过程。国内轻量化研究主要采用单一优化设计目标，未综合考虑多方面因素所产生的共同效应，导致轻量化设计并不是系统整体的最优解。

（二）轻量化数据库支撑

车企在进行产品轻量化设计时面临低重量、低成本及高性能的三大挑战，为应对上述问题，企业在整车开发流程中选择不同的切入点，比如，从产品的概念设计阶段就进行全新设计、选用全新材料，或在现有平台上进行全新设计，并对材料和工艺进行调整。不论从哪个阶段进行产品轻量化工作，企业都必须充分了解和掌握轻量化的设计方法、各种轻量化新材料的性能与应用情况，以及先进的轻量化制造技术。因此，构建起一个覆盖新材料性能数据、部件性能数据以及新材料在整车上性能表现与应用评价的新材料生产应用信息技术数据库共享平台，对于打破行业壁垒，实现新材料与终端汽车产品协同联动有着重要的意义。

材料数据与生产应用等信息对于国家安全、科技创新、智能制造等方面的重要性在数据时代越来越彰显出来，在 2011 年提出的具有变革意义的材料基因组计划中，材料数据与材料计算模拟、材料实验表征一起，成为材料发展全流程研究的三大基本工具，使材料研究者与生产管理者进一步充分认识材料数据对加速材料研发进程，以及对促进下游产业的新材料新技术应用的推动作用。材料数据具有多样、获取过程复杂、数据间关联关系复杂、知识产权性强等特点，使数据的收集、存储、共享和应用更加复杂。对于新材料生产应用信息数据库的建设工作，需要制定长远的规划，结合目前汽车产业与材料产业现状，逐步落实推进。在近期内，需要搭建满足行业使用需求的数据库信息系统，克服国内材料生产到应用的技术瓶颈。

参考文献

姚凌云：《汽车轻量化开发中的轻质材料技术应用》，《西南汽车信息》2018 年第 6 期。

张建耀、刘春阳：《汽车用聚丙烯树脂的开发及国内应用现状》，《中国塑料》2018 年第 2 期。

B.10
复杂工况的乘员保护技术研究

郝 毅 李君杰 韩菲菲 崔 东 杨 帅*

摘 要： 汽车被动安全主要依据碰撞工况进行开发和设计，纵览全球
主流的碰撞评价机构，碰撞工况种类繁多，主要碰撞形式包
含正面碰撞、偏置碰撞、25%小偏置碰撞、侧面碰撞、侧面
柱碰等，不同国家形成了符合自己国情的碰撞测试评价体系；
为了更好地促进汽车安全性能提升，未来势必会有工况的升
级、碰撞速度的提升、碰撞假人的更新、考核指标的变化以
及壁障的更新等，这都给乘员保护技术带来了一定的开发难
度。并且随着主动安全的发展，车内增加主动安全配置，车
辆发生碰撞后，车内的乘员姿态会发生变化，传统的约束系统
对乘员保护效果也有一定程度的影响。本文从传统多工况碰撞
和主被动一体化融合碰撞工况两个方面介绍了乘员保护技术，
包括碰撞特点、乘员保护技术开发要点和产品配置策略等。

关键词： 复杂工况 汽车碰撞安全 乘员保护技术

---

* 郝毅，中国汽车技术研究中心有限公司汽车工程院第一开发部汽车被动安全开发主管工程师，
主要研究方向为乘员保护约束系统开发、主被动安全融合、前瞻技术研究等；李君杰，中国
汽车技术研究中心有限公司汽车工程院第一开发部汽车被动安全开发主管工程师，主要研究
方向为乘员约束系统集成、整车被动安全法规、假人损伤研究等；韩菲菲，中国汽车技术研
究中心有限公司汽车工程院第一开发部汽车被动安全开发主任工程师，主要研究方向为整车
被动安全及相关政策法规研究、乘员保护及儿童保护开发、整车安全零部件开发研究等；崔
东，高级工程师，中国汽车技术研究中心有限公司汽车工程研究院第一开发部副主任，主要
研究方向为整车安全性能集成开发研究、汽车可维修性研究、汽车保险风险评估等；杨帅，
博士，高级工程师，中国汽车技术研究中心有限公司汽车工程院第一开发部副主任，主要研
究方向为整车被动安全开发、车身平台规划设计、主被动一体化等。

一　前言

汽车安全设计主要依据法规、NCAP 等碰撞测试工况，NCAP 全名 New Car Assessment Program，意为新车碰撞测试，NCAP 在全球范围内共建立了 9 个新车评估计划，旨在为消费者提供更安全的车辆选择。测试地点分别位于欧洲、美国、日本、韩国、中国、拉丁美洲、东南亚、澳大利亚、新西兰。碰撞测试项目一定程度上覆盖真实交通事故工况，碰撞速度、碰撞重叠率、碰撞角度等，能够反映真实交通事故主流模式的测试评价，对于汽车安全的提升和发展起到了重要的作用。然而试验室碰撞测试不可能复现所有真实交通事故形态，真实的交通事故碰撞形式也更加复杂多样，同时，汽车行业技术发展日益细化，随着主动安全技术的发展，车内乘员对于碰撞形式的姿态变化也变得复杂多样，传统的车内约束系统对乘员的保护会有一定的局限性，因此，了解复杂工况的乘员保护技术就显得非常有必要。

二　传统多工况碰撞形式乘员保护

传统多工况碰撞通常是将碰撞分成正面碰撞、偏置碰撞、侧面碰撞以及侧翻等，如图 1 所示。汽车生产商在开发新车型时，考虑的工况主要集中在以上几种典型工况方面，这些工况均在较高速度、约束系统默认充分发挥作用的前提下进行的，乘员保护在约束系统的保护下，展现出较好的结果，这里的约束系统，主要指安全带、安全气囊（正面气囊、膝部气囊、侧面气囊、侧面气帘）、安全座椅、转向管柱等不同约束系统零部件的不同性能。

约束系统的不同参数可能对不同假人、不同速度的碰撞会有不同程度的影响，而且同一参数对不同伤害值也可能有不同程度的影响，在真实交通情景中，车速及驾乘人员的多样化，给交通环境增加了很多的不确定性，这就给汽车安全工程师带来一系列思考：约束系统参数，对于低速碰撞的影响如

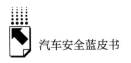
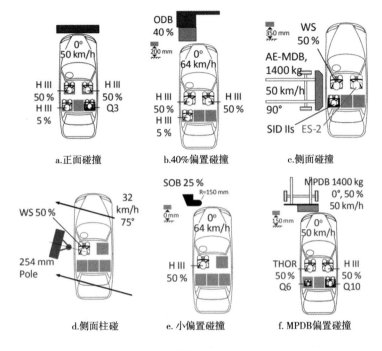

图1　碰撞工况示意

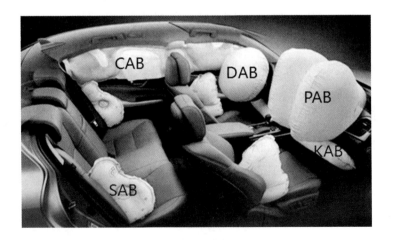

图2　车辆气囊配置示意

何？对于不同驾乘人员，同一约束参数是否会有不同的影响？非标准应用安全系统时，会有什么影响？这一系列问题值得深究。

研究约束系统在高速碰撞下对乘员保护作用的同时，需要更多关注约束系统参数对不同车速、不同尺寸驾乘人员的影响情况。

（一）碰撞的多种形式

对于碰撞形式的多样化，目前国际上做得比较全面的属于欧盟（Euro NCAP 和 UN）和美国（US NCAP 和 FMVSS）。FMVSS 208 法规是美国联邦机动车安全法规，它是目前世界范围内较为严格的法规之一，规定了汽车正面碰撞乘员保护的要求。重点考察前排位置放置女性假人的情况，其中包含未系安全带的情况。

在 FMVSS 208 的正面碰撞要求中，既包括正面全宽碰撞（100% FRB）和 40% 偏置碰撞（40% ODB）两大类型，还包括乘员系安全带和未系安全带的两种约束状态，是目前针对 5th 女性、内容最为丰富的安全法规。

表 1　美国 FMVSS 208 法规的正面碰撞试验要求

项目	固定刚性壁障					可变形固定壁障
碰撞形式	正面垂直全宽碰撞				30°角的倾斜壁障碰撞	40% 偏置碰撞
试验假人	50th 的成年男性假人		5th 的成年女性假人		50th 的成年男性假人	5th 的成年女性假人
安全带	未佩戴	佩戴	未佩戴	佩戴	未佩戴	佩戴
车速	20～25mph	0～30mph	20～25mph	0～30mph	20～25mph	0～25mph

除以上简述的复杂工况下的乘员保护开发工况外，还包括但不限于以下工况形式。

（1）UNR137、Art. 18、FMVSS208、Euro NCAP、US NCAP、JNCAP、KNCAP：FullWidthFrontal。

（2）FMVSS208：Offset Frontal。

（3）C-NCAP：MPDB。

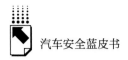

（4）FMVSS214：SidePole。

（5）C-IASI、IHISS：SOB、MDB。

对于以上工况，传统乘员保护的约束系统参数，具有一定的局限性，需要根据复杂工况的情况重新定义。

（二）离位 OOP 工况

在车辆发生碰撞时，安全气囊对于正常乘坐位置的乘员具有较好的保护效果，能显著减少乘员受到的伤害，但对于 5th 的成年女性和离位儿童来说，其身材较小，乘坐位置比较靠近安全气囊，在气囊展开过程中，由于气囊内部压力较大，将会对离位乘员造成致命伤害。美国 FMVSS 208 法规要求，2006 年后生产的所有新车必须装备能够识别儿童及小体型妇女的安全气囊保护系统，还规定了 7 种离位乘员工况，包括 5th 女性假人和儿童假人。

乘员未处于正常乘坐姿势下的坐姿即为"离位"。在驾驶员侧乘员离位位置下的试验工况 1 和工况 2 中，有对女性乘员的伤害保护要求，工况 1 是将一个 5th 女性乘员的下颚放置在气囊模块的上方，此时转向管柱位于其可调节的最高位置。工况 2 是将一个 5th 女性乘员的下颚放置在转向盘上边缘，此时转向管柱位于其可调节位置的中间。假人摆放姿态见图 3。

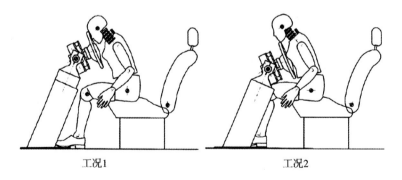

工况1   工况2

图 3　5th 驾驶员离位试验工况示意

在实际试验中，5th 女性假人摆放效果如图 4 所示。

| 工况1 | 工况2 |

图 4　5th驾驶员离位试验实拍（NHTSA Jetta）

表 2　FMVSS 208 离位工况汇总责权限一览

序号	假人	座椅位置	实验构成
1	Hybird Ⅲ 5th女性驾驶员	驾驶员侧	下颚在转向器气囊模块上
2	Hybird Ⅲ 5th女性驾驶员	驾驶员侧	下颚在转向器上方
3	CRABI 12m	副驾驶侧	放在 23 个既定的 CRS 位置
4	Hybird Ⅲ 3 岁儿童假人	副驾驶侧	胸部在仪表板上
5	Hybird Ⅲ 3 岁儿童假人	副驾驶侧	头部在仪表板上
6	Hybird Ⅲ 6 岁儿童假人	副驾驶侧	胸部在仪表板上
7	Hybird Ⅲ 6 岁儿童假人	副驾驶侧	头部在仪表板上

（三）技术开发要点

汽车乘员约束系统研发的主要目的是，尽量避免人体在车辆碰撞过程中与车身内饰件发生再次碰撞，以降低乘员受到的伤害。传统工况中，汽车乘员约束系统研发主要涵盖如下几方面。

（1）汽车座椅系统。

（2）汽车安全带系统。

（3）汽车安全气囊系统。

（4）汽车内饰件及附加装置。

而在现实中，传统的约束系统很难在各种工况下保护好乘员的安全，无论是单一工况约束系统，还是多工况优化约束系统，都很难保证乘员在错综

复杂的碰撞事故中不受到伤害。

近年来，汽车的安全性能越来越受到重视，传统的乘员保护研究难以实现对汽车安全性的全面考察。在被动安全技术方面，发达国家在智能化乘员约束系统开发方面取得了一定的成果，并已应用到一些轿车产品中。智能化约束系统能自动获得乘员状态信息，包括乘员的位置、身高、体重及安全带佩戴情况等，并针对不同碰撞强度进行分析以判断对乘员所能提供的最大限度的保护，上文提到的离位乘员保护也是智能化约束系统研究的重要内容。因此，能够实时对乘员和环境变化做出响应，并实施最佳保护策略的智能化约束系统是国内汽车乘员保护系统的研发趋势。

（四）智能安全气囊

在车辆碰撞时，汽车安全气囊对驾乘人员的生命安全能够起到积极的保护作用，特别是在车辆正面和侧面的碰撞时的保护效果尤为明显。安全气囊的保护使人体受伤害程度明显降低。常规的汽车安全气囊的起爆时间和充气强度的匹配设计原则是针对第95[th]男性且处于正常驾乘姿态时提供最佳乘员保护，该设计原则对身材高大成年男性的保护最佳，但因尼龙或聚酯纤维布料等气囊瞬间展开速度高达200km/h以上，所产生的强大冲击力将会对距离气囊组件近且处于气囊膨胀方向的乘员头部和颈部造成一定伤害，也可能对离位乘员、身高较小乘员、女性乘员、老人和儿童乘员造成二次碰撞伤害。

在实际的车辆碰撞事故过程中，安全气囊的保护效果受多种因素的制约，包括乘员的身高和体重、乘员相对于方向盘或仪表板的位置、车辆碰撞的剧烈程度等，不同的碰撞条件与乘员在碰撞时的位置，将影响乘员与气囊的接触情况，从而影响气囊对乘员安全的保护效果。因此，安全气囊的智能化成为发展趋势。

智能安全气囊集成先进的传感器技术和信息处理系统，能够在车辆碰撞发生的短暂时间内，探测到碰撞剧烈程度、碰撞形式、乘员体形（身高、体重）、乘坐位置及姿态等碰撞环境信息，电子控制系统根据这些信息进行智能决策，控制安全气囊展开的最佳时间和强度，以实现最佳的保护效果。

三 主被动一体化技术融合的碰撞乘员保护

当今，汽车已成为人们生活中不可或缺的交通工具。传统的汽车被动安全技术通过优化车身结构、匹配良好的乘员约束系统（包括安全气囊、安全带等），可基本解决车辆自身的安全问题，能最大限度降低乘员的伤害风险。为进一步提高道路交通安全性，主被动安全技术相融合的汽车安全一体化成为智能驾驶时代的主流技术方向，其技术研究越来越受到国家和车企的重视。

（一）主被动安全一体化概念

传统的汽车安全技术分为主动安全技术和被动安全技术。主动安全技术是指汽车主动避免交通事故发生的能力，其代表技术有汽车防抱死系统（ABS）、车身电子稳定系统（ESP）及制动力分配系统（EBD）等；被动安全技术是车辆在事故发生时对车内乘员的保护能力，其代表技术有安全气囊系统、可溃缩转向柱等。但传统的主被动安全技术远远满足不了人们对于汽车安全的需求，随着汽车安全技术领域的电子化和智能化的不断发展，汽车安全技术的研究进入了新的阶段，即融合了主动安全技术与被动安全技术的汽车一体化安全技术。汽车一体化安全技术增加了以智能交通系统（ITS）技术为基础的预碰撞安全技术及智能化驾驶辅助系统。汽车一体化安全系统在碰撞事故发生前、中、后三个时间点上体现出的作用不同。如图5所示，与传统的划分方式不同，主动安全与被动安全没有严格的界限，也就是说二者之间存在着交集，这正是汽车预碰撞技术研究的对象。汽车预碰撞技术主要是研究在事故发生的瞬间，汽车预警系统、保护系统和驾驶员辅助系统等系统如何协同发挥作用，从而使事故损失降到最小。

（二）AEB作用下的人体运动特点

AEB作为主被动一体化系统的代表技术，已得到广泛的推广与应用，被

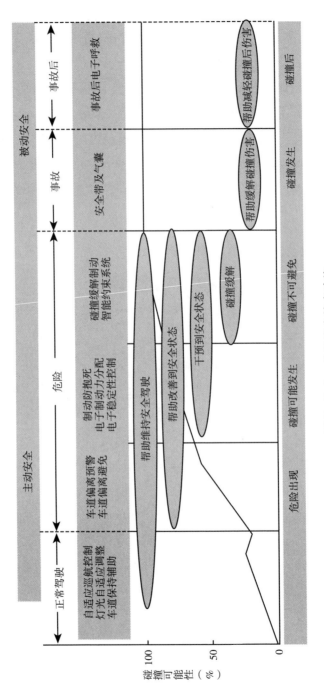

图 5　汽车一体化安全技术功能

112

认为是防止由驾驶员疏忽或前车紧急制动而造成碰撞伤害的最有效的功能系统之一，美国公路安全保险协会（IIHS）的相关研究发现，车辆配备 AEB 系统后能减少 50% 的碰撞事故。我国实施的 C-NCAP（2018 年版）也已将 AEB 纳入新车主动安全的评价规程。

传统的被动安全系统设计并未考虑车辆碰撞前的避撞行为所引起的乘员响应。研究结果显示，在相同碰撞强度条件下的正面碰撞时，在制动过程中，配备 AEB 的车辆将会比未经紧急制动的车辆对乘员造成更为严重的伤害。驾驶员在 AEB 作用下，受到纵向惯性力作用，将产生明显的纵向位移量，致使乘员偏离了被动安全设计中的正常坐姿位置，如图 6 和图 7 所示。

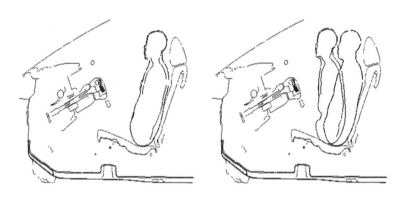

图 6　前碰工况下 AEB 作用前后假人前倾情况对比

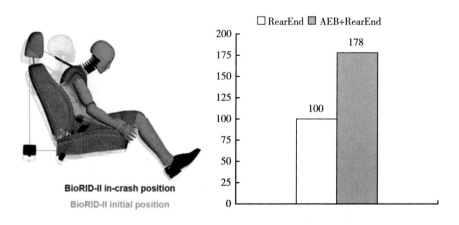

图 7　追尾工况 AEB 作用前后假人前倾情况对比

人体在离位状态下，传统的约束匹配方案并不能发挥最佳的约束效果，将导致车内乘员伤害值的相对增加，如表3所示。因此在一体化安全技术下，如何兼容约束系统将极大程度地影响乘员的保护效果。

表3　AEB作用前后假人伤害对比

伤害评价指标	无AEB系统	有AEB系统	增幅(%)
颅骨等效应力(kPa)	285	431	51
颅内压力(kPa)	85	154	81
肋骨应变(%)	1.2	3.4	183
内脏压力(kPa)	171	243	42

（三）主被动一体化下的乘员保护策略

在主被动一体化下，由于乘员的坐姿发生了变化，传统的约束系统匹配效果受到较大的影响，例如会产生气囊展开面积不够而无法保护乘员、头枕对乘员颈部保护效果减弱等。主机厂及零部件厂的研究人员提出了可应用在AEB或其他一体化系统下的约束系统配置，如主动式头枕、主动预紧安全带装置等。

主动预紧安全带装置利用预碰撞系统检测事故发生的可能性，再确定是否开始回收织带，但其预紧力不会太大，可降低安全带回收对乘员造成损伤的风险，其核心功能是在车辆碰撞即将发生时，纠正离位乘员的姿态，将乘员约束至一个最佳状态。结合传统的预紧限力式安全带，最大限度地发挥约束系统的保护能效。

主动式头枕（Active Head Restraint，AHR）是一种纯机械系统，由一条连杆连接至座椅靠背内的压力板，当汽车遭后方追撞时，乘客的身体因撞击力的作用，会撞向靠背，将压力板往后推，促使头枕往上往前推动，以便在头颈猛烈晃动之前，托住乘客的头颈，防止或降低受伤的可能。主动式头枕的另一项优点，是在动作完成后，会自动回复到原来位置，以备下次使用，无须进行维修，其设计目的是提供充分的头、颈椎保护。调查显示，配备主动式头枕时，可大大降低追尾碰撞中所造成的颈椎伤害，如图9所示。

 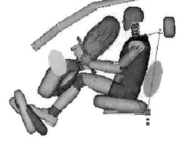

a.AEB无主动式预紧装置   b.AEB有主动式预紧装置

图8 碰撞初始阶段乘员头部与气囊接触状态

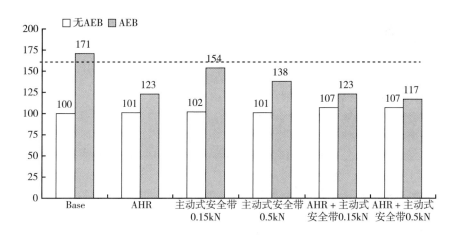

图9 追尾碰撞中的头颈椎伤害情况

四 未来发展趋势

实际道路交通事故远比碰撞工况更加复杂和多变，随着汽车安全技术的升级，碰撞工况复杂程度也会只增不减，更先进的乘员监测系统、雷达和视觉融合系统、人车交互系统等也会成为汽车常见的配置。同时乘员保护技术的发展也离不开假人的发展，现有的汽车碰撞安全性碰撞假人仅能适应单一

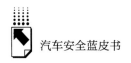
工况，一般分为正面碰撞假人和侧面碰撞假人，为了适应未来多工况碰撞和测评，多方向碰撞响应的碰撞假人是需要攻克的一项技术难题，目前有些研发机构和国内高校着手进行了假人模型的开发工作，具有高生物逼真度的多方向碰撞假人可为实际事故复杂工况提供更有利的技术测评基础保障。研究复杂工况的乘员保护研究为今后建立基于复杂工况、汽车碰撞安全的评价方法、标准和法规奠定了一定基础，未来的汽车安全保护技术更智能、更全面，可为乘员提供全方位的保护。

参考文献

C-NCAP 管理中心：《C-NCAP 管理规则（2021 年版）》，中国汽车技术研究中心有限公司，2020。

《C-IASI 评价规则》，中保研汽车技术研究院有限公司，2017。

NHTSA, Federal Motor Vehicle Safety Standard（FMVSS），No. 208.

谢力哲：《乘用车 5th 乘员伤害机理研究及新型约束系统设计》，吉林大学硕士学位论文，2012。

朱红艳、舒少龙、林峰等：《乘员分类系统研究综述》，《汽车电器》2011 年第 1 期。

赵永华：《面向智能安全气囊的乘驾人检测理论和方法研究》，吉林大学博士学位论文，2013。

狄恩仓：《汽车一体化安全技术研究》，《中州大学学报》2014 年第 1 期。

Schoeneburg R., Baumann K. H., Fehring M., et al., "The efficiency of PRE-SAFE systems in pre-braked frontal collision situations", 22*nd ESV*, 2011.

郝毅、韩菲菲、杨帅、李根：《AEB 对前碰假人运动姿态影响研究》，《汽车零部件》2020 年第 3 期。

B.11
汽车碰撞后维修及评估技术研究

王龙亮 崔 东 方 锐*

摘 要： 随着汽车保有量的增加，人们对汽车碰撞后维修成本比较关注，为了研究汽车碰撞后维修以及评估技术，本文通过对汽车维修研究委员会（RCAR）中的汽车低速结构碰撞和保险杠测试的试验规程以及评价方法进行了详细研究，同时针对汽车可维修性的开发，从产品规划阶段、概念设计阶段、工程设计阶段、试验验证阶段四个阶段做详细的介绍。研究汽车碰撞后维修及评估技术具有更现实的意义，能够促进主机厂在汽车设计时考虑车辆的抗损伤性和可维修性，减少车辆碰撞后的维修成本，降低保险公司的赔付成本和消费者的使用成本。

关键词： 汽车碰撞 试验规程 评估技术 可维修性开发

一 前言

随着我国经济的发展，汽车保有量不断增长，道路交通越来越拥挤，每年交通事故的数量也不断上升，消费者对汽车保险及维修方面的花费比较关

---

* 王龙亮，中国汽车技术研究中心有限公司汽车工程研究院第一开发部汽车可维修性开发工程师，主要研究方向为汽车可维修性、行人保护、汽车保险风险评估等；崔东，高级工程师，中国汽车技术研究中心有限公司汽车工程研究院第一开发部副主任，主要研究方向为整车安全性能集成开发、汽车可维修性、汽车保险风险评估等；方锐，高级工程师，中国汽车技术研究中心有限公司汽车工程研究院第一开发部主任，主要从事整车被动安全性、维修性研究，整车主动安全与智能驾驶性能研究，整车安全相关零部件开发研究等。

注，保险公司为了降低汽车碰撞后的维修费用，对车辆维修中所涉及的维修过程、零配件、技师培训、维修工时等因素进行考虑。同时，汽车主机厂为了提高车型的销量，在设计产品时开始考虑汽车碰撞后维修的便利性及成本等因素。为准确评估汽车碰撞后的维修性，各个国家以及国际性研究机构出台了相应的行业标准，其中影响力最大、认可度最高的是汽车维修研究委员会（RCAR）出台的关于汽车低速结构碰撞和保险杠测试试验评价标准。本文首先对 RCAR 可维修性试验规程进行介绍，同时介绍 RCAR 的评价方法，最后针对汽车可维修性的开发，从产品规划阶段、概念设计阶段、工程设计阶段、试验验证阶段四个阶段做了详细的介绍。

二 RCAR 可维修性试验介绍

RCAR 目前在五大洲 20 个国家拥有 25 个会员，如英国 Thatcham 公司、德国安联技术中心 AZT、美国 IIHS 等。

RCAR 是由保险行业提供资金支持的国际性技术研究机构，其主要工作内容是针对与机动车事故维修、安全性及培训需求相关的工程设计及方案进行研究。为协助会员做好研究项目，RCAR 为会员提供一个相互交流、沟通的平台；RCAR 秘书长与会员、全球性机构以及其他相关个人之间保持联络与沟通。

RCAR 的总体目标是通过与汽车制造商的对话与合作，影响汽车产品的设计，从而为保险公司控制成本，最终使车辆变得更安全，降低易损性，使车辆在事故发生后的维修成本更合理。同时，将这些信息通过高品质的培训报道等方式传递出去。

（一）标准 RCAR 低速碰撞试验

按照 RCAR 的试验流程，进行车辆前部和尾部的 15km/h 的低速碰撞试验，其主要目的是评价车辆的耐撞性与可维修性。

RCAR 的前部碰撞测试示意如图 1 所示，目标车辆以 15km/h 的初始速度撞击刚性壁障，壁障高度高于试验车辆，车辆总质量包括整车整备质量和驾驶员侧的 75kg 假人质量。碰撞位置为驾驶员侧，车辆与壁障的重叠率40%，刚性壁障的几何参数如图 1 所示，壁障前端面斜角为 10°，前端面与纵向平面的圆角半径为 150mm。

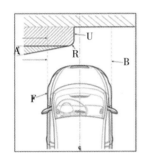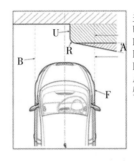

关键参数：
U=40%重叠
B=车辆宽度（正面）
R=150 mm（半径）
F=试验车辆
A=10°（角）
壁障的高度应超过车辆正面的高度

图 1　RCAR 标准正面 15km/h 低速碰撞试验工况

RCAR 的尾部碰撞测试示意如图 2 所示，碰撞台车以 15km/h 的速度撞击目标车辆，台车为不可变形的刚性壁障，质量为 1400kg。目标车辆总质量包括整车整备质量和驾驶员侧的 75kg 碰撞假人质量。目标车辆与碰撞台车行进方向成 10 度角摆放，碰撞位置为乘员侧尾部，车辆与壁障的重叠率为 40%，车辆的手制动处于松开位置。

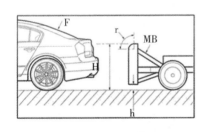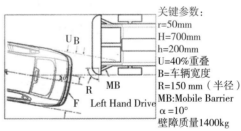

关键参数：
r=50mm
H=700mm
h=200mm
U=40%重叠
B=车辆宽度
R=150 mm（半径）
MB:Mobile Barrier
α =10°
壁障质量1400kg

图 2　RCAR 标准尾部 15km/h 低速碰撞试验工况

（二）RCAR 保险杠试验

按照 RCAR 的试验流程进行车辆保险杠试验（分为静态试验和动态试验），静态试验包括全宽几何评价和防撞梁有效宽度比率；动态试验包括100% 全宽碰撞测试和 15% 重叠偏置碰撞测试，试验的主要目的是评价车辆

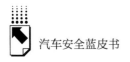
保险杠的兼容性和吸能性。

防撞梁有效高度的测试位置如图3所示，分别位于防撞梁的中心及相对左右纵梁截面中心±50mm区域内，以一个垂直平面和防撞梁接触，测量出距离防撞梁10mm的2个点间的垂直距离，在±50mm区域内选最小值，分别标记为C、L、R，防撞梁有效高度=0.25（R+L）+0.5C。

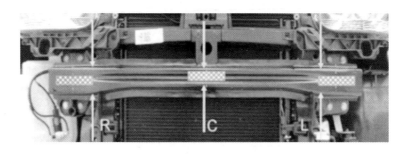

图3　防撞梁有效高度的测试位置

防撞横梁有效高度和保险杠壁障间的重叠率，记为最终防撞梁的有效重合尺寸，具体测量方法如图4所示。

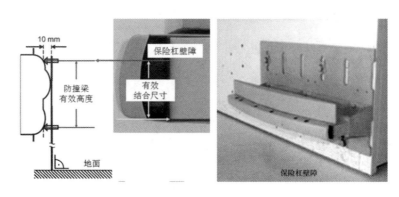

图4　防撞梁有效高度及与壁障有效结合尺寸

防撞梁宽度的测量：防撞梁本体在车辆所放置地面的投影区域Y向两端的距离记为防撞梁宽度。其中有两点需要特殊说明，防撞梁两端高度小于75mm以及在地面投影的截面宽度小于20mm时，需要对防撞梁宽度进行修正，如图5所示。

车辆前后轴线的 Y 向距离，分别记为车辆前后宽度，如图 6 所示。防撞梁宽度比率为防撞梁宽度与车辆宽度的比值。

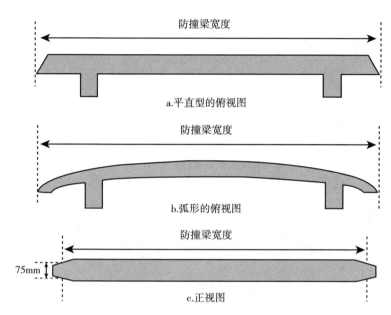

图 5　防撞梁宽度测量示意

图 6　车辆宽度测量示意

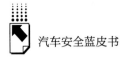
保险杠动态试验包括100%全宽前部碰撞与尾部碰撞测试，以及15%重叠偏置的前部碰撞与尾部碰撞测试，碰撞速度分别为10km/h和5km/h。前部碰撞的壁障离地高度为（455±3）mm，尾部碰撞的壁障离地高度为（405±3）mm，如图7所示。

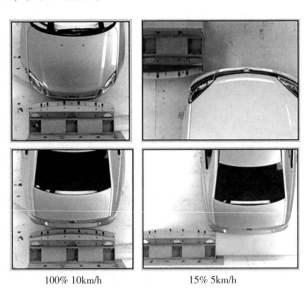

100% 10km/h   15% 5km/h

图 7　RCAR 保险杠动态试验

三　RCAR 可维修性评估介绍

同样，RCAR 可维修性评估分为低速结构碰撞试验评估和保险杠试验评估两个部分。

（一）低速结构碰撞试验评估

1. 变形量测量

车辆变形量的测量点如图8和图9所示，分为车身覆盖件间隙测量和车底参考点测量，以毫米为单位，试验前后各测量一次。对于可能发生较大变形的部位，例如前后纵梁端部等，可以增加测量点的数量。所有的测量点都应拍照，测量点附近标记其顺序代码。正面碰撞和尾部碰撞的数据分开记录。如有可能，使用三坐标仪测量车前部车宽。并在驾驶员侧在发动机机罩和前保险杠上划线，使这条线到车辆中心线的距离为车辆宽度的10%（该线到车辆驾驶员侧最宽点间的区域即为与壁障的重叠区域）。

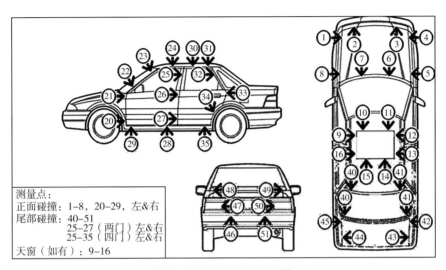

图 8　车身覆盖件间隙测量

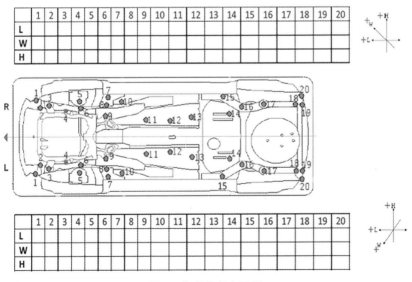

图 9　车底参考点测量

123

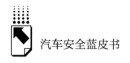

2. 汽车损伤评估

分别统计车辆前部和尾部低速结构碰撞试验将车辆维修至全新状态所需的零部件的价格、维修工时、喷漆以及材料费用。

（二）保险杠试验评估

保险杠试验的目的是促进主机厂设计合理的防撞梁和吸能盒，能够在全宽和偏置低速碰撞中有效地保护车辆。

优秀的防撞梁设计应该满足以下几个条件。

（1）车辆前后都安装了防撞梁。

（2）防撞梁容易拆卸。

（3）防撞梁有效高度≥100mm。

（4）前后防撞梁的高度都能够和保险杠壁障有效重合。

（5）防撞梁具有抗扭能力。

（6）能够有效吸收碰撞能量减少车辆损害。

（7）通过低成本的能量吸收结构附着在车身上，便于修复或更换。

（8）在碰撞过程中保持稳定。

（9）在碰撞中能够有效保护结构件以及昂贵的零部件。

（10）在边角区域碰撞能够有效保护车辆。

RCAR为会员提供了可维修性参考评价，各个会员可根据本国国情制定相适应的评价标准。

四　汽车可维修性技术开发

汽车可维修性技术开发流程同碰撞安全开发流程一致，分为产品规划阶段、概念设计阶段、工程设计阶段、试验验证阶段四个阶段。

（一）产品规划阶段

产品规划阶段，首先分析竞品车型的低速碰撞结果、保险等级信息以及相关的可维修性优缺点，比如零部件间的连接方式、材料的选择、焊点布置、关键零部件的设计等。在前期的结构件和零部件初始设计中吸取竞品车型的优点，避免其缺点。

（二）概念设计阶段

概念设计阶段主要包括碰撞区域造型校核、总布置校核、高成本零部件位置校核三个方面。

1. 碰撞区域造型校核

在概念设计阶段，首先对外造型进行校核，在汽车设计初期规避因造型原因导致非必要零部件的损伤，减小后续工程设计时的优化难度。

结合碰撞工况，对碰撞区域的造型设计进行校核，减少碰撞区域零部件的损伤概率，如发动机罩与前保险杠最前端的距离，前大灯与防撞梁的距离，排气管与后保险杠最后端的距离，后尾门（行李箱盖）、尾灯与地面的距离的校核等，如图10、图11所示。

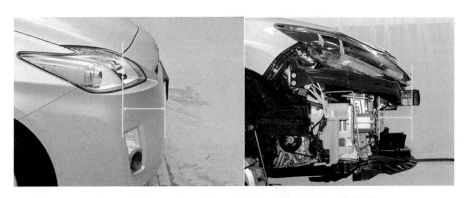

图10　发动机罩与保险杠、大灯与防撞梁空间距离校核

2. 总布置校核

总布置设计关乎汽车碰撞时的吸能效率，优秀的总布置设计应该是低成本、易更换件作为主要的吸能结构，减少高成本、难更换件的损伤。因此总布置的校核主要针对结构件以及机舱的布置进行校核，比如对前后防撞梁的高度及宽度、吸能盒的长度、散热器与防撞梁的吸能距离提出要求等，如图12所示。

图 11　排气管与保险杠，后尾灯、行李箱盖与地面空间距离校核

图 12　防撞梁高度以及散热器吸能空间的校核

3. 高成本零部件位置校核

在汽车概念设计时应避免高成本零部件的损坏，应将高成本零部件布置于非变形区域或者为其设计保护结构减少其损伤概率。比如自适应巡航控制系统（ACC）的布置方式，传统的 ACC 布置采用一体式钣金支架固定于前防撞梁中间位置，这种设计由于钣金件直接与 ACC 刚性连接，在保险杠受到挤压时容易损坏，在前期设计时应将 ACC 布置于前风窗玻璃处或者采用可压溃的支架固定于防撞梁区域。散热器总成布置时应该保持防撞梁与散热器之间没有其他结构件，保证吸能空间得到充分利用。压缩机布置应该位于吸能盒的后端（不易变形区域），如图 13 所示。

图 13　散热器以及压缩机的布置校核

（三）工程设计阶段

在工程设计阶段，主要针对白车身、零部件、内外饰的设计。白车身需要考虑不同焊接方式的选择、钣金件的搭接方式、吸能结构件设计、拆装便利性设计方法。零部件需要考虑易损件的判断、拆装便利性设计方法、线束与管路的设计、高成本零部件的保护等。内外饰设计时需要考虑卡扣及连接件的设计、约束系统的更换便利性、仪表板的拆装便利性等。

根据试验工况进行 CAE 有限元分析，建立正碰、尾部碰撞有限元模型，根据仿真结果对汽车零部件、结构件的损伤进行评估。

相对于安全开发的高速碰撞，可维修开发为低速碰撞，相对应的碰撞能量小，仿真结果偏差较大，为了提高仿真精度，仿真建模的时候需要注意以下几点。

（1）高精度的网格划分，对于碰撞区域内的零部件进行精细的网格划分，准确地构建零部件的内部结构，如大灯网格的划分，如图 14 所示。

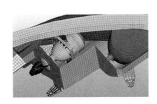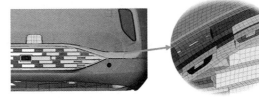

图 14　高精度的网格划分

（2）准确的建模方法，对于零部件的连接，选择合适的连接方式，比如卡扣的连接方式。

（3）高精度的材料数据库，真实的材料特性是高精度仿真的基础，尤其是塑料件材料的准确模拟更为关键。

根据仿真结果，分析整车侵入量，结构件、零部件的损伤情况。图 15 为某车型正面结构碰撞的接触力—位移曲线，图 16 为左右两侧的 B 柱下端加速度—位移曲线，图 17 为前端模块有效应变云图。

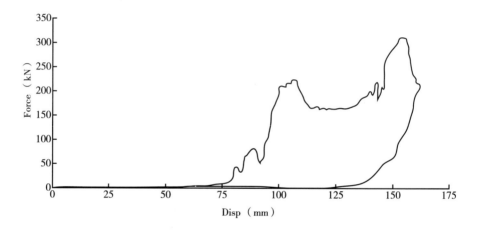

图 15　车体接触力—位移曲线

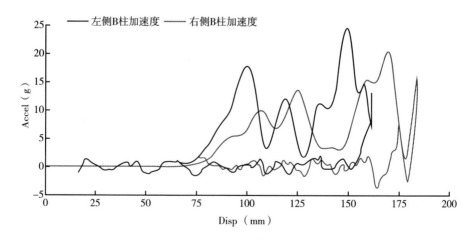

图 16　左右两侧的 B 柱下端加速度—位移曲线

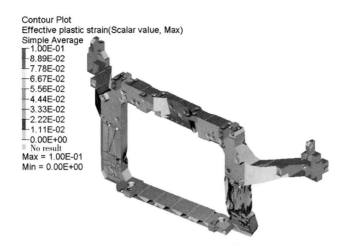

Contour Plot
Effective plastic strain(Scalar value, Max)
Simple Average
1.00E-01
8.89E-02
7.78E-02
6.67E-02
5.56E-02
4.44E-02
3.33E-02
2.22E-02
1.11E-02
0.00E+00
No result
Max = 1.00E-01
Min = 0.00E+00

图 17　前端模块有效应变云图

根据仿真结果对车辆进行优化来减少低速碰撞试验下的损伤。常见的优化方法包括以下几种。

（1）优化防撞梁、吸能盒的吸能特性，减小纵梁、高成本零部件的损坏风险。

（2）优化大灯、保险杠以及其他零部件的安装点位置及结构形式，减少零部件的损坏。

（3）优化总成内零部件的数量，尽量增加总成内零部件的数量，避免整体更换。

（四）试验验证阶段

根据碰撞试验结果，评估试验中结构件、零部件的损伤情况，根据维修过程、维修配件、维修工时等因素，计算出汽车的维修成本。并根据试验结果，针对未满足要求的指标进行研究，分析其主要原因，并提供分析报告和优化方案。

要想获得理想的可维修性指标，上述每个阶段都应该考虑汽车的维修性设计，只有通过各个阶段的校核设计验证，才能降低车辆碰撞后的维修成

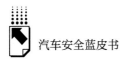
本、保险公司的赔付成本以及消费者的使用成本，促进汽车行业的健康
发展。

参考文献

Karen Fierst、张淑珍：《走近 RCAR——国际汽车维修研究理事会的起源与发展
（上）》，《汽车维修与保养》2016 年第 7 期。

Karen Fierst、张淑珍：《走近 RCAR——国际汽车维修研究理事会的起源与发展
（下）》，《汽车维修与保养》2016 年第 8 期。

SUN Qing, GAO Baocai, CHEN Xianling, et al. , "Analysis and its solution for bumper
low-speed structural crash based on RCAR", *Journal of Automotive Safety and Energy*, 2012.

B.12
新能源汽车热管理政策趋势及建议

朱培培*

摘　要： 随着新能源汽车的高速发展，电动汽车事故，如自燃现象频发，分析其原因之一为新能源汽车热管理技术发展不充分。本文通过对国家相关政策、技术发展趋势、产品市场等多个维度进行分析，一定程度上明确了国家对于新能源汽车未来发展的指导方向，也为国内整车企业及零部件供应商的技术发展方向及市场定位提供了参考。

关键词： 新能源汽车　汽车自燃　热管理

一　前言

全球目前面临严峻的能源危机与环境危机，电动汽车的发展迎来前所未有的红利时期，其在节能环保及能源利用方面具有非常明显的优势，对于解决目前的能源危机及环境危机具有非常重大的意义。目前，全球各大汽车集团，如奔驰、宝马、大众、丰田等均在着力发展新能源汽车，在中国提出的"十三五"规划中，政府明确表态，将"实施新能源汽车推广计划，提高电动车产业化水平"。伴随着电动汽车的高速发展，新能源汽车

---

* 朱培培，中汽研（天津）汽车信息咨询有限公司信息咨询部助理工程师，主要从事新能源汽车前沿技术和零部件相关领域研究，研究范围涵盖前沿技术分析、主流零部件企业技术路线与战略布局等。

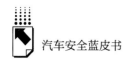
自燃事故也呈高发态势，仅在 2019 年 5 ~ 8 月，全球自燃车型就高达 79 起，涉及车辆 96 辆，其中在起火车辆中纯电动汽车占比超过 95%，电池故障占比超过 50%，分析其产生的主要原因，一方面是一味追求能量密度、电池产品一致性差、热管理等问题；另一方面是由于过充电、针刺、碰撞产生连锁放热反应，导致热失控。上述问题的存在，进一步凸显了新能源汽车热管理的重要性。

宏观上来说，电动汽车的热管理系统包含电池管理、乘员舱热管理和电驱热管理三大系统，各个热管理的子系统之间相互影响、相互作用。近年来，从事汽车热管理研究的专家分别从电池热管理、乘员舱热管理和电驱热管理三个方向开始研究，并已经取得了一定的研究成果，但如前所述，三个领域之间互相作用，目前的研究办法割裂了三个领域之间的耦合作用，忽视了从整体层面解决电动汽车热失效的办法。目前市面上中小型电动汽车占市场销售份额的绝大部分，其前机舱布置紧凑，热量产生较大，且由于考虑增加续航里程，电动汽车均采用封闭式进气格栅，导致产生的热量较难高效散发，对机舱内部件的使用寿命及稳定性都有比较明显的影响。

本文将对目前行业存在的问题进行分析，进而引出国家出台的相关政策法规，分析热管理发展的政策趋势并给出相关建议。

二 新能源汽车热管理领域的政策法规要求及动向

随着新能源汽车的高速发展，新能源汽车热失控引起的自燃事件频发，行业高度关注，2019 年，曾爆发出多起新能源汽车自燃事件，具体如表 1 所示。

为应对行业热失控问题，一年来监管部门发布多项政策及监管要求，政府部门高度关注新能源车安全问题，且频发新政；政府、协会和产业链相关者出台了一系列电动汽车安全举措。其中主要的措施如下：2018 年 9 月 5 日，工信部开展新能源客车安全隐患专项排查工作，重点应对起火、燃烧等安全事故调查；2018 年 9 月 25 日，工信部开展新能源乘用车、载货汽车安全隐患专项排查工作，重点应对起火、燃烧等安全事故调查；2018 年 11 月 26 日，安全产业协会进行新能源电动汽车消防安全联合实验室签约，指出新能源汽车火灾问题最受人关注；2019 年 1 月 10 日，中汽协发布全球首部电动汽车安全指南，明确企业是新能源汽车生产安全的第一责任人；2019 年 1 月 10 日，工信部组织完成《电动汽车用动力蓄电池安全要求》《电动客车安全要求》《电动汽车安全要求》等 3 项汽车行业强制性国家标准制定工作，对热失控的要求越来越严；2019 年 6 月 17 日，工信部开展新能源汽车安全隐患排查工作，对车辆及主要零部件排查工作做全面部署，并对私家车首次提出"主动向主管部门备案召回"新要求；2019 年 10 月 9 日，国家市场监管总局要求进一步加强新能源汽车产品召回管理，补充新能源汽车发生起火、冒烟事故限时上报要求。

表 1　2019 年新能源汽车部分自燃事件

项目	4 月 7 日	4 月 21 日	4 月 23 日	4 月 23 日	4 月 24 日	6 月 15 日
品牌	长安	特斯拉	蔚来	荣威	比亚迪	蔚来
地点	杭州	上海	西安	杭州	武汉	武汉
车型	奔奔	MODEL S	ES8	ei 6	E5	ES 8
车辆类型	乘用车	乘用车	乘用车	乘用车	乘用车	乘用车
动力类型	纯电动	纯电动	纯电动	纯电动	纯电动	纯电动
事故描述	停放时自燃	停放时自燃	维修中心自燃	行驶中自燃	后备厢起火	停放时自燃

作为汽车工业的主管部门之一，工信部开展安全排查并建立监控平台，三次发文对新能源车安全排查：2018 年 9 月 5 日，发布《关于开展新能源客车安全隐患专项排查工作的通知》，主要针对新能源客车；2018 年 9 月 25 日，发布《关于开展新能源乘用车、载货汽车安全隐患专项排查工作的通知》，主要针对新能源乘用车、载货汽车；2019 年 6 月 17 日，发布《关于开展新能源汽车安全隐患排查工作的通知》，主要对已售车辆、库存车辆的防水保护、高压线束、车辆碰撞、车载动力电池、车载充电装置、电池箱、

机械部件和易损件开展安全隐患排查工作。

其中安全排查重点主要包括如下内容，针对私家车：首次提出了"应当主动向主管部门备案召回"的新要求；各地区售后服务机构应搭建监控平台，实施 7×24 小时全天值班制度。针对 3 级故障，要求 1 日内反馈地方和国家监管平台；针对多次故障，应开展安全检查。

2019 年 11 月 12 日，工信部发布实施《电动汽车用动力蓄电池系统热扩散乘员保护测试规范（试行)》有关事项的通知，并分三步进行。

第一步：自 2019 年 11 月 12 日起，申请新能源汽车产品准入时，企业可自愿按《热扩散测试规范》增加热扩散测试项目，提交由第三方检测机构出具的检测报告。通过热扩散测试的动力蓄电池产品，在按 GB/T 31485-2015《电动汽车用动力蓄电池安全要求及试验方法》进行单体蓄电池及蓄电池模块过充电试验时，其充电截止条件可按照充电终止电压的 1.1 倍或 115% SOC 进行。第二步：有关检验检测机构尽快完善热扩散测试相关检测能力，并完成实验室资质认定相关工作。第三步：开展试行工作的车企要加强对相关新能源汽车产品的安全监测，对安全问题或隐患进行评估、发现和总结，并及时向装备中心汇报。

基于以上分析，本文进行如下趋势判断：针对新能源汽车热失控监管会继续加强，突出企业主体责任。趋势一：强化安全监察，安全隐患包括：冒烟、起火、燃烧、热失控，强化隐患检查；趋势二：企业责任凸显，明确企业是新能源汽车生产安全的第一责任人，企业热管理技术亟待提高；趋势三：标准正逐步走向强制化，针对《热扩散测试规范》出台，虽然目前这个规范并不是新车公告申报流程中的必检项目，但这是热扩散实验在进入国标前的过渡性方案。这个规范把热失控防护的标准工作向前推进了一大步，至少进入了实施阶段，并有望进入强制性标准。

三 我国新能源汽车热管理存在的问题

传统燃油汽车包括动力总成热管理系统（发动机冷却系统、变速箱冷却子系统和进排气热管理系统）和空调热管理系统。新能源汽车也包括动力总成热管理系统（电池、电机和电控）和空调热管理系统。两者的主要区别如下。

（1）电池热管理系统较发动机热管理系统多了制热需求，制热方式包括主流的PTC（热敏电阻）加热、热泵加热等。

（2）新能源空调系统以电动压缩机替代普通压缩机制冷，以诸如PTC加热器或热泵等电热器替代发动机余热制热。

其中令电动车主最头痛的是冬季行驶里程缩短，如开空调里程更短，所以对电动车热管理的要求更加复杂。

动力电池系统三大技术难题如下。①热安全：由大功率快充趋势、功率密度、高电池能量密度、放电倍率等导致的过热安全问题。②寿命和效能：工作温度（整体性能和寿命）；均衡温差（内损内耗和稳定性）。③高寒应用：冬季续航里程大幅降低，体现为热保障难、预热慢、容量和寿命衰减、能耗高、性能差和内阻差异大。

随着新能源汽车热管理问题的不断发生，电池热管理系统市场暴露出了四大问题。

问题一：目前大部分开发Pack的企业缺乏专业的热管理工程师。

对电池热管理认识不清，不了解电芯产热和导热特点导致成本高，性能不理想，最初设计方案存在问题，直至装车实测后才发现，更改成本更加昂贵。

问题二：大部分电芯企业无法提供准确的热物性。

客户无法进行准确的热仿真，很多企业仅仅提供电芯初始状态（BOL）的参数，却不能提供电芯寿命末期（EOL）状态下的参数，导致初始设计满足要求，电芯寿命末期，由于电芯的劣化，热管理系统不能满足整车设计工况或要求。

问题三：多种冷却方式并存，技术路线选择存争议。

目前冷却技术主要有自然冷却、强迫风冷、半导体冷却、液冷、浸没式冷却、冷媒直冷、相变蓄热。每种技术方案都有其适用场景，其中液冷已大规模开展，冷媒直冷的发展潜力——低成本、低重量，自然冷却在低成本车

型中具备竞争力。

问题四：相关配件市场混乱。

对关键零部件和材料，客户标准不统一，尚未出现明显的占据优势的企业。

四　未来技术升级趋势及建议

对于电动汽车的热泵系统来说，发电机作为稳定热源用于制热已经不再适用，电动汽车的空调系统制热功能主要由 PTC 加热器完成；热泵系统通过电动压缩机将外部环境温度中的热量吸取并输送到车厢内进行制热，相比 PTC 加热器制热效率更高。其中针对 PTC 加热器及热泵系统的分析如下。

PTC 加热器：以大众 Golf GTE 和特斯拉 Model S 为代表的车型主要采用 PTC 加热器用于汽车空调系统，但是传统 PTC 加热器耗电量较大，特别是冬季。打开使用 PTC 加热器的空调行驶时，汽车的行驶里程会缩减一半。

热泵系统：主要通过电动压缩机将外部环境中的热量吸取并输送到车厢内进行制热，相比于 PTC 加热器来说，热泵系统更有助于行驶里程的提升，代表车型包括大众 e-Golf（可加装）、宝马 i3、雷诺 Zoe、日产 Leaf 等。

新能源汽车对于行驶里程的需求较高，相比于 PTC 加热器，热泵系统制热效率较高，是新能源汽车空调的发展方向。

目前国内外企业强化热泵技术，持续升级，国外供应商主要有博世、电装、汉拿等，雷诺 Zoe 上安装的电装热泵系统 1kW 的电力可产生 3kW 的制冷效果和 2kW 的制热效果。国内供应商主要有松芝股份、奥特佳、三花智控等，其中松芝股份的热泵空调目前已处于产品研发的第三阶段，即低温热泵，可在低温 - 25 摄氏度下运行，已于 2018 年 9 月实现量产。

由于温度对电池系统的影响比较大，电池热管理技术成重中之重。

由于电池阻抗的存在，在电池充放电过程中，电流通过电池导致电池内部产生热量；电池内部的电化学反应也会造成一定热量的产生。

温度对电池寿命的影响见图 1，温度越高，电池（80% 剩余容量）寿命衰退越严重。

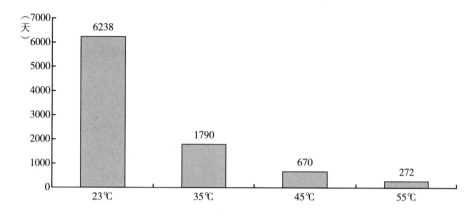

图1 电池寿命与温度的关联分析

温度对循环寿命的影响见图2,温度越高,90%剩余容量时的能量输出越低。

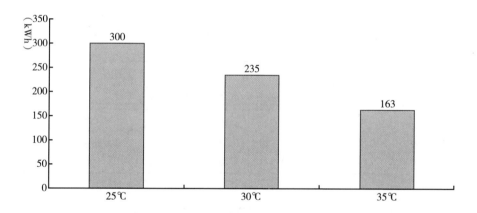

图2 温度与能量输出的关联分析

科技部"十三五"规划提出开展基于整车一体化的电池系统的机—电—热设计,开发先进可靠的电池管理系统和紧凑、高效的热管理系统;到2020年,应使单体电池之间的最大温差≤2℃,电池系统的比能量≥210Wh/kg。

为更加高效地预防热失控,应着力提升电池散热技术,电池温度急剧升

高时，电解液自身、电解液与正负极会发生强烈化学反应，释放气体，形成内部高压而爆炸。这其中充分散热非常关键。

可通过冷却方式降低电池温度，避免积热过多引发电池热失控，冷却方式见表2。

在新形势下，自主企业需强化技术创新，市场分析见表3，由于自主品牌起步较晚，技术储备相对有限，其在系统集成产品上与外资企业仍有很大差别；自主企业各有专攻，在零部件技术上奋力直追，差别较小。自主企业在高速发展之后，仍然面临如下问题：传统热管理技术相对落后，与国外先进技术差别较大；需要政策和市场双向驱动；纯电动时代，给自主企业提供一个奋起的机会，强化热泵系统和电池热管理系统。

表2　降低电池温度的冷却方式

分类	主动冷却系统	被动冷却系统
优点	散热能力较高，成本适中	结构简单，成本低廉，密封性好
缺点	密封等级低，温场分布不均衡，低温启动效率较低	电池形状需特殊设计，高温散热能力低，低温启动效率低

表3　自主企业及外资企业市场分析

企业	布局	产品	客户	技术
外资企业	全线布局	系统化供应	占据中高端市场	系统集成外资领先
自主企业	各有专攻	零部件产品	配套低端品牌	零部件技术差距较小

针对目前频发的问题，对新能源汽车热管理的发展提出以下建议。

第一，防止热失控，强化新能源车热管理技术。

热失控原因："不当的"快充、外部挤压、碰撞、高能量密度（过充引发枝晶生长刺破隔膜、过热引发隔膜崩溃）导致负极析活性锂、内短路、正极释活性氧。

控制热失控的方法：电池热管理技术包括加热和散热，保证电池工作在合适的温度范围内和保持电池箱内合理的温度分布。

进行热管理系统设计时需要考虑到电芯单体和电池模组这两个层次的结构，热管理系统设计要结合具体电芯使用情况，以做好对应的热管理系统研制与开发。热管理材料应用考虑材料与部件的结合使用设计。关注电气系统在继电保护、过流防护及高压互锁方面的保护功能。采用 BMS 监控和预判实时监控电芯温度等各种状态，然后配合热管理系统采取对应控制方式。

第二，在政策、市场驱动下，企业应聚焦路线选择、人才、部件及核心技术储备。

需从政策和市场两方面进行考量，热管理系统不仅影响电池寿命和电动车的续航能力，也在很大程度上影响到安全，重要性越来越高。在新能源汽车领域，需对热泵和电池进行研究。在人才领域需培养电池热管理、电芯产热导热的专业工程师，在关键部件领域，需加快部件的研发和升级，发展安全、高效、轻量化和集成化的技术。

五 总结

随着新能源汽车的高速发展，新能源汽车热管理引发的安全问题频发，受到监管部门和行业的极大关注，未来针对热管理技术的政策、法规和标准要求将更加严格，相关企业主体责任逐渐凸显，需引起高度重视，应特别加强技术升级。政府及市场应着力解决：电芯企业应尽量提供准确的热物性参数，在目前多种冷却方式并存的前提下，着力开发最优的技术路线；政府应规范相关配件的后市场，建立市场监管体系。随着技术的不断进步及政府的支持，新能源汽车热管理技术将有一个极大的提升，为新能源汽车的安全驾驶保驾护航。

参考文献

夏顺礼、秦李伟、赵久志等：《某纯电动车型电池热管理系统设计分析与验证》，《汽车工程学报》2011 年第 2 期。

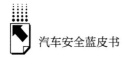

方财义、汪韩送、罗高乔等：《纯电动汽车热管理系统的研究》，《电子设计工程》2014 年第 4 期。

李仲兴、李颖、周孔亢等：《纯电动汽车不同行驶工况下电池组的温升研究》，《机械工程学报》2014 年第 16 期。

南金瑞、孙逢春、王建群：《纯电动汽车电池管理系统的设计及应用》，《清华大学学报》（自然科学版）2007 年增刊 2 期。

柳文斌、袁侠义、赵力等：《某纯电动车型热管理系统开发》，《汽车技术》2016 第 6 期。

优秀安全产品研究篇

Research on Excellent Safety Products

B.13
"探岳"车型整车安全性能开发

谢力哲　陈垣晓　林松　孙雅梅　侍少娟　鹿龙龙　李宗　胡瑞楠　尤洋*

摘　要： "探岳"作为一款高端中型SUV，是一汽—大众汽车有限公司继"探歌"后的第二款SUV产品。自2018年10月上市后，在2019年首年就取得了167749辆的骄人销量，充

---

* 谢力哲，一汽—大众汽车有限公司技术开发部车身开发部车辆安全科产品工程师，主要从事整车安全正碰和乘员保护开发工作；陈垣晓，工程师，一汽—大众汽车有限公司技术开发部车身开发部车辆安全科科长，主要从事汽车主被动安全性研究；林松，工程师，一汽—大众汽车有限公司技术开发部车身开发部车辆安全科专家，主要从事汽车主被动安全性研究；孙雅梅，一汽—大众汽车有限公司技术开发部车身开发部车辆安全科产品工程师，主要从事整车安全侧面结构及乘员保护开发工作；侍绍娟，一汽—大众汽车有限公司技术开发部车身开发部车辆安全科产品工程师，主要从事行人保护安全开发工作；鹿龙龙，一汽—大众汽车有限公司技术开发部车身开发部车辆安全科产品工程师，主要从事模拟计算工作；李宗，一汽—大众汽车有限公司技术开发部车身开发部车辆安全科产品工程师，主要从事座椅骨架及鞭打试验相关工作；胡瑞楠，一汽—大众汽车有限公司技术开发部车身开发部车辆安全科产品工程师，主要从事主动安全开发工作；尤洋，一汽—大众汽车有限公司技术开发部车身开发部车辆安全科产品工程师，主要从事底盘电控系统开发工作。

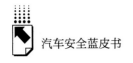
分证明该产品强有力的竞争力和消费者的认可度。从安全性方面来说，该车型于 2019 年第四季度被中国汽车技术研究中心有限公司抽中进行 C-NCAP（2018 年版）测试试验，以综合得分率94.6%，获得"5 星 +"的评价。"探岳"不仅在外观和品质方面获得消费者的认可，在车辆安全方面，也用自身实力证明其优异的主、被动安全性能。本文将针对"探岳"车型安全开发中重点工作进行介绍，阐释其安全开发的理念和开发内容。

关键词： 汽车安全性　C-NCAP　乘员保护　行人保护　主动安全

在 C-NCAP 公布的 2019 年第四季度测试结果名单中，"探岳"车型在乘员保护方面得分97.01%、行人保护方面得分81.37%、主动安全方面得分96.43%，综合得分率达到94.6%，获得 C-NCAP "5 星 +"安全评价，位列目前所有 C-NCAP（2018 年版）测试车型的第二名，见图1。本文将从安全开发涉及的主要方面，详细介绍"探岳"车型整车安全性开发的主要内容。

厂　　商	一汽·大众汽车有限公司		
品　　牌	探岳 330TSI 两驱豪华型		
综合得分率	94.6%		
星　　级	★ ★ ★ ★ ★ ☆		
	部分得分率	权重	部分得分率*权重
乘员保护	97.01%	70%	67.91%
行人保护	81.37%	15%	12.21%
主动安全	96.43%	15%	14.47%
电安全	-		

图1　"探岳"车型在 C-NCAP（2018 年版）中的测试结果

一 正面碰撞安全性能开发

正面碰撞作为实际道路碰撞事故中占比最高的形式，其占比达到49%，在 C-NCAP 2018 年版评价体系中也占据 40% 的比例。因此，在车辆安全性开发中，正碰试验工况的安全性开发也是最重要的一个环节，需得到足够重视。根据碰撞形式的特点和开发内容的侧重点，通常将正面碰撞安全性开发分为正面碰撞车身结构开发和乘员保护开发两大方面。车身结构开发主要在于通过优化车身结构，避免结构失效和过大的侵入量及减速度。乘员保护开发则主要侧重于基于车身结构已有车辆减速特性，匹配优化约束系统方案和特性，降低乘员伤害。

（一）正面碰撞车身结构开发

车身结构开发是乘员保护开发的基础，其开发的好坏将直接决定乘员保护的开发效果和开发难度。通过车身前端结构有效吸能并且保障乘员的生存空间不受较大影响，将有效改善乘员在碰撞事故中的伤害情况。为实现一汽一大众内部的要求、中国当地法规及 C-NCAP 的开发目标，首先需要根据开发目标的内容针对车身部分进行分析和开发。

在车辆发生正面高速碰撞工况中，车辆前端结构首先产生压溃变形，并进一步将变形传导至车辆中后部。车身结构安全开发要求在碰撞发生时，通过车身结构变形及载荷的有效传递，将碰撞中的能量吸收或分散，从而使车辆获得一个平缓的减速过程。同时，在车身关键位置通过采用强化的材料及连接关系，降低乘员舱变形量，保障乘员生存空间。另外，还要考虑到，相同级别下的 SUV 车型的质量通常比轿车更大，因此对结构强度的需求也更高。图 2 中展示了"探岳"车型在正碰时受力传导的示意。

"探岳"车型在抗撞性结构设计上，秉承"有效吸能溃缩区 + 乘员安全空间"的车身结构安全设计理念，在车身钢材的选用和布置上进行了充分的安全性考量。"探岳"车型钢材强度等级在车身结构上的分布情况和比例

图2 "探岳"车型受力传导示意

见图3，其中，87%的车身结构部分为强度等级超过220Mpa的各类超高强度钢。在A柱、B柱、顶棚侧边梁、前围板、中通道及门槛等多达20余处关键位置，"探岳"通过采用材料强度超过1000Mpa的超高强度热成型钢材，在保证整车质量轻量化要求的同时，改善了整车在试验工况下乘员生存空间的完整性。

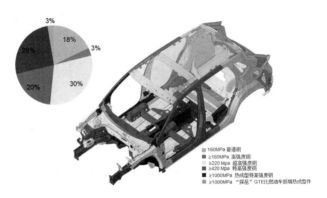

图3 "探岳"车型各类车身用钢分布及比例示意

此外，"探岳"在针对副车架的结构设计中采用可溃缩的连接结构，通过变形增加结构吸能量。并通过在发动机悬置中设置可断裂的弱化结构，使发动机在高速碰撞中下沉，避免发动机侵入前围板而导致的乘员下肢伤害的风险。在前围板的设计中，通过关注前围板重点位置的侵入情况，有针对性地对结构进行优化，并通过局部关键结构的强化及采用高强度热成型材料避免前围板过大的侵入量，保障乘员下肢安全。

正面保险杠骨架结构虽然在高速正碰中的吸能比例有限，但该结构的设计会对纵梁的变形特性及后续的变形过程产生影响，因此前端保险杠骨架的设计需要合理设计吸能盒结构和诱导槽，保证吸能和载荷传递过程的稳定性。此外，在"探岳"前端结构开发过程中，还需要综合考虑车体响应情况和碰撞传感器的位置及数量的设计，用来保障中、高速工况下ECU（气囊控制器）约束系统点火时间的稳定性和准确性，并且在不同中、高速工况下的点火时间对乘员保护的情况也作为重要的安全开发评价内容。

针对车体结构开发方案的一个重要评价指标是乘员载荷标准（Occupant Load Criteria，OLC）。其作为评价车体波形强度重要指标，是基于车辆碰撞时的减速度波形而得到的。它的大小可以表征一次碰撞强度的轻微或者恶劣，也可以表征一款车在结构设计方面对于乘员的负载大小，其定义见图4。

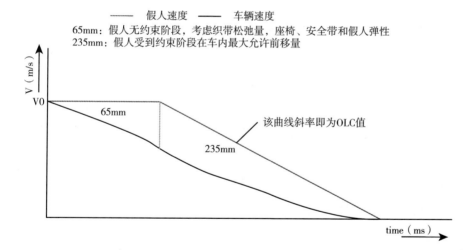

图4　乘员载荷标准概念示意

对于"探岳"车型而言，不同配置车型的动力总成和车辆重量差异性较大，可能对OLC值带来影响。大量的前期开发试验表明，在高速碰撞试验中其OLC值对于一款空间充足的中型SUV来说满足对乘员保护的开发要求，为后续正面碰撞乘员保护开发留有足够的开发余量。

（二）正面碰撞乘员保护开发

正面碰撞乘员保护开发结果将直接影响安全开发目标及 C-NCAP 得分结果。其开发内容也将紧紧围绕改善假人伤害情况展开。"探岳"车型在上述良好的车身结构开发基础上，为保证项目开发目标的落地，在项目开发阶段进行大量相关研发及模拟工作。下面将从乘员保护开发目标、开发方案角度具体展开。

为保证"探岳"车型达到整车安全开发目标，需要对乘员保护相关的开发前提进行分析和解读。考虑到"探岳"基础车型主要考虑欧洲要求，因此需要分析欧洲和中国在消费者偏好、当地法律法规、NCAP 要求以及测试方法等方面的差异。以消费者评价测试方法为例，考虑中国车辆后排的实际使用情况，针对 64km/h 正面 40% 偏置试验工况，C-NCAP（2018 年版）相对于 Euro NCAP 增加了后排对 5th 女性假人的伤害评价，该试验工况中由于车身偏转引起的颈部伤害和下潜风险在项目乘员保护开发内容中具有一定的难度和挑战。"探岳"车型针对相关工况进行多轮次模拟计算和碰撞试验验证，保证相关风险得到充分的控制。

根据开发目标，"探岳"车型也进行每个子目标开发要求的解读，包含了碰撞工况、乘员类型、伤害指标限值和内饰件安全等，如图 5 所示。可以看到，在 C-NCAP、国标和一汽—大众内部标准的要求下，"探岳"车型的安全开发对不同类型乘员、碰撞工况和速度区间等均有考虑。该解读也将用于指导后续制定安全试验矩阵、零部件开发要求、安全装备定义以及开展整车及滑车试验等。

为实现开发目标，在"探岳"前期概念开发阶段，需要针对乘员保护直接相关的零部件进行总布置方面的安全检查和安全装备定义，从而降低后期更改设计带来的成本和项目进度压力。而在项目中后期，通过对安全装备及关键零部件性能的优化，能够有效地改善乘员的保护效果。

"探岳"车型通过采用诸多先进、可靠的安全带及其功能配置，保证其优异的乘员保护效果：其前、后排位置均采用卷收器预紧 + 限力式安全带，

碰撞工况	乘员类型	假人伤害	其他要求
C-NCAP 2018		**乘员保护安全要求**	
50km/h正面刚性墙障碰撞	前排 2*H III 50th 后排 1*H III 5th, Q3	H III 50th: 头、颈、胸、大腿和小腿 / H III 5th: 头、颈、胸 / Q3: 头 区分高、低性能限值	1.气囊展开正常 2.A柱、胸部空间、转向管柱和座椅等变形零件功能正常 3.约束系统零件功能正常 4.儿童约束系统正常
64km/h正面偏置可变形壁障碰撞	前排 1*H III 50th 后排 1*H III 5th		
国标			
50km/h正面刚性墙障碰撞	前排 2*H III 50th	H III 50th: 头、颈、胸、大腿 / H III 50th: 头、颈、胸、大腿和小腿 / H III 95th: 头 不区分高、低性能限值	1.转向管柱位移正常 2.安全带解锁力正常
56km/h正面偏置可变形壁障碰撞	前排 2*H III 50th		
GB 11552-2009车内凸出物动态	H III 5th/50th/95th		
大众集团内部标准			
50km/h正面刚性墙障碰撞	前排 2*H III 50th 后排 1*H III 5th, Q3	H III 50th: 头、颈、胸、大腿和小腿 / H III 5th: 头、颈、胸 / Q3: 头 区分高、低性能限值 满足20%安全余量	除满足C-NCAP和国标要求外,还需满足Euro NCAP和FMVSS相关要求(比如气囊稳定接触,A柱护板完整性和内饰件安全性等)
64km/h正面偏置可变形壁障碰撞	前排 1*H III 50th 后排 1*H III 5th		
56km/h正面偏置可变形壁障碰撞	前排 2*H III 50th		
27~40km/h低速碰撞	前排 2*H III 5th		

图5 "探岳"车型安全开发目标解读(部分)

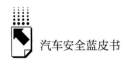
同时针对不同配置，增加了可逆式 RGS 安全带；后排乘客位置的安全带除带预紧＋限力功能外，还增加 stopper 功能，主要用于避免发生碰撞事故时后排较大尺寸乘员头部与前排座椅靠背或者 B 柱等内饰发生二次碰撞；前排主副驾驶位置除均配备正面气囊外，针对主驾驶位置配备膝部气囊以及溃缩式转向管柱，用以提高事故中针对驾驶员的保护效果；此外，头部气囊的配备能够降低正面碰撞过程中车体发生旋转而导致的乘员头部侧向二次撞击。下面以前排安全带、正面安全气囊为例，介绍针对关键零部件性能的开发要求。

1. 前排安全带

安全带作为保护乘员生命安全的最重要装备，碰撞发生时，通过将乘员约束在一个设计位置，避免因发生二次碰撞而导致的伤害。对于乘员保护的开发，重点是其预紧功能和限力功能。预紧的作用是在碰撞发生时拉紧织带以减少织带松弛量，该松弛量将减少安全带的有效作用范围，降低安全带的效能。限力器可以改善安全带的能量吸收特性，对乘员施加均匀的约束力。

安全带限力等级作为评估限力功能的指标，通常通过肩带力的大小来体现。而在理论要求和实际开发中，往往存在一定差异，安全带的理论工作曲线和实际工作曲线如图 6 所示，但实际上，由于安全带卷收器设计原因，往往实际曲线与理论曲线有差异，常见的差异有三点：①预紧起作用后，安全带力明显下降，并且在限力作用前其上升斜率较小；②限力作用前超出正常限力大小的峰值；③限力值水平高出理论值较大，偏离正常公差。其差异将直接影响到乘员约束效果及胸部压缩量值，必须尽可能避免。

2. 正面安全气囊

安全气囊也称辅助乘员保护系统（Supplemental Restraint System，SRS）。安全气囊是一种当汽车遭到冲撞而急剧减速时能很快膨胀的缓冲垫，当汽车发生碰撞时，能迅速在乘员和汽车内部结构之间打开一个充满气体的袋子，使乘员撞在气袋上，避免或减缓碰撞，从而达到保护乘员的目的。从乘员保护角度，常用的评价指标如下。

（1）充气时间：指发出点火信号至气囊完全充满所需要的时间，如果

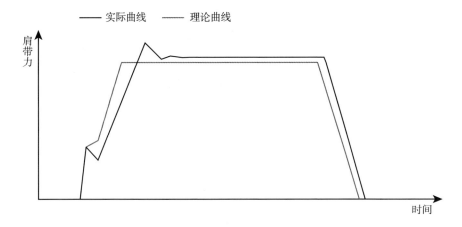

图6 前排安全带性能要求

充气过慢，可能导致乘员在接触到气囊之后，气囊仍然在充气，充气过程中对头部产生较大冲击。通常司机气囊充气时间控制在 25～35ms，副司机气囊充气时间控制在 40ms 以内。

（2）气囊体积：气囊大体积意味着可以在各种碰撞角度下为乘员提供较大的保护区域，特别是副司机侧气囊。增大气囊体积需要考虑气体发生器性能。

（3）展开方式：气囊展开过程中，不应该有拍打脸部和胸部及扫脸等危险行为，特别是小尺寸假人距离气囊较近。开发过程中，应该针对危险的展开进行折叠方式优化。

（4）展开位置：对于司机气囊来说，其完全展开后应该处于方向盘中间位置，避免靠上或者靠下的不对称位置，从而造成后期胸部或者头部击穿。对于副司机气囊，包型和展开应该考虑仪表板的造型，以保证气囊完全展开后处于稳定支撑位置。可以通过优化气囊罩盖、折叠方式等保证展开位置。

（5）气囊硬度：碰撞工况有不同的特性，比如 50km/h 刚性墙波形短而加速度大，需要气囊迅速展开对头部进行约束；而 64km/h 的偏置波形长，前期加速度小而后期加速度中等且持续时间长，如果气囊展开过早或者气囊保压性能较差，在头部还未完全约束住之前，气囊已经失去压力，容易引起

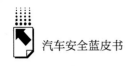

头部透击现象。气囊硬度检查可以前提通过零部件线性冲击试验完成。

发生器的性能是气囊系统性能最重要的影响因素，其充气速度、火药量及压力输出特性直接影响气囊方案，比如体积大小、是否加涂层、泄气孔数量和尺寸等。此外，泄气孔的布置位置也需要重点考虑，需避开乘员身体部位达到保证泄气通畅的目的。

二　侧面碰撞安全性能开发

根据交通事故统计，侧面碰撞约占事故总数的30%，是交通事故的主要形式之一。在我国道路交通环境中，道路路口以平面交叉为主，侧面碰撞事故更为严重。在侧面碰撞事故中，由于车身侧面缓冲吸能结构较少，对车辆侧面结构冲击很大，也对乘员约束系统的保护效果要求很高，因此其车身结构的开发和约束系统的匹配优化需要得到足够重视。根据涉及的侧面安全开发范围，从概念设计阶段开始，需要在整车总布置安全性、车身结构安全性、约束系统安全性等方面进行合理的设计、验证和优化。本文将从车身结构开发和约束系统开发两大部分分别进行介绍。

（一）车身侧面结构安全性

侧面碰撞整车安全方面的开发目标最终将主要通过乘员伤害体现，良好的车身结构方案和设计将使降低乘员伤害的目标得到有效保障。因此，为实现一汽—大众内部要求、法规及 C-NCAP 的开发目标协同开发，需要根据开发目标的内容首先针对"探岳"车身部分进行重点开发。

侧面碰撞时，由于结构件缓冲吸能部件较少，吸能空间有限，其结构安全性设计需要更多考虑车身侧面结构的强度和碰撞力传递路径。车身侧面的关键结构包括 A 柱、B 柱、C 柱、车顶纵梁、门槛梁和前、后车门等。其中，B 柱及前、后车门结构由于位于主要的撞击区域，其结构强度对侧面安全性尤为重要。作为侧面结构抵抗变形和耐撞性的关键部件，"探岳"车型在零件材料选择、结构设计、焊点工艺等方面进行反复的验证与优化，以

87%的高强度钢占比，实现侧面碰撞中乘员舱的完整性和有效的碰撞能量吸收。图7为"探岳"吸能区示意。

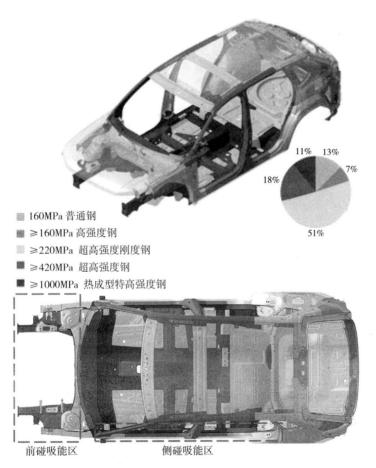

160MPa 普通钢
≥160MPa 高强度钢
≥220MPa 超高强度刚度钢
≥420MPa 超高强度钢
≥1000MPa 热成型特高强度钢

11% 13%
7%
18%
51%

前碰吸能区　　　　　侧碰吸能区

图7　"探岳"吸能区示意

（1）B柱的安全开发。B柱为侧碰中最直接承载区之一，结构设计优劣将直接影响最终侧碰结构变形结果。侧面碰撞试验中壁障不仅有 ECE R95，GB 20071 中的950kg EEVC‑2000 壁障，在 C‑NCAP 2018 版中还有质量更大的 1400kg AE‑MDB V3.9 壁障，更大的壁障质量意味着侧面结构在碰撞中将承受更大的单位面积冲击力。此外，AE‑MDB 壁障的碰撞位置更高，这对 B柱的强度提出了更苛刻的要求，对侧碰中乘员保护的挑战也更大。为满足

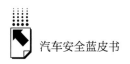

C-NCAP 2018 年版星级开发目标，"探岳"车型在 B 柱的基础结构上通过采用强度超过 1000MPa 的热成型特高强度钢，加大 B 柱结构加强件的尺寸，同时优化 B 柱结构弱化区和焊点位置，最终提高 B 柱在碰撞中承受更大冲击能量和抵抗变形的能力。

（2）前、后车门安全开发。前、后车门与壁障的接触面积最大，其侵入情况直接影响约束系统保护效果。同时，由于涉及众多机械及传感器布置，其开发的安全校核内容将直接影响后期乘员伤害情况。一方面，通过对前、后车门上防撞梁材质、焊接工艺及焊接位置的优化，保证其倾入量和侵入速度在设计范围。另一方面，通过总布置安全校核，将避免由于结构布置位置不合理导致的安全性风险，如硬度较大的玻璃升降器电机、车门控制器等部件布置应尽可能远离乘员在侧碰撞中可能接触的门护板区域。此外，前、后车门锁附近的车门结构变形情况应尽可能避免出现尖锐折弯，防止前、后车门锁在碰撞中失效导致车门被打开。同时针对车门锁结构设计，通过增加防撞夹设计，进一步降低车门在碰撞中开启的风险。

（二）侧面约束系统安全性

一个合理的侧面安全总布置方案能给整车安全性能开发提供稳固的基础，即使后期试验验证中出现偏差，也有足够的安全余量进行改进和优化。故在整车安全性概念设计时，重点考虑乘员与周围车身结构的最小安全距离，以给车身结构、约束系统安全开发留出足够开发空间。主要包括乘员肩部、肋骨及骨盆到门护板、柱护板间的距离，以及头部到顶棚及侧围结构间的距离，如图 8 所示。同时，因为"探岳"车型后排座椅前后可调，需要重点考虑后排乘员在不同的座椅位置时，相对于周边环境件的距离。

在 C-NCAP、国标和一汽—大众内部标准的要求下，"探岳"车型的安全开发对不同类型乘员、碰撞工况和速度区间等均有考虑。在项目开发前期，将所有开发标准和要求汇总，通过试验机模拟计算分析，形成总布置的整车安全校核。考虑到乘员约束系统及乘员安全主要涉及的范围，针对前期的校核主要集中在门户板区域。通过门护板上关键位置断面的几何参数校

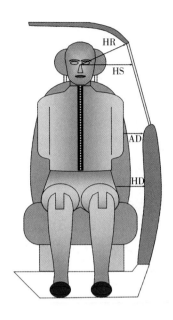

图8 整车总布置安全相关考虑范围示意

核,对门护板区域的安全性进行评估。"探岳"车型的安全校核结果充分满足设定的开发目标,能够保证充足的安全开发要求。如图9所示,为"探岳"车型的前门护板安全校核位置示意。

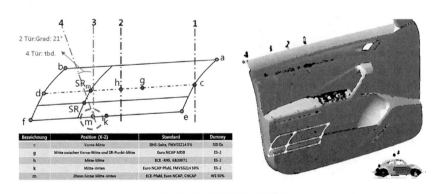

Bezeichnung	Position (X-Z)	Standard	Dummy
c	Vorne-Mitte	IIHS-Seite, FMVSS214 5%	SID IIs
g	Mitte zwischen Vorne-Mitte und SR-Punkt-Mitte	Euro NCAP MDB	ES-2
h	Mitte-Mitte	ECE -R95, GB20071	ES-2
k	Mitte-Unten	Euro NCAP Pfahl, FMVSS214 50%	ES-2
m	20mm hinter Mitte-Unten	ECE-Pfahl, Euro NCAP, CNCAP	WS 50%

图9 安全校核位置示意

"探岳"车型在侧面结构良好的开发基础上,为保证项目 C-NCAP 5 星开发目标的顺利落地,在乘员保护方面同时进行大量的优化工作,首先对乘员保护相关的开发要求进行分析和解读。考虑到"探岳"基础车型主要考虑欧洲、北美地区要求，因此需要分析欧洲、北美及中国地区在消费者偏好、当地法律法规、消费者要求以及测试方法等方面的差异。以消费者评价测试方法为例，图 10 展示了侧碰试验工况欧洲、中国、美国地区的要求示意图。考虑到中国车辆后排的实际使用情况，C-NCAP 2018 年版要求相对于Euro NCAP 增加了后排 SID IIs 5th女性假人的伤害评价。"探岳"车型针对车身后门结构侵入对后排乘员的伤害情况进行重点优化。此外，考虑到壁障高度的差异性会带来车门结构不同的承载，最终将影响门护板及座椅向内侵入量的大小上，C-NCAP 及 IIHS NCAP 相对于 Euro NCAP 壁障撞击位置更高，车门结构侵入相对而言更大、更迅速，因此对约束系统点火时间、侧气囊展开形态控制提出新的开发要求。

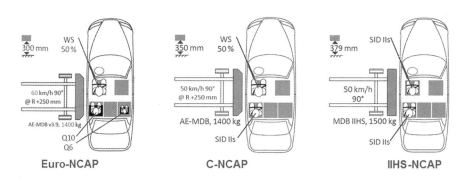

图 10　侧碰试验工况对比示意

随着国内安全法规等标准的不断升级，气囊、门护板的开发需要协调配合，通过多轮次优化和综合分析来进行整个侧面约束系统的开发和匹配，最终实现对乘员安全最优的保护效果。下面针对侧气囊、头部气囊及门护板等关键零部件的相关优化进行重点介绍。

1. 座椅侧气囊

由于侧面结构吸能空间较小、车门与乘员之间的空隙较小，侧面结构变形所产生的侵入能够直接作用于乘员身体，因此作为车体结构与乘员胸部之间的吸能部件，侧气囊对侧面碰撞的乘员保护起到重要的作用。根据 C-

NCAP 2018 年版和 GB/T 37337 法规，侧碰假人调整为敏感的 World SID 假人，该假人能够更加精准地记录侧面碰撞过程中乘员的伤害情况。这对侧气囊及相关内饰件的设计提出了更高的设计要求。因此，需要充分考虑侧气囊在各种测试工况下的点爆时间、展开形态、保压情况，及其对假人运动姿态的影响等。此外，由于"探岳"车型是一款 SUV 级车型，其车门与乘员胸部之间的空隙相对于小型轿车来说更大些，这意味着在碰撞前期，假人的运动更自由，持续的时间也更长。此时，座椅侧气囊的展开情况，对假人运动姿态的影响也变得更为重要。一款设计合理的侧气囊，能够很大程度保护好侧面碰撞中的乘员安全。

2. 头部气帘

头部气帘的主要作用在于侧面碰撞中避免乘员头部与其他内饰件或车外壁障等接触而受到过大伤害。在头部气帘的安全开发中，需要对气帘的软硬点、动态展开时间及形态、头部包络区域等关键指标加以监控，确保乘员头部在碰撞过程中很好地落在设计的软接触区域。"探岳"车型在头部气帘开发中，除了以上几点设计要求外，同时还考虑了 SUV 车型车身高度较高的特点，对气帘大小、充气区间、固定方式、气帘展开速度等关键因素进行重点关注。为保证充分的保护效果，"探岳"车型的头部气帘为前后一体式整体结构，能够在气帘点爆后，快速稳定地充气并展开。图 11 为"探岳"车型头部气帘在 C-NCAP 官方侧碰试验中的展开状态，整个气帘完全展开且充气饱满。

图 11　"探岳"车型侧碰试验头部气帘展开

3. 门护板及其他内饰件

门护板及其他内饰件在侧面碰撞中的表现，不仅对乘员安全有直接影

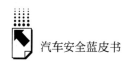

响，还会因其对侧气囊及头部气帘展开的影响，而间接影响侧气囊及头部气帘对乘员的保护效果。门护板及其他内饰件对乘员安全的直接影响体现在其自身材料的强度、扶手及固定点等硬区与乘员的相对位置等。例如，过硬的门护板会导致乘员肩部力伤害过大；扶手位于乘员胸部区域，会导致乘员胸部肋骨压缩量过大。其间接影响在于，内饰件在碰撞早期脱开或碎裂，会使气囊钻入内饰件与车身钣金件之间，导致气囊异常的展开形态或气袋划破的风险。这些不可控的表现形式，都会带来侧面约束系统的安全隐患，从而影响乘员的安全性。因此，合理的门护板及其他内饰件设计与布置，对整个侧面约束系统的乘员保护效果，起到稳定和稳固的作用。

三 鞭打试验开发

鞭打试验在 C-NCAP 2018 年版测试项目中占比不高，但为了实现更高、更完善的安全表现，"探岳"车型开发前期针对该工况制定了较高的开发目标。同时，乘员舒适性也是大众车型开发阶段重点关注的因素之一。在项目开发前期，项目状态座椅的鞭打试验摸底试验在获得座椅样件后第一时间开展，并根据鞭打损伤原理定义了主要影响因素，如图 12 所示。

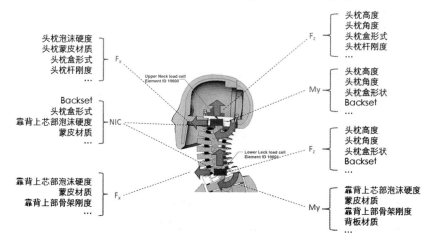

图 12 影响因素分析

根据失分项目分析得出，主要的失分项在于颈部伤害指数 NIC 与上颈部扭矩 Upper My 上，结合分解的影响因素得知，优化的重点内容为：头枕盒形状、头枕高度、头枕角度、Backset、靠背上芯部泡沫硬度及蒙皮材质。

基于以上信息，进行针对性的试验数据和录像分析，进一步确认了理论分析的结论：更高的碰撞能量下，座椅四连杆高调机构下沉量也会相较之前有所增加，原凹槽型设计的初衷是为了以上下两点接触头部，从而给假人头部一个稳定向前的支撑，而在这种高能量碰撞过程，头和头枕的接触位置位于头枕盒上沿，与原设计目标相违背，不但没能提供稳定的支撑，还额外造成了较大的偏转力矩，损失了 My 部分的得分。为解决此问题，"探岳"车型采用了两项对策：增加头枕高度以保证碰撞过程中假人头部和头枕接触位置与原设计更加接近；对头枕盒 A 面进行了休整，采用在 C-NCAP（2018年版）鞭打试验中表现稳定的 KED 32 模块型面，避免了偏心点接触的发生，降低在 My 评价项上的失分。

对于 NIC 失分，优化措施则直接定位于 Backset 和靠背上芯部的泡沫硬度优化，为了提供较好的舒适性，"探岳"的原设计 Backset 在 45mm，这样的设计在应对 Euro NCAP、IIHS 及 C-NCAP 2015 年版都可以满足要求，但是面对 20km/h 的能量时，则稍显不足，根据座椅舒适性研究经验及实车主观评价论证，得出结论在 30～35mm 的 Backset 依旧可以满足舒适性的基本要求，不会对头部运动造成较大约束阻碍，因此为了尽可能在减小模块设计变化的原则上实现 Backset 的减小，采用了优化头枕杆前倾角的措施，优化后 Backset 相较之前减小约 10mm。

经试验论证，完成上述优化措施后，鞭打试验得分提升至了 4.1 分，该结果助力"探岳"车型在 C-NCAP 2018 年版中获得"5 星 +"的好成绩。

四　行人保护安全开发

行人保护作为安全开发中的重要内容，得到越来越多消费者和汽车行业

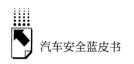

的重视，行人保护部分也正式纳入了 C-NCAP（2018 年版）碰撞测试中，对于行人的头部（包括成人和儿童）和腿部（上下腿型）保护性都提出了详细的试验方案和评分标准。根据行人保护试验的特点，针对行人保护部分的开发主要分为头部和腿部两大部分，需要统筹考量车辆前端上部区域的前发动机盖、中部防撞梁吸能泡沫变形空间和前保险杠下部的支撑刚度，避免出现刚度和结构支撑性方面的突变。

（一）行人保护头部开发

为保证"探岳"车型达到整车安全开发目标，需要对行人保护相关的开发要求进行分析和解读。通常需要考虑一汽—大众内部要求、当地法规以及消费者要求。中国地区的法规，目前主要参考的是 GB/T 24550 – 2009《汽车对行人的碰撞保护》，而针对消费者要求主要考虑的是 C-NCAP（2018 年版），考虑到行人保护头部占比较大，头部的得分率需要重点考虑。

行人保护头部 C-NCAP（2018 年版）得分率开发目标的实现主要在于发动机盖及其附近区域车身结构的开发。而针对发动机盖本身的开发，关键是结构预留变形空间及关键位置的参数性能控制及优化。在项目前期概念开发阶段，需要针对发动机盖相关的零部件进行总布置方面的安全检查。而在项目中后期，通过对关键位置性能的优化，来改善行人保护头部试验的结果。如下将从空间设计方案和关键零部件性能优化两方面进行简单阐述。

1. 空间设计方案

在行人保护头型试验中，头型撞击到车辆发动机盖后，发动机盖通常会产生一定程度侵入，在侵入过程中如果接触到发动机蓄电池等结构较为坚硬的零部件，将导致头型 HIC 值突然增大。在"探岳"开发初期，发动机前盖已考虑相关总布置安全需求，为行人保护头部及发动机盖的侵入预留了缓冲空间。在该缓冲空间中，禁止布置发动机及其他坚硬零部件。图 13 主要展示前盖区域缓冲空间深度要求。通过提前预留缓冲空间，让"探岳"的造型和总布置能够在项目开发的前期考虑到行人保护的要求，充分平衡美观和安全性方面的需求。

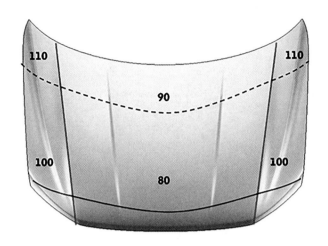

图13　前盖缓冲空间深度要求示意（单位：mm）

此外，针对"探岳"车辆前端行人保护头部开发难度较大的区域，将进行重点检查。本文重点介绍前机盖铰链位置及前大灯安装位置要求。在布置前盖铰链时，其铰链安装基座应当尽量后移，以此来降低发动机盖铰链位置附近区域的局部刚度。如果相关机盖铰链安装基座无法后移，则可以通过设置局部弱化结构，降低该位置的局部刚度。而针对前大灯，则建议通过发动机盖前端设计调整，将前大灯布置在发动机盖下方，避免大灯安装支撑需求而导致头部过大的加速度。

2. 关键零部件性能要求

在结构设计阶段，行人保护优化区域和零件允许调整范围较小，对头部保护来说，能改动的零件局限在前盖内板、流水槽盖板和前盖铰链等。对于各种结构参数的设定，可以通过控制单因素变量的方式，对所有的结构变动，以及它们的组合进行对比评价。然后通过一系列的对比计算，找到最优的设计方案。以"探岳"车型前盖内板为例，在结构设计时不仅需要满足刚度的要求，同时还要统筹考量有利于行人保护的材料特性、结构孔分布、涂胶位置和加强钣等，通过多轮次模拟计算，锁定技术方案，如图14 所示。

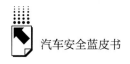

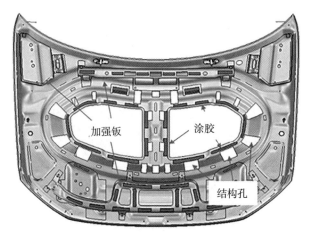

图14　前盖内板示意

（二）行人保护腿部开发

同样，为了实现行人保护开发目标，"探岳"车型也没有忽视针对腿部部位的开发，针对腿部吸能空间及关键零部件进行充分的设计及校核。

1. 空间设计方案

行人保护腿型主要撞击车辆前端前保险杠范围，通常需要通过预留可变形缓冲区，降低在碰撞事故中行人腿部由于受到猛烈冲击而发生骨折及断裂的风险。缓冲区的设置通常需要考虑前端布置和造型设计，因此通过总布置的整体评估，才能获得最终的确定方案。在"探岳"开发初期，就已为行人保护腿型的安全预留了缓冲空间（见图15）。腿部的预留空间通常是在前保险杠骨架前表面设置坚硬结构"禁区"实现。在该"禁区"中不允许出现坚硬结构，如金属支架、螺栓等。

2. 关键零部件性能要求

腿部保护的开发，为实现较大支撑平面和降低可能带来腿部弯矩的结构，要统筹考量车辆前端上部区域（前盖、大灯）、中部泡沫变形空间（前保险杠泡沫，前雾灯）和下部（行人保护小腿衡量）的支撑刚度。针对不同车型和车辆高度，其支撑刚度的考量都不相同，如图16所示。

图 15　行人保护腿型的安全缓冲空间示意

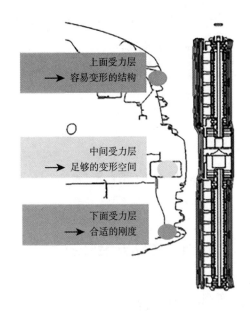

图 16　前端腿部碰撞区域

　　以下扰流板为例，由于 SUV 车型的特点，"探岳"车型的腿部保护相较于普通轿车来说，行人保护的开发策略并不相同。"探岳"前端更高的垂直平面减少了上腿模块的翻转，中部足够的泡沫缓冲空间将提供足够的过渡区变形空间。但由于"探岳"有相对于普通轿车更高的底盘，这导致其小腿弯矩比普通三厢轿车要高。因为在行人小腿撞击车身下部横梁的过程中，小腿的最下部结构会有更大趋势钻向车底，从而使小腿产生很大冲击。"探岳"采取的措施是通过弱化下部扰流板区域的支撑，通过多轮次结构优化和试验验证，最终使小腿弯矩满足开发要求，如图 17 所示。

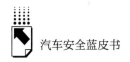
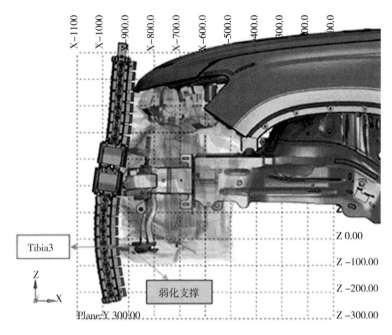

图 17　扰流板弱化区域示意

五　主动安全开发

为保证"探岳"车型达到整车安全开发目标，需要对主动安全相关的开发要求进行分析和解读。通常需要考虑一汽—大众内部要求、当地法规以及消费者要求。中国地区的法规主要考虑的是 C-NCAP（2018 年版）。

（一）AEB 功能开发

"探岳"车型在项目开发的初期制定的目标即为满足 C-NCAP（2018版）"5 星"安全的需求并保留充足的安全余量。C-NCAP（2018 年版）主动安全部分评价包括两个试验项：AEB_ CCR（车辆追尾自动紧急制动系统试验），AEB_ VRU（行人自动紧急制动系统试验）及 1 个审核项：ESC。其中 AEB_ CCR 部分的满分为 8 分，AEB_ VRU 部分的满分为 3 分，ESC

审核项的满分为 4 分。

为满足主动安全部分单项五星的需求，主动安全部分的得分率必须至少达到 55%（2020 年）即车辆必须具备 ESC 及 AEB 功能。同时 AEB 部分的最终得分受 AEB 系统的配置率的影响，不同的配置率对应不同的 AEB 系统配置系数。AEB 部分的最终得分等于试验得分乘以 AEB 系统配置系数。为保证主动安全部分的得分，探岳全系标配 ESC，从豪华型开始标配 AEB 功能，AEB 配置率 >25%，配置系数为 1。在正式 C-NCAP 试验中，"探岳"的主动安全部分的得分率为 96.43%，主动安全单项得分为 "5 星 +"，完全达到了最初的设计目标，具体得分见表 1。

表 1 "探岳"在 C-NCAP（2018 年版）中主动安全得分率

分类	AEB CCR	AEB VRU_Ped	AEB 配置系数	ESC	总分
满分	8	3	1.2	4	15
试验得分	7.759	2.705	1.0	4.000	14.464

针对主动安全 AEB 部分，目前国内主流的 AEB 功能实现的方案为毫米波雷达、单目/双目摄像头，或摄像头和雷达融合方案。毫米波雷达方案的优势为可直接测量纵向距离、速度，测量精度高，技术成熟，毫米波的穿透能力强，受天气影响小，不受光照条件限制。缺点为成本相对较高，对横穿的目标识别效果欠佳。摄像头方案的优势是可以对目标进行分类，成本低，并可以提供车道线及物体尺寸等信息，缺点是受环境影响较大，单目摄像头无法提供准确的距离信息，双目摄像头对摄像头相对位置精确度要求高，对系统的运算能力的要求较高。

"探岳"车型采用的是 Continental 公司提供的毫米波雷达方案，不仅可识别前方同向行驶或静止的车辆目标，同时还能识别横穿马路的行人目标。同时，为满足 C-NCAP（2018 年版）中 AEB 测试的开发目标，在车辆的开发阶段专门针对 C-NCAP（2018 年版）的各种具体测试场景和工况进行了大量的内部开发试验。

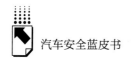

（二）ESC 功能开发

针对主动安全 ESC 部分，"探岳"车型 ESC 功能目标包括几十项子功能，从驻车到起步，再到行驶、制动，乃至极限驾驶状况，充分考虑到日常驾驶的每一种情况。主要包括以下子功能项评价。

（1）驻车：Autohold/EPB 功能。

（2）起步：牵引力控制、电子差速锁、坡道起步辅助控制、动态起步辅助控制。

（3）制动：制动防抱死、电子制动力分配、弯道制动控制、液压制动辅助、制动热衰退补偿。

（4）行驶：制动盘水膜清除、发动机托滞力矩控制。

（5）极限驾驶状况：车身电子稳定功能、电子防侧翻功能。

在"探岳"车型的开发阶段，上述 ESC 的具体功能需要经过两个冬季、两个夏季十几版软件的匹配试验，试验路面包括极寒冰雪低附着系数路面、冰雪及沥青对开路面、沥青高附着系数路面，以及各种坏路面等。在这些环境下进行各类试验，包括最大坡度 30% 的驻坡及起步测试、高速极限变道测试、全力制动测试等。完善的开发流程和匹配验证试验能充分保证在各种环境和路面条件下及各种驾驶工况下"探岳"车型优异的安全性能。

六　总结与展望

"探岳"车型于 2019 年第四季度被中汽中心抽中进行 C-NCAP（2018年版）碰撞测试，乘员保护、行人保护和主动安全综合得分率达到 94.6%，并获得 C-NCAP "5 星＋"安全评价，位列 C-NCAP（2018 年版）所有测试车型第二名。作为一汽一大众 MQB A2 平台的一员，它的欧版对应车型为 Tiguan，其于 2016 年进行了 Euro NCAP 测试，也获得"5 星"的安全评价结果。一方面，在车身结构及乘员保护方面，"探岳"均保持了与欧版 Tiguan 相同优秀的安全性能，良好的基因为"探岳"带来出色的安全性基础；另一方面，"探岳"在开发过程中，一汽—大众始终坚持安全性能为汽车开发的重中之重，不惜成本、不遗余力地设计研发和投入精力以保证其优秀的整车安全性能。最终，"探岳"在 C-NCAP（2018 年版）碰撞测试中取得"5 星＋"的优异结果，通过实际成绩证明其优秀的安全性。

参考文献

C-NCAP 管理中心：《C-NCAP 管理规则（2018 年版）》，中国汽车技术研究中心有限公司，2017。

张君媛、刘茜、张乐：《基于多工况的乘用车前防撞梁总成轻量化设计》，《汽车安全与节能学报》2017 年第 3 期。

唐友名、刘娜、宋名洋：《正面冲击作用下 SUV 副驾驶乘员损伤研究》，《汽车安全与节能学报》2016 年第 4 期．

Virupaksha VL，Brown S. ，Optimization of front bumper beam for RCAR performance using design of six sigma and finite element analysis，SAE Tech Paper，2015 – 01 – 1493.

张涛、喻赛、王玉超、顾彤彤：《针对行人小腿保护的 SUV 前保结构设计与优化》，《汽车工程学报》2013 年第 2 期。

张冠军、秦勤、陈峥、曹立波：《SUV 前端造型对行人下肢损伤影响的定量研究》，《汽车工程》2017 年第 4 期。

Brumbelow M. L. ，Teoh E. R. ，"Roof Strength and Injury Risk in Rollover Crashes of Passenger Cars"，*Journal of Crash Prevention & Injury Control*，10（3）2009：252 – 265.

张滕滕：《基于碰撞力传递的 SUV 耐撞性研究》，湖南大学硕士学位论文，2011。

王志涛、乔鑫：《基于 AE-MDB 与 MDB 的侧面碰撞对比研究分析》，《2014 中国汽车工程学会年会论文集》，2014。

马伟杰、殷凤轩等：《基于 AEMDB 的侧面碰撞试验参数研究》，《中国公路学报》2017 年第 7 期。

行人保护篇

Pedestrian Protection

B.14

国内行人保护试验综述

王树杭　谢忠繁　郝赓*

摘　要： 近年来，我国的机动汽车保有量快速增长，同时，由于驾驶员的驾驶技术和安全意识参差不齐，道路交通事故数量也呈现上升趋势，因此行人保护研究成为汽车行业的重点课题，行人保护性能成为汽车被动安全领域的重要部分。经过多年的发展，我国行人保护标准与试验能力有了很大的提高，但与国外相比，对于很多安全领域的研究仍明显不足，包括能有效降低头部伤害的主动式发动机罩研究、主动式发动机罩误触发误作用研究、二轮车骑行者撞击研究、aPLI新腿型撞

* 王树杭，任职于中国汽车技术研究中心有限公司检测认证事业部，主要从事汽车行人保护安全研究工作；谢忠繁，任职于中国汽车技术研究中心有限公司检测认证事业部，主要从事汽车行人保护安全研究工作；郝赓，任职于中国汽车技术研究中心有限公司检测认证事业部，主要从事汽车零部件检测工作。

击研究。本文简述了各国行人保护法规的发展，结合我国在行人保护方面的现状，并重点介绍我国行人保护试验的具体实施与操作方法，给我国行人保护研究从业者提供参考。

关键词： 道路交通事故　行人保护试验　行人保护标准

一　概述

车辆对道路行人安全保护的相较于对车内成员安全的保护处于落后水平，车辆在日常道路行驶过程中行人是不可忽视的群体，并且也是道路安全的不稳定因素。我国的机动汽车保有量每年呈高速的上升趋势，汽车已成为家庭生活的必要工具，同时也暴露了很多问题。我国在私家汽车普及的同时，驾驶员的驾驶技术和安全意识参差不齐，此外我国的碰撞案例中暴露的不止限于道路行人的安全问题，乘用车与二轮车的碰撞也占到很高的比例，根据中国交通事故深入调查数据库（CIDAS）统计，2011～2016年乘用车与二轮车碰撞事故中，A级轿车与二轮车碰撞事故占到乘用车与二轮车碰撞总数的53.6%，B级轿车与二轮车碰撞占比12.6%，[①] 是日常道路交通的一大安全隐患。因此为了减少在交通事故中对行人的伤害，行人保护研究成为世界各大汽车厂商和汽车安全研究机构的重点研究方向，通过行人保护试验中碰撞过程分析行人在碰撞时的姿态和受伤体征，开发出针对行人保护的安全系统并改进车辆的前部结构，采用吸能性能更好的车身材料，在碰撞区域布置可压溃的附件，减小行人在交通道路事故中的伤害。

欧盟于2003年颁布首部行人保护法规102/2003/EC，并分两个阶段实施。第一阶段从2005年10月1日开始，第二阶段从2010年9月1日开始。

---

① Qiang Chen, Bing Dai, "Characteristics and Casualty Analysis of Two-Wheeler Accidents in China", *SAE International*, 2018.

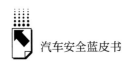

经过多年的实践，欧盟对该行人保护法规修改并调整，2009年1月欧盟颁布了新法规78/2009/EC，其用于替代原法规，并且重新制定了标准实施时间表，第一阶段由颁布当天起开始实施，第二阶段于2013年2月开始实施。① GTR9全球技术性法规由北美、日本、韩国等在2008年完成。2009年我国发布行人保护标准GB/T 24550-2009《汽车对行人的碰撞保护》。2015年欧盟发布ECE R127《关于机动车辆行人安全保护认证方面的统一规定》。

NCAP（New Car Assessment Program，新车评价规程）由美国最早发起并且已经在多数发达国家实行很多年，通常是由政府或权威性检测机构对市场上正在销售车型进行碰撞安全性能测试、评分并划分星级，对社会公开评价结果，其评判方法比国家法规更严格。

美国自从1979年就开始实施应用NCAP评价体系，是世界上最早开始使用评价体系的国家。最开始仅包含正面碰撞，其后于1994年开始使用星级评价，1997年加入侧面碰撞。1993年澳大利亚开始实施NCAP评价体系。1995年日本新车评价程序开始实施，2004年加入行人保护测评项目。1996年欧洲开始实施推行NCAP评价体系，于2016年将行人保护加入NCAP评价体系，虽然比美国和澳大利亚略晚，但是其拥有着汽车行业内最大的影响力。1999年韩国开始实施NCAP新车评价程序，进而推动了韩国汽车工业的飞速发展。韩国NCAP评价体系将测评内容扩充至五个方面：正面碰撞安全性能、侧面安全性能、制动性能、翻车性能、头枕的安全性。②

二　国内行人保护评价体系建立

2009年8月我国完成首次行人保护试验，试验以POLAR Ⅲ假人为冲击对象，车辆以40km/h的速度冲击假人。试验采用了整个模拟假人作为试验冲击器，开拓了中国行人保护试验的新篇章。

① 刘建勋、闫宏涛：《行人碰撞保护技术现状分析》，《交通标准化》2011年Z1期。
② 李景升：《世界NCAP的发展》，《世界汽车》2005年第10期。

2009 年 10 月我国国家标准化管理委员会以全球法规 GTR9 评价体系为基础,推出中国首部行人保护法规 GB/T 24550《汽车对行人的碰撞保护》。该标准为国家推荐标准,于 2010 年 7 月 1 日起正式采用,由汽车企业自行参考实行。我国的行人保护评价体系相比于其他发达国家和地区出台较晚,这也间接导致我国汽车行业行人保护技术发展相对滞后。GB/T 24550《汽车对行人的碰撞保护》的试验项目与国际上常见的行人保护试验方法基本一致,采用了模拟假人的肢体部件碰撞车辆的方式,检验车辆对车外行人的碰撞保护。试验项目分为头型冲击试验、腿型冲击试验。腿型冲击按车辆高度分为上腿型冲击和下腿型冲击,并选用 TRL-LFI 刚性腿作为腿型测试的冲击器。头型试验按试验区域分为儿童头型冲击试验区和成人头型冲击试验区,并采取不同的冲击角度和不同质量的头型冲击器冲击相应的区域。

儿童头型试验使用 3.5kg 冲击器,以 35km/h 速度 50°角度冲击目标车辆前部。成人头型试验使用 4.5kg 头型冲击器,以 35km/h 速度 65°角度冲击目标车辆前部。头型试验以 HIC (Head Injury Criterion) 值作为评价结果。腿型试验按照车辆保险杠下部基准线高度划分为三种情况,当车辆保险杠下部基准线高度大于 500mm 时使用上腿型作为试验冲击器;保险杠下部基准线高度介于 425mm 和 500mm 区间可以由厂家来决定试验采用的腿型;保险杠下部基准线高度小于 425mm 时使用下腿型作为试验冲击器。上腿型试验评价指标限值分别为冲击力总和、弯矩,下腿型试验评价指标限值为弯曲角、剪切位移、加速度三个指标。

2018 年 7 月 1 日,行人保护加入 C-NCAP 中国新车评价体系。乘员保护、行人保护、主动安全构成了评价的三大板块,行人保护占到评价分数的 15%,其中头型试验评分占 12%,腿型试验占 3%。当前行人保护试验主要基于中国汽车技术研究中心有限公司推出的 C-NCAP (2018 年版) 行人保护试验规程,该评价体系的建立对推动国内汽车行人保护的发展起到非常大的作用,引导汽车企业提升行人安全性能技术。在这样的趋势下,我国车企对车辆行人保护性能开发投入加大,研究多种先进技术,最大限度保障行人的安全。

C-NCAP 采用星级评价标准,其头型试验速度比 GB/T 24550《汽车对行人的碰撞保护》更高,头型冲击试验和腿型冲击试验均采用 40km/h 作为

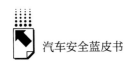
试验速度。并且随着汽车被动安全向主动安全发展，试验项目中增加了主动式弹起发动机罩试验。NCAP 的试验比 GB/T 24550《汽车对行人的碰撞保护》的试验有着更加严格的要求，头部试验 GB/T 24550 采用 35km/h，而 NCAP 评价规程采用 40km/h。腿型试验采用柔性腿作为冲击器，柔性腿相比于刚性腿在碰撞冲击时的动态响应和仿生性能更优异，在模拟车外人员腿部碰撞时能展现出更多的生物力学性能。刚性腿采集膝部加速度、弯矩、剪切位移，而柔性腿采集膝部韧带伸长量 ACL、PCL、MCL 和小腿胫骨弯矩 Tibia1、Tibia2、Tibia3、Tibia4 作为评分指标。

三 行人保护试验流程

车辆在行人保护试验前需要进行姿态调整，通过车辆配重增减、轮胎充放气以及轮眉高度升降将车辆调整至设计状态，使该车辆达到处于 40km/h 行驶状态下车辆的姿态。调整到试验标准状态后对车辆进行试验区画线并选取试验碰撞区域。分别对车辆进行前缘基准线、两侧基准线、后面基准线、包络线标记，确定头型试验区。

其中轮眉高度对于试验区域和试验结果影响最为重要，胎压、轴上质量和燃油容积调整到设计值都是为了确保轮眉高度的准确性。轮眉高度是否精准影响着后续画线试验区域选点的精准度，车辆轮眉影响车辆的车身高度，选点区域划分的包络线都是以地面为基准的包络线，轮眉高度若高于设计参数则画出的包络线会比设计参数下轮眉高度画出的包络线更靠近车辆前部，使整体区域向车辆前部移动，反之则使整体区域向车辆后部移动，造成样车试验点坐标与仿真数模位置数据偏差，无法与仿真模拟的数值对标。

画线过程中轮眉高度虽然是影响试验精准度的一个关键因素，但是车辆部件装配也会影响试验区域及选点的精准度。车辆仿真模型是基于车辆理想化造型进行分析，车辆在生产过程中及部件的装配中产生的误差同样会造成实车试验区选取的偏差。因此，各 NCAP 评价规程考虑到这一不稳定因素，规定实车试验区域网格点与数值模型偏差应小于 10mm。

（一）头型试验区选取

发动机盖前缘基准线采用长 1000mm 金属直杆，调节至与水平形成 40°夹角，直杆最下端距离地面 600mm，沿车辆 X 方向轻轻接触车头，接触点连线组成发动机盖前缘基准线。每个接触点间距离不大于 100mm，但对于形状不规则区域则需无限减小接触点间距，这条操作规则适用于所有边缘基准线以及所有包络线。

发动机盖侧面基准线操作方式与前缘基准线基本相同，改用长 700mm 金属直杆，与水平夹角 45°，与车辆两侧接触形成的点，将点连接形成平滑曲线。

发动机盖后面基准线使用直径 165mm 的球与风挡玻璃相接触，从风挡玻璃一侧滚动至另一侧，除与风挡玻璃接触点外，其他所有接触点连接形成发动机盖后面基准线。后面基准线与侧面基准线未相交部分采用半径为 100mm 半圆板延长至两者相交，半圆板上标记"A""B""C""D"四个点，其中"A""B"点必须落在侧面基准线，沿侧面基准线向后面基准线移动直至相切，如图 1 所示，若切点未处于 AC 或 BD 圆弧内，则需依照每 20mm 依次增大半圆板半径直至切点位于 AC 或 BD 圆弧内。

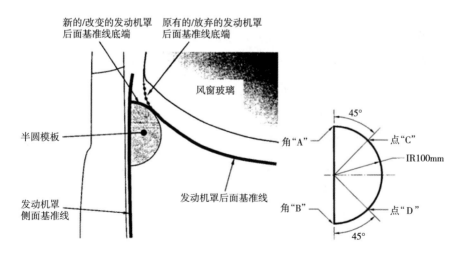

图1 半圆弧画线示例

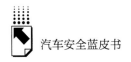
车辆 A 柱区域的划分见图 1，半圆板 A 点与 B 点边缘与侧面基准线相重合。然而，在标记车辆侧面基准线时，700mm 长杆与车辆发动机盖的接触点常因发动机罩在铰链附近的造型而产生跳跃，使侧面基准线成为一条不连续的线，导致半圆板 A 点与 B 点之间的边缘不能与侧面基准线相重合，半圆板 A 点位于侧面基准线跳跃点上方线上而 B 点位于侧面基准线跳跃点下方线上，半圆板呈一高一低状态落在侧面基准线上。因后面基准线位于发动机盖左右两端位置同样可能会产生不连续跳跃点，所以半圆板与后面基准线相切位置很可能会位于不连续跳跃点附近。按照要求半圆板 AC 或 BD 圆弧区需与后面基准线相切，根据相切规则切点位于不连续跳跃点半圆板圆弧需不能与后面基准线运动趋势相交。发动机罩后面基准线标记过程中，少数车辆前风窗玻璃与雨刮盖板之间密封条偏高，直径 165mm 头型在运动过程中会接触密封条，试验区画线时头型接触到密封条，则后面基准线就要标记在密封胶条上。

标记车辆包络线使用无弹性钢丝绳，沿车辆 X 方向投射激光线，使钢丝绳沿激光线包络在车头表面，包络过程中钢丝绳保持拉紧，凹陷处不得按压进凹陷内，若标记点位于雨刮槽区域钢丝绳水平拉紧并垂直向下投影。从一边侧面基准线至另一边侧面基准线记 WAD1000mm、WAD1500mm、WAD1700mm、WAD2100mm，用平滑曲线连接标记点。若选择均分区域法还需标记出 WAD1250mm 和 WAD1800mm。

包络线 WAD1000 与 WAD1500 之间所形成的区域为儿童头试验区域，WAD1700 与 WAD2100 之间所形成的区域为成人头试验区域。若发动机罩后面基准线位于 WAD1500 与 WAD1700 区间之内，则 WAD1500 与后面基准线之间（包含后面基准线）为儿童头试验区域，后面基准线与 WAD1700 之间所形成的区域为成人头试验区域；若发动机罩后面基准线位于 WAD1700 之后，则 WAD1500 和 WAD1700 之间所形成的区域（包含 WAD1700）为儿童头试验区域，[1] 如图 2 所示。

---

[1] C-NCAP 管理中心：《C-NCAP 管理规则（2018 年版）》，中国汽车技术研究中心有限公司，2017。

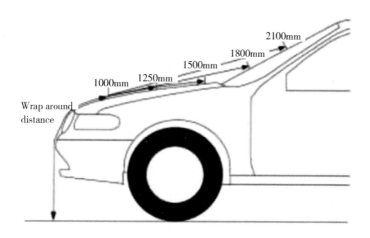

图 2　车辆包络线

（二）试验区选点方法

头型区域分为两种试验方法：一种是试验厂家提供预测结果的网格点法，另一种是试验厂家未提供预测结果或者厂家未提供符合要求的足量样件时采用均分区域法。

网格点法在车辆发动机罩表面和前风挡玻璃表面标记出中轴线，在中轴线上从 WAD1000 开始每间隔包络 100mm 进行标记，标记到 2300 截止。以中轴线上标记出的点为基准分别向两侧 Y 方向以每 100mm 平移标记直至侧面基准线。试验点标记需位于头型实验区域内，且与侧面基准线 Y 向距离小于 50mm 的标记点需取消；后面基准线之后的侧面基准线作为 A 柱区域，中心轴标记点沿车辆 Y 向平移与 A 柱区域侧面基准线相交，标记出交点可作为默认红区域；若网格点位于雨刮槽区域则使用胶带水平拉直模拟车辆外轮廓，低于车辆外轮廓的网格点需标记在胶带上，高于外轮廓的雨刮器上的标记点仍需标记在雨刮器上。核对网格点标记与厂家提供预测色块图一致，将预测色块图输入计算机随机选取 8 个标记点作为试验冲击点。在试验开始之前厂家若认为 8 个冲击点不足以完全体现车辆安全性能可申请最多增加 8 个试验冲击点。厂家提供预测结果中最多可包含 8 个不连续的蓝色区域作为

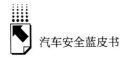
无法预测区域，每个蓝色区域必须选取一个试验冲击点，其试验结果参与最终评价算分。

均分区域法将 WAD1000、WAD1500、WAD2100 三条包络线十二等分，分别连接三条包络线的十二等分点与 WAD1000、WAD1250、WAD1500、WAD1800、WAD2100、两侧发动机盖侧面基准线围成 48 个区，其中每 4 个区组合成一个均分区域，共 12 个均分区域，如图 3 所示。由试验人员在各均分区域内选择一个最苛刻点作为试验冲击点，共 12 个试验冲击点参与最终评价算分。若厂家认为有必要增加试验点，可于试验开始前提出增加最多不超过 8 个试验点，且必须指明增加试验点位于哪一个均分区域的哪一个具体小区。增加试验点的均分区域在试验选取冲击点时则需在未指定增加点区之外三个区选取一个试验点，两个试验点均参与评价算分。

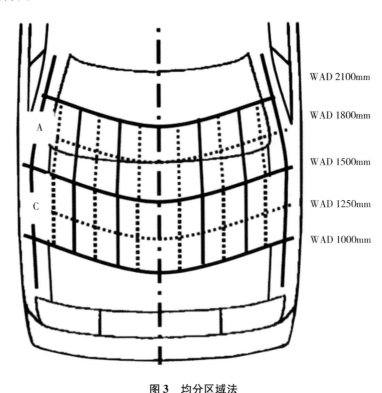

图 3 均分区域法

腿型试验区域选取需要确定保险杠上部基准线、保险杠下部基准线、保险杠角和内部防撞梁 Y 向宽度。保险杠上部基准线采用 700mm 金属直杆与水平面成 70°角，金属杆下端紧贴地面接触保险杠表面连线形成。保险杠下部基准线与上部基准线操作方法相同，但是金属杆向后倾斜角度与水平面成 65°角。标记保险杠角使用边长 236mm 方板，与车辆 X 方向成 60°角接触保险杠两侧。在 236mm 方板接触保险杠过程中，接触切点应位于 236mm 方板纵向中心轴且切点不能落在方板上下两个边缘。并应确保 236mm 方板中心点不高于保险杠上面基准线和地面基准线以上 1003mm 较低者，且不低于保险杠下面基准线和地面基准线以上 75mm 较高者，236mm 方板不得与间接视野装置或轮胎接触。因为车辆造型极少数车辆在确定 236mm 方板时会出现一种特殊情况，虽然 236mm 方板中心点不高于保险杠上面基准线和地面基准线以上 1003mm 较低者，但是中心点上部分轴线与高于保险杠上面基准线的突起造型相切，那么即使切点高于保险杠上面基准线也是符合标准要求的。236mm 方板与保险杠相切得到的标记点，选取距离中心线最远的标记点与保险杠内部防撞梁 Y 向宽度相比较，选择距离保险杠中心较远者作为保险杠角。

在车辆腿型试验区内进行选点，选取中心线作为 L0，由 L0 开始向车辆两侧沿 Y 向以每 100mm 为间隔做标记，直至最外侧标记距离保险杠角不足 100mm 为止。若最外侧标记距离保险杠角小于 100mm 且大于 50mm，则应在最外侧标记外侧 Y 向 50mm 处增加标记。从 L0 开始向车辆两侧依次命名标记，车辆副驾驶侧为正，主驾驶侧为负，如图 4 所示。

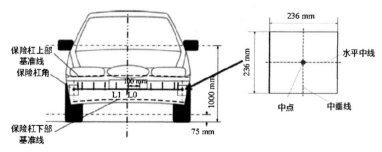

图 4 腿部试验区画线

四 总结和展望

本文用部分数据说明了在交通事故中车外人员受到的损伤情况，面对如此沉重的人员损伤数据，行人保护存在的意义就是为了使人员出行更加安全。本文简要概述了为减小车外人员损伤，其他各个国家法规和 NCAP 的发展。

我国为保护车外人员安全，在 2009 年推出了 GB/T 24550《汽车对行人的碰撞保护》，并于 2018 年将行人保护项目纳入了 C-NCAP 星级评价。我国各项行人保护标准规程的推行，有助于推动车企对车辆的不断改进，促进道路安全不断发展。

本文详细描述了行人保护标准在试验过程中的具体实施细节，并列举少数试验中容易产生的模糊。经过不断实践，我国检测机构对于行人保护标准也在不断加深、不断改进，促使我国行人保护标准更加严格，更加符合本国道路情况。

行人和二轮车在交通事故中属于弱势群体需要保护，国外对于行人保护的发展优先于我国，我国虽起步较晚但正逐步加大对于行人保护的重视，经过不断追赶，我国对于行人保护标准理解与试验能力已不弱于其他各国。行人保护虽然经历多年发展仍有很大提升空间，例如能有效降低头部伤害的主动式发动机罩研究、主动式发动机罩误触发误作用研究、二轮车骑行者撞击研究、aPLI 新腿型撞击研究。

B.15
集成式行人保护系统伤害
风险评估方法研究

尤嘉勋　武守喜　秦丽蓬*

摘　要： 随着全球对于行人安全重视程度的不断提高，汽车上的行人保护系统逐步完善并且装车率逐年提高。目前针对行人保护系统效果的评估是针对主动和被动式系统分别开展的，针对集成式行人保护系统伤害风险评估的研究还较少。本文通过整理研究国外文献针对集成式行人保护系统伤害风险评估的方法，基于国内的行人身高数据以及某车型行人保护试验数据，提出了一种集成式行人保护系统伤害风险评估的方法，并建立了 WAD 和碰撞速度对应的 AIS2＋损伤风险分布模型，可以用于 AEB 和被动安全系统联合仿真并优化的研究和应用。

关键词： 行人保护　伤害风险模型　主被动安全　仿真优化

一　简介

全球每年超过 27 万的行人死于道路交通事故，占全球道路交通事故死

* 尤嘉勋，高级工程师，中汽研（天津）汽车信息咨询有限公司副总经理，主要从事汽车前瞻技术领域与产业规划研究；武守喜，高级工程师，中汽研（天津）汽车信息咨询有限公司信息咨询部部长，主要从事新能源汽车政策及标准法规研究；秦丽蓬，中汽研（天津）汽车信息咨询有限公司信息咨询部工程师，主要从事汽车主被动安全技术、汽车座椅舒适性研究。

亡人数的 22%。车辆碰撞行人的事故已经成为全球各国政府及汽车企业关注的重要问题。在车辆与行人的碰撞事故中，行人伤害最严重的部位是头部和腿部，其中头部损伤是行人致死的主要原因。[①] 行人头部损伤严重程度的主要影响因素是车辆与行人的相对速度以及车身与头部接触的位置。车身上结构加强的区域，如 A 柱、挡风玻璃区域边缘、雨刷器等，会对行人的头部造成更大的伤害风险。

针对行人伤害，目前汽车所采用的措施主要包括自动紧急制动系统（AEB）和被动行人保护系统。世界各国也针对主动或被动行人保护系统陆续颁布相关的评价或法规，以提升汽车行人保护水平。然而针对同时包括主动和被动行人保护的集成式行人保护系统的效果评价还没有相关的评价方法。

AEB 的作用是通过紧急制动车辆达到避免或者减少行人伤害的目的。一旦车辆与行人发生碰撞被动行人保护系统将会起作用。因此车辆的行人保护系统效果评价应该将 AEB 与被动行人保护系统作为一个整体进行考虑。

针对集成式行人保护系统效果评价，很多学者已经进行了相关的研究。Hamacher 等人[②]和 Hutchinson 等人[③]提出了针对新的集成式安全系统效果的评价方法；Lubbe 等人提出了主被动行人保护系统协同作用，即 AEB 系统为被动行人保护系统提供了边界条件，例如由于 AEB 系统的作用，行人与车身碰撞的接触点会发生相应的变化。

本文提出了基于中国行人身高及行人碰撞数据的行人头部伤害风险曲线模型，为 AEB 系统的开发及集成式行人保护系统的研究提供了支持。

① C. Arregui-Dalmases C., Lopez-Valdes F. J. and Segui-Gomez M., "Pedestrian Injuries in Eight European Countries: An Analysis of Hospital Discharge Data", *Accident Analysis & Prevention 4*, 2010: 1164 – 71.

② Hamacher M., Eckstein L., Kuhn M., Hummel T., "Assessment of Active and Passive Technical Measures for Pedestrian Protection at the Vehicle Front", 22nd ESV Conference, Washington, DC, 2011.

③ Hutchinson T., Anderson R., Searson D., "Pedestrian Headform Testing: Inferring Performance at Impact Speeds and for Headform Masses not Tested, and Estimating Average Performance in a Range of Real-world Conditions", *Traffic Inj Prev* 13, 2012: 402 – 411.

二 数据来源及测量方法

行人的身高是影响行人头部与车身碰撞位置纵向分布的关键因素。[①] 本文采用在中国6个地区采集的1800人身高数据作为计算 WAD 的依据。身高数据测量采用的设备是四立柱扫描仪，如图 1a 所示。受试者采用直立且双手贴于体侧的姿势进行数据的采集，如图 1b 所示。

a.四立柱扫描仪

b.身高采集站姿

图 1　身高数据采集方法

车辆被动行人保护数据的测量按照《C-NCAP 管理规则（2018 版）》中"行人保护试验方法"开展。测量得到的 WAD 及 HIC 分布如图 2 所示。

---

① Mervyn Edwards, Andrew Nathanson, Jolyon Carroll, Marcus Wisch, Oliver Zander & Nils Lubbe, "Assessment of Integrated Pedestrian Protection Systems with Autonomous Emergency Braking (AEB) and Passive Safety Components", *Traffic Injury Prevention* 16, 2015.

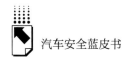
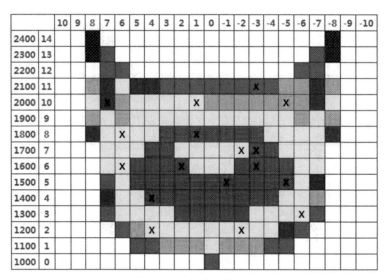

图 2   某车型行人保护试验 HIC 值分布

三   数据分析

1. 行人样本身高分布及校核

在行人碰撞事故中，行人头部与车辆接触区域的纵向分布与行人的身高密切相关，因此本文首先对中国成年人身高分布进行了研究。

将样本分为男性和女性，分别进行身高的分布检验。

根据 K-S 正态分布检验，$p < 0.05$，说明男性身高服从正态分布显著，如表 1 所示。同时根据标准 Q – Q 图和直方图可以看出男性身高符合正态分布，如图 3a 和图 3b 所示。

表 1   男性身高正态分布检验

项目	Kolmogorov-Smirnov*			Shapiro-Wilk		
	统计量	df	Sig.	统计量	df	Sig.
男性身高	0.058	1282	< 0.05	0.995	1282	0.001

注：* Lilliefors 显著水平修正。

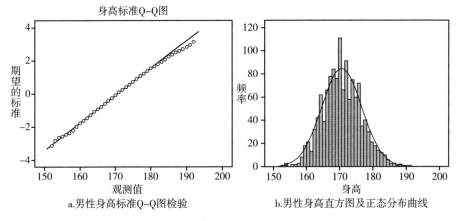

a.男性身高标准Q-Q图检验　　　　b.男性身高直方图及正态分布曲线

图3　男性身高正态分布 Q - Q 图和直方图检验

从表2可以看出，K - S 正态分布检验 p < 0.05，女性身高数据符合正态分布具有显著性。同时根据正态分布 Q - Q 图和直方图可以看出，女性身高数据符合正态分布，如图4a 和图4b 所示。

表2　女性身高正态分布检验

项目	Kolmogorov-Smirnov *			Shapiro-Wilk		
	统计量	df	Sig.	统计量	df	Sig.
女性身高	0.063	572	< 0.05	0.993	572	0.009

注：* Lilliefors 显著水平修正。

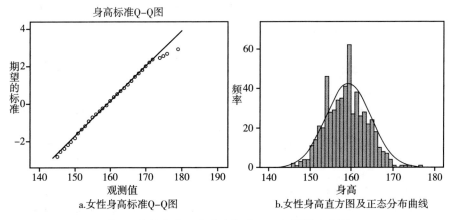

a.女性身高标准Q-Q图　　　　b.女性身高直方图及正态分布曲线

图4　女性身高正态分布标准 Q - Q 图及直方图

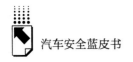

由于男性和女性行人样本的身高均服从正态分布，行人身高的概率密度函数可以表达为：

$$f(x) = \frac{1}{\sqrt{2\pi}\sigma_1}\exp\left(\frac{(x-\mu_1)^2}{2\sigma_1^{\,2}}\right) \tag{1}$$

其中 μ 为均值，σ 为标准差。

2. 不同身高行人头部碰撞区域分布

当车辆前部与行人发生碰撞的时候，行人头部在车身上的横向位置分布应满足均匀分布。根据德国交通事故深入调查数据库（GIDAS）的数据，行人头部在车辆上横向的加权分布呈现左边31%、中间30%、右边39%，总体上呈均匀分布[1]。行人头部在汽车上的位置的纵向分布与试验所用的头型有关，对于本文所使用的行人碰撞头型，行人头部在汽车上的纵向位置（用 WAD 表示）是碰撞相对速度和行人身高的函数：

$$WAD = -2227 + 335\log(v) + 1.8PH \tag{2}$$

其中 v 为汽车与行人碰撞的相对速度（km/h），PH 为行人的身高。[2]

接下来对汽车与行人碰撞速度的分布进行检验。表3为 GIDAS 数据库中车辆与行人碰撞的速度区间分布。

对每个速度区间取区间平均值，然后形成速度数据。对速度数据进行正态分布的校核（见表3）。

① Mervyn Edwards, Andrew Nathanson, Jolyon Carroll, Marcus Wisch, Oliver Zander & Nils Lubbe "Assessment of Integrated Pedestrian Protection Systems with Autonomous Emergency Braking (AEB) and Passive Safety Components", *Traffic Injury Prevention*16, 2015; Barrow A., Reeves C., Carroll J., et al., "Analysis of Pedestrian Accident Leg Contacts and Distribution of Contact Points Across the Vehicle Front", 6th International Expert Symposium on Accident Research (ESAR), Hannover, Germany, 2014。

② Mervyn Edwards, Andrew Nathanson, Jolyon Carroll, Marcus Wisch, Oliver Zander & Nils Lubbe, "Assessment of Integrated Pedestrian Protection Systems with Autonomous Emergency Braking (AEB) and Passive Safety Components", *Traffic Injury Prevention*16, 2015。

表3 GIDAS数据库中汽车与行人碰撞速度

速度 (km/h)	1~9	10~19	20~29	30~39	40~49	50~59	60~69	70~79	80~89	90~99	100~109	110~119
案例 个数	35	93	99	103	99	27	18	8	2	4	1	1

资料来源：Rosén, Erik, and Ulrich Sander, "Pedestrian Fatality Risk as a Function of Car Impact Speed", *Accident Analysis and Prevention* 41 (3), 2009：536 – 542.

表4 汽车与行人碰撞速度 K – S 正态分布检验

	Kolmogorov-Smirnov*			Shapiro – Wilk		
	统计量	df	Sig.	统计量	df	Sig.
Log(v)	0.179	489	< 0.05	0.900	489	< 0.05

注：* Lilliefors 显著水平修正。

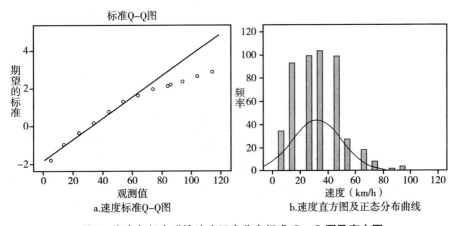

a.速度标准Q-Q图 b.速度直方图及正态分布曲线

图5 汽车与行人碰撞速度正态分布标准 Q – Q 图及直方图

由表4和图5可以看出，车辆与行人的碰撞速度符合正态分布。因此汽车与行人碰撞的速度的概率密度函数可以表示为：

$$g(x) = \frac{1}{\sqrt{2\pi}\sigma_2}\exp\left(-\frac{(x-\mu_2)^2}{2\sigma_2^2}\right) \tag{3}$$

其中 $\mu_2 = 28$ km/h，$\sigma_2 = 16$ km/h。

然后再求 log(v) 的数据分布类型。K – S 正态分布检验结果如表5所

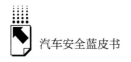
示，p < 0.05，标准 Q - Q 图和直方图及正态分布曲线分别如图 6a 和图 6b 所示。

表 5　K - S 正态分布检验结果

项目	Kolmogorov-Smirnov [*]			Shapiro-Wilk		
	统计量	df	Sig.	统计量	df	Sig.
Log(v)	0.179	489	< 0.05	0.900	489	< 0.05

注: * Lilliefors 显著水平修正。

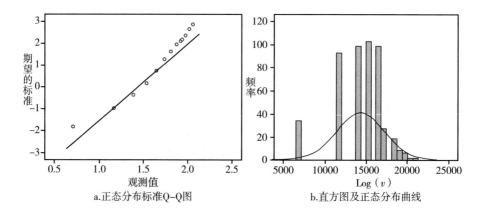

　　　　　a.正态分布标准Q-Q图　　　　　　　b.直方图及正态分布曲线

图 6　速度对数正态分布标准 Q - Q 图和直方图及正态分布曲线

因此速度的对数服从正态分布，概率密度可以表达为：

$$g[\log(x)] = \frac{1}{\sqrt{2\pi}\sigma_3}\exp\left[-\frac{(x-\mu_3)^2}{2\sigma_3^2}\right] \tag{4}$$

由于 $PH \sim N(\mu_1, \sigma_1)$，$\log(v) \sim N(\mu_3, \sigma_3)$ 且两个变量相互独立，因此 $WAD \sim N(\mu_4, \sigma_4)$。

根据公式（2）可以得到

$$\mu_4 = -2227 + 1.8\mu_1 + 335\mu_3 \tag{5}$$

$$\sigma_4 = \sqrt{(1.8)^2\sigma_1{}^2 + (335)^2\sigma_3{}^2} \tag{6}$$

因此可以计算得到对于男性行人 $WAD \sim (1323.39, 117.35)$，对于女性行人 $WAD \sim (1118.01, 110.25)$。

3. WAD 纵向区域及速度对应的 HIC 值计算

根据某车型行人保护测试的结果，得到 WAD 纵向的 HIC 值，测试结果如图 7 所示，将每行中的数值求平均数，得到纵向 HIC 的平均值，如表 6 所示。

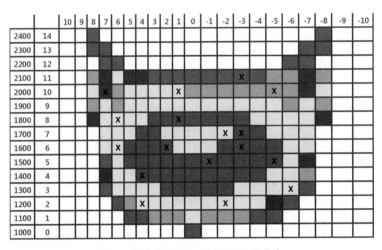

图 7　某车型 WAD 纵向 HIC 值分布

表 6　某车型 WAD 纵向 HIC 分布

区域	A11	A10	A8	C7	C6	C5	C4	C3	C2
HIC	3937.1	1158	645	774.6	557.8	592.9	554.3	737.5	797.8

由于上述的 HIC 值都是在速度为 40km/h 的条件下得到的，为了计算不同速度下 HIC 值，采用公式（7）进行计算。

$$\frac{HIC_1}{HIC_2} = \left(\frac{v_1}{v_2} \right)^{\frac{5}{2}} \tag{7}$$

其中 HIC_i 为速度 v_i 对应的头部损伤指标值。[①]

---

① Searson D., Anderson R., Ponte G., van den Berg A., Headform Impact Test Performance of Vehicles Under the GTR on Pedestrian Safety, 2009.

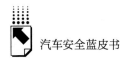
计算得到不同 WAD 区域在不同速度下的 HIC 值，如表 7 所示。HIC 关于 WAD 纵向分布区域和速度的三维分布图如图 8 所示。

表 7　不同速度下的 WAD 纵向 HIC 分布

WAD 速度	A11	A10	A8	C7	C6	C5	C4	C3	C2
10	123.03	36.19	20.16	24.21	17.43	18.53	17.32	23.05	24.93
20	695.99	204.71	114.02	136.93	98.61	104.81	97.99	130.37	141.03
30	1917.92	564.11	314.20	377.34	271.73	288.82	270.02	359.27	388.64
40	3937.10	1158.00	645.00	774.60	557.80	592.90	554.30	737.50	797.80
50	6877.83	2022.94	1126.77	1353.17	974.44	1035.75	968.32	1288.36	1393.70
60	10849.37	3191.07	1777.41	2134.55	1537.12	1633.84	1527.47	2032.31	2198.48
70	15950.40	4691.41	2613.09	3138.14	2259.82	2402.02	2245.64	2987.84	3232.13
80	22271.60	6550.64	3648.67	4381.80	3155.39	3353.95	3135.59	4171.93	4513.04
90	29897.35	8793.56	4897.97	5882.12	4235.79	4502.33	4209.22	5600.39	6058.29
100	38906.89	11443.49	6373.97	7654.69	5512.25	5859.11	5477.66	7288.06	7883.95
110	49375.12	14522.46	8088.94	9714.25	6995.36	7435.55	6951.47	9248.98	10005.20
120	61373.32	18051.43	10054.55	12074.82	8695.24	9242.40	8640.68	11496.49	12436.47

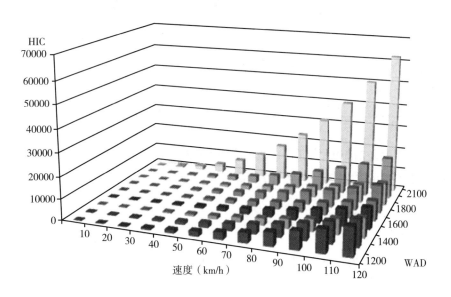

图 8　不同速度及 WAD 对应的 HIC 值分布

4. HIC 对应的 AIS2 伤害风险计算

车辆与行人发生碰撞，行人的伤害风险函数可以采用最大似然法进行回归拟合，表达式为：

$$P(x) = \exp(a + bx)/[1 + \exp(a + bx)] \tag{8}$$

$$a = \ln\left(\frac{P(0)}{1 - P(0)}\right) \tag{9}$$

其中 x 为行人损伤相关的参量，a 和 b 均为损伤相关的系数。[①]

根据 GIDAS 的数据，可以求解式（8）中系数值，最终得到 HIC 值与 AIS2 + 损伤风险之间的函数关系，如式（10）所示：

$$P(HIC) = 1/[1 + \exp(5.2778 - 0.0064HIC)] \tag{10}$$

其中，通过卡方分布校验 $p = 0.0027 < 0.05$，说明效果显著。[②]

式（10）所示的 HIC 与 AIS2 + 损伤风险之间的关系可以用图 9 表示。

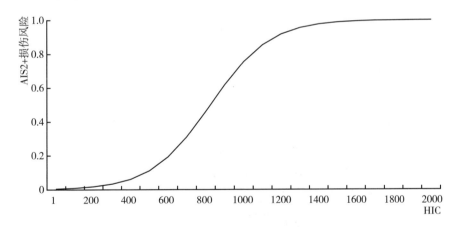

图 9　HIC 与 AIS2 + 损伤风险关系示意

①　Yuko Nakahira, et al. , "A Combined Evaluation Method and a Modified Maximum Likelihood Method for Injury Risk Curves", IRCOBI Conference, 2000.

②　Yong PENG, et al. , A study of Kinematics of Adult Pedestrian and Head Impact Conditions in Case of Passenger Car Collisions Based on Real World Accident Data", IRCOBI Conference, 2012.

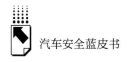

5. AIS2 + 损伤风险模型

根据表 7 所列数据及式（10），可以得到不同速度和不同 WAD 对应的 AIS2 + 损伤风险值，如表 8 所示。

表 8　不同速度下 WAD 纵向 AIS2 + 损伤风险

WAD 速度	1200	1300	1400	1500	1600	1700	1800	2000	2100
10	0.01	0.01	0.01	0.01	0.01	0.01	0.01	0.01	0.01
20	0.01	0.01	0.01	0.01	0.01	0.01	0.01	0.02	0.31
30	0.06	0.05	0.03	0.03	0.03	0.05	0.04	0.16	1.00
40	0.46	0.36	0.15	0.18	0.15	0.42	0.24	0.89	1
50	0.97	0.95	0.71	0.79	0.72	0.97	0.87	1	1
60	1	1	0.99	0.99	0.99	1	1	1	1
70	1	1	1	1	1	1	1	1	1
80	1	1	1	1	1	1	1	1	1
90	1	1	1	1	1	1	1	1	1
100	1	1	1	1	1	1	1	1	1
110	1	1	1	1	1	1	1	1	1
120	1	1	1	1	1	1	1	1	1

将速度及 WAD 与 AIS2 + 损伤风险对应关系绘制为曲线，则为该车型集成式行人保护系统伤害风险曲线，如图 10 所示。

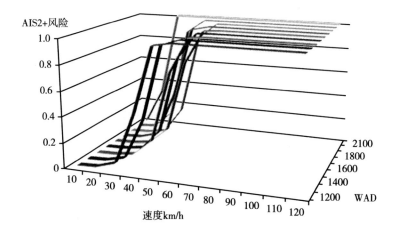

图 10　不同速度和 WAD 对应的行人 AIS2 + 伤害风险曲线

根据男性和女性行人的 WAD 纵向正态分布，即 $WAD_男$ ~（1323.39，117.35）以及 $WAD_女$ ~（1118.01，110.25），可以得到男性和女性行人 WAD 纵向分布位置概率密度函数，如图 11 所示。

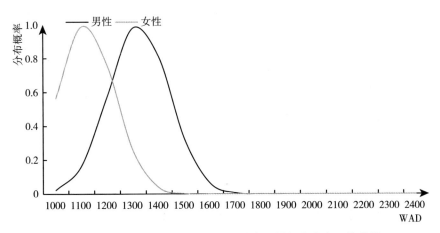

图11　男性和女性行人 WAD 纵向分布位置概率密度函数曲线

将图 11 带入图 10 中可以得到行人在不同 WAD 纵向分布位置和在不同速度下的 AIS2 + 损伤风险模型，如图 12 所示。

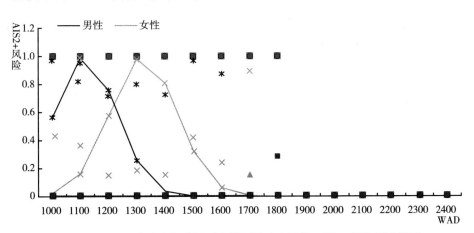

图12　WAD 正态分布概率及对应的不同速度下的 AIS2 + 损伤风险模型

利用图 12 得到的 AIS2 + 损伤风险曲线，针对风险较高的人群以及速度区间，可以对自动紧急制动系统（AEB）和被动安全系统进行联合仿真，

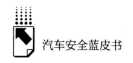
模拟评估集成系统的行人损伤风险概率。然后对 AEB 和被动安全系统进行综合优化，从而实现行人保护效果的最大化。

四 结论

（1）通过中国行人身高和 GIDAS 行人碰撞速度数据，得到了行人身高和碰撞速度的正态分布概率密度函数，从而计算得到行人头部碰撞位置 WAD 的分布及概率密度函数。

（2）以某车型行人碰撞试验头部伤害指标数据为基础，计算得到不同速度下的 HIC 值；建立 HIC 与 AIS2 + 损伤风险的关系，得到不同速度和不同 WAD 对应的 AIS2 + 损伤风险。

（3）结合 WAD 正态分布概率密度，可以分别得到男性和女性 WAD 分布区间在不同速度下的 AIS2 + 损伤风险。对于男性行人，WAD 在 1200 ~ 1500 区间内，对于女性行人，WAD 在 1000 ~ 1300 区间内，速度大于 40km/h 时，行人的 AIS2 + 损伤风险最大。

（4）利用 AIS2 + 损伤风险模型，可以对 AEB 和被动安全系统综合进行优化，从而实现行人保护效果的最大化。

B.16
基于中国交通事故数据的
两轮车碰撞研究

吕晓江　胡帅帅　毕腾飞　王鹏翔　顾鹏云*

摘　要： 为研究中国交通事故中两轮车碰撞典型特征，本文以中国交通事故深入调查数据库（CIDAS）的交通事故数据为基础对两轮车碰撞场景进行分类统计，得到了追尾碰撞、侧面碰撞、45°角度碰撞、135°角度碰撞四类典型碰撞工况。以此为基础工况，建立了两轮车与车辆动态联动测试平台，并开展两轮车碰撞试验研究，对比了自行车碰撞与电动自行车碰撞运动规律，并开展了两轮车碰撞仿真分析。结果表明头部落点区域受两轮车座椅高度影响较大，自行车骑行人头部落点在 WAD［1555 – 2386］区间；电动自行车头部落点在 WAD［809 – 2155］区间，头部碰撞角度随头部落点位置及车型的不同而不同。

---

* 吕晓江，吉利汽车研究院高级技术专家，2017 年入选宁波市领军拔尖人才计划，中国汽车行人保护研究工作组成员。从事汽车行人安全设计与优化研究，SCI 期刊 *Thin-Walled Structures*、*Journal of Mechanical Science and Technology* 审稿专家，合肥工业大学兼职硕导；胡帅帅，吉利汽车研究院工程师，主要人事汽车主被动行人保护技术开发；毕腾飞，中国汽车技术研究中心有限公司检测认证事业部天检中心零部件试验研究部主管工程师，长期从事汽车零部件及行人保护测评研究工作，负责 C-NCAP 行人保护测评与规程制修订工作，参与"汽车对行人的碰撞保护""乘用车顶部抗压强度"等国家强制性标准制修订工作；王鹏翔，吉利汽车研究院安全技术开发部部长，负责整车安全技术开发；顾鹏云，博士，美国汽车工程师协会（SAE）、美国机械工程师协会（ASME）会员，吉利汽车研究院副院长，首席工程师，整车工程中心主任。

关键词： 汽车安全　交通事故　两轮车碰撞　测试与仿真　弱势道路
　　　　　使用者

一　引言

道路交通安全问题已经发展为全球性的社会问题，交通事故直接导致大
量的人员伤亡和巨大的经济损失，对经济和社会的可持续发展产生重要的影
响。根据中国交通事故深入调查数据库（CIDAS）2011～2018年统计数据
信息，行人、自行车、电动自行车等弱势道路使用者（Vulnerable Road
User，VRU）参与的交通事故占国内事故总量80.28%，其中两轮车事故
（含三轮车）占63.87%，行人事故占16.41%。可见在我国两轮车交通事故
频发，如何提高对两轮车的碰撞保护已经成为汽车安全的研究热点之一。

国内外许多学者通过交通事故统计分析对两轮车碰撞特点及损伤风险进
行了研究。Badea-Romero等人对比了英国55起与头部损伤有关的两轮车事
故，与车辆一次碰撞造成的头部AIS3+以上损伤等级占比高达23.5%。
Decker等人结合德国交通事故深入调查数据库（GIDAS）2009～2012年统
计数据，分析了倒车状态下两轮车驾车人员损伤情况，发现下肢损伤占比较
高。胡林等人对中国419起两轮车事故案例进行了聚类分析，获得了11类
典型的两轮车事故场景。Zander和Hamacher总结了五种常见的两轮车碰撞
场景，并结合试验及仿真分析定义了两轮车头部碰撞区域在WAD2100～
WAD2500范围。

然而，基于中国交通事故数据的两轮车相关测试及仿真研究相对缺乏。
因此，为了更好指导两轮车保护相关工程开发，本文基于CIDAS统计数据
对两轮车碰撞场景进行分析，构建了典型的两轮车碰撞场景。基于碰撞场景
开展了两轮车碰撞测试及仿真分析，并最终得出两轮车碰撞的典型事故
规律。

二 两轮车事故统计

（一）CIDAS 数据库介绍

本文中的数据来源于中国交通事故深入调查数据库（CIDAS）2011 ~ 2018 年统计数据，涵盖了北京、威海、宁波、长春、上海、佛山、成都等多个有代表性的地区。充分考虑五方面因素：①地理位置因素：从北至南，由东向西全覆盖；②地形条件因素：既包括东部和北部的平原，也覆盖南部的丘陵地形，以及西南的盆地和高原山地地形；③道路类型因素：既包括城市道路，也覆盖等级道路和高速公路；④经济条件因素：既包括经济发达地区，也覆盖欠发达地区。对事故调查区域内发生的所有交通事故进行全天候、24 小时不间断调查，最终采集的数据样本需满足如下准则：所采集事故数据应为至少 1 辆四轮机动车参与的事故；所采集事故数据应为至少 1 人受伤的事故；事故调查工程师采集事故信息前，事故现场应为原始状态，未遭到破坏。

当完成以上都有数据采集工作后，负责该事故的事故调查工程师将所采集数据录入在线数据库，并按原始比例绘制事故现场图。数据库包含事故基本信息、车辆信息、人员信息和道路环境信息四个模块，如表 1 所示。

表 1 事故数据库所含基本信息

组成结构	包含信息项目
事故基本信息	事故编号、参与方编号、救援措施、事故时间、事故地点、死亡人数、受伤人数、事故简要案情、事故形态、事故原因等
车辆信息	车辆基本信息（参与方编号、车辆类型、车辆牌照、车辆型号与品牌、车辆质量、车辆登记日期、车辆安全配置）、车辆碰撞信息（碰撞前速度和减速度、事故前动作、制动距离、碰撞速度和角度、是否侧翻）、车辆损坏信息（受力方向、详细受损区域、内外受损部件）等
人员信息	人员编号、性别、年龄、身高体重、乘坐位置、受伤情况、伤害程度、损伤描述、是否系安全带等
道路环境信息	道路编号、现场环境、道路类型、道路线型、路口路段类型、路表情况、路面类型、天气和照明条件等

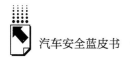

数据库中除了数据表、事故报告、事故照片之外，还需要开展交通事故还原与场景重建工作以获得深度事故数据信息。目前事故还原与场景重建常用的仿真工具有基于多体动力学分析理论的 PC-crash、Madymo 等，可以通过仿真分析进一步获得人员损伤及碰撞过程中运动规律。为了还原主动安全有关的交通事故，通常利用 Prescan 等软件构建虚拟交通事故场景。此外，基于机器学习的数学模型也用于交通事故还原的研究中，如袁泉等利用人工神经网络方法建立了轿车与两轮车碰撞事故的车辆碰撞速度分类预测模型，用于车速估算。

（二）两轮车事故统计及典型工况

从图 1 中可以看出，VRU 事故占比 80.28%，其中两轮车事故占 63.87%，行人事故占 16.41%，可见在我国两轮车交通事故问题尤为突出。按照样本抽取原则，共抽取有效样本 1512 例，其中自行车案例 114 例，电动自行车 1398 例，按碰撞场景进行分类如表 2 所示。对自行车碰撞而言，乘用车直行与自行车横穿道路场景占比最高达到 38.60%，其次是乘用车与自行车同向行驶追尾场景，占比 24.56%，可见侧面碰撞及追尾碰撞是自行

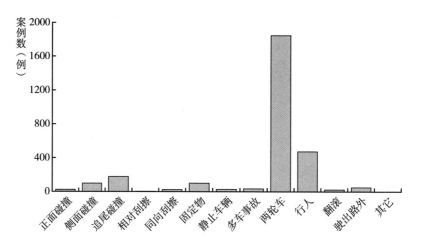

图 1　CIDAS 事故形态分类统计（2011～2018 年）

车碰撞的主要形式；对电动自行车碰撞而言，乘用车左转及右转与电动自行车碰撞场景占比较高，分别为 19.96% 和 19.31%，以带一定转弯角度的碰撞为电动自行车碰撞的主要形式。

表 2　两轮车碰撞场景分类统计

单位：例，%

序号	场景	描述	自行车碰撞		电动自行车碰撞	
			案例数	占比	案例数	占比
1		乘用车直行,两轮车从右侧横穿道路	44	38.60	222	15.88
2		乘用车直行,两轮车从左侧横穿道路	9	7.89	232	16.60
3		乘用车和两轮车同向行驶,追尾两轮车	28	24.56	161	11.52
4		乘用车和两轮车相向行驶,正碰两轮车	22	19.30	88	6.29
5		乘用车右转,两轮车横穿道路	2	1.75	270	19.31
6		乘用车左转,两轮车横穿道路	5	4.39	279	19.96

续表

序号	场景	描述	自行车碰撞		电动自行车碰撞	
			案例数	占比	案例数	占比
7	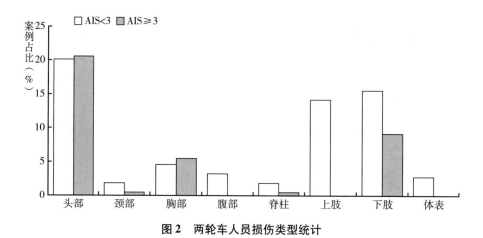	倒车碰撞两轮车	1	0.88	6	0.43
8		其他	3	2.63	140	10.01
	合计		114	100	1398	100

图2为两轮车人员损伤类型统计,在人体各部位 AIS≥3 损伤等级中头部占比达20.55%,其次是下肢及胸部分别为9.13%及5.48%,在人体各部位 0 < AIS < 3 损伤等级中头部占比达20.09%,其次是下肢及上肢分别为15.53%及14.16%。可见无论是轻伤还是重伤,头部是受到威胁的主要人体部位。从图3两轮车人员损伤与碰撞相对速度统计可以看出40km/h 碰撞相对速度可以覆盖63%人员损伤,其中可以覆盖81.31%的 0 < AIS < 3 损伤,以及40.26%的 AIS≥3 损伤。

图2 两轮车人员损伤类型统计

从图4两轮车人员损伤与碰撞相对角度统计可以看出,碰撞相对角度为90°时(侧面碰撞)人员损伤占比最高为35.71%,此时对应表2中乘用车直行,两路车从右侧或左侧横穿道路场景;碰撞相对角度为45°及135°时

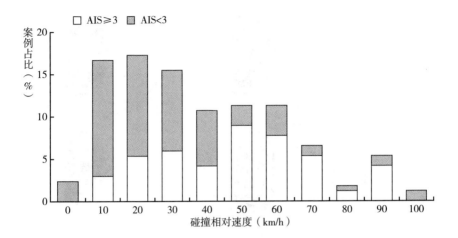

图 3　两轮车人员损伤与碰撞相对速度统计

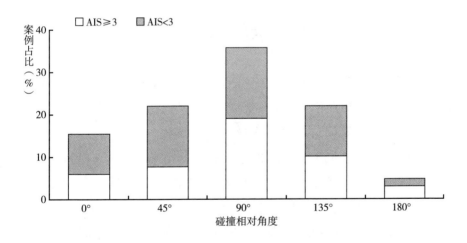

图 4　两轮车人员损伤与碰撞相对角度统计

（角度碰撞）人员损伤占比均为 22.02%，此时对应表 2 中乘用车右转或左转，两轮车横穿道路场景；碰撞相对角度为 0°时（追尾碰撞）人员损伤占比为 15.48%，此时对应表 2 中乘用车和两轮车同向行驶，追尾两轮车场景。基于以上事故数据分析得出四种两轮车典型碰撞工况分别为：追尾碰撞、侧面碰撞、45°角度碰撞、135°角度碰撞，如图 5 所示。

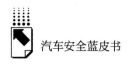

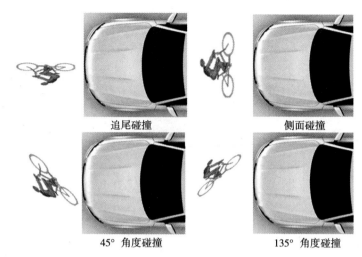

图5　两轮车碰撞典型工况

三　两轮车碰撞测试

目前许多企业和研究机构开展了两轮车碰撞试验研究，通过两轮车与车辆实车碰撞测试可以还原交通事故典型工况，从而获得两轮车驾乘人员在碰撞过程中的运动规律、人体损伤形式及车辆损坏特征等关键信息。如Fredriksson等人基于本田PolarⅡ50th男性假人开展了自行车与车辆侧面碰撞及追尾碰撞研究，对比了行人保护气囊对假人头部、颈部及胸部损伤的影响，在研究中自行车座椅高度参考欧洲统计结果定义为1000 mm。同样基于欧洲自行车与车辆碰撞，Van Schijndel通过试验研究了自行车假人头部落点分布。但中国两轮车的类型及特点与欧洲明显不同。因此，本文以中国两轮车交通事故统计结果为基础，结合中国道路交通典型的自行车及电动自行车并选取最具代表性场景即乘用车直行两轮车横穿道路场景（侧面碰撞）开展试验研究。

（一）测试准备

测试车辆选取吉利某A级车，两轮车选取中国市场上典型的自行车（座椅高度840mm）及电动自行车（座椅高度740mm），碰撞时刻乘用车速度为 40km/h，两轮车速度为 15km/h，测试工况示意图如图 6 所示。两轮车骑行假人基于 50th 男性假人并对假人腰椎及臀部模块进行改制而成，使之能够表现下肢与臀部之间的侧向旋转运动，碰撞前两轮车固定在发射轨道及台架上，通过假人背部支撑及座椅后部支撑支架作用来保持两轮车运动过程中骑行姿态，如图 7 所示。测试中乘用车通过整车碰撞牵引装置达到碰撞车速，两轮车通过气缸传递力至假人背部及两轮车后部支撑达到预定的碰撞速度。

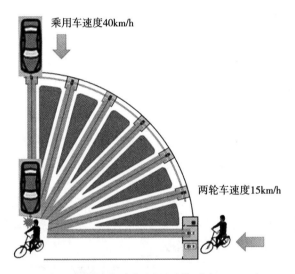

图 6　两轮车与车辆侧面碰撞测试工况示意

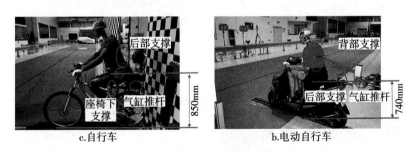

图 7　两轮车发射台架示意

（二）测试结果

在自行车与车辆动态联动碰撞中，如图 8 可以看出，自行车假人在碰撞过程中身体依次与前保险杠、发动机罩及前风窗玻璃接触，假人头部落点位于前风窗玻璃下缘黑边位置，头部包络距离为WAD1950mm。碰撞后前保险杠脱落，发动机罩前缘发生部分形变，这是由假人骨盆位置接触导致，前风窗玻璃下缘位置产生头部碰撞导致的环状裂纹。此外，碰撞过程中自行车发生强烈反弹，自行车反弹过程中最高离地高度约1.5m。从电动自行车与车辆动态联动碰撞中，如图9可以看出，电动自行车假人在碰撞过程中身体依次与前保险杠及发动机罩接触。与自行车碰撞不同，假人并未与前风窗玻璃发生接触，主要原因是自行车与电动自行车座椅高度相差110mm，在碰撞过程中电动自行车假人骨盆区域与保险杠前缘及发动机罩前缘接触，限制了假人向后的滑移运动。最终假人头部落点位于发动机罩后缘位置，头部包络距离为WAD1800mm左右。碰撞后前保险杠及发动机罩前缘发生较大形变，这是由假人骨盆位置接触以及电动自行车碰撞共同导致，假人头部碰撞发动机罩后缘后产生明显凹陷。同自行车碰撞对比，碰撞过程中电动自行车并未发生反弹，侧向翻倒至车辆前端。

图8 自行车与车辆动态联动碰撞

图9 电动自行车与车辆动态联动碰撞

四 两轮车碰撞仿真

在实验的基础上通过构建两轮车与车辆仿真模型是研究两轮车碰撞中运动规律常用的手段。常见的两轮车碰撞仿真分析方法有三种：基于多体动力学理论分析方法，如 PC-crash、Madymo 软件；基于有限元理论分析方法，如 LS-DYNA 等软件；基于多体动力学与有限元耦合分析方法。

（一）分析矩阵

本文中基于多体动力学方法分别构建自行车与车辆碰撞、电动自行车与车辆碰撞仿真模型。基于基础模型通过仿真与试验对标调整两轮车与车辆刚度曲线，最终完成的分析模型如图 10 所示。为了表征不同类型车型不同假人等对碰撞过程的影响，从车辆类型、假人类型、两轮车类型及碰撞场景、位置、速度方面进行分析矩阵定义，如表 3 所示。

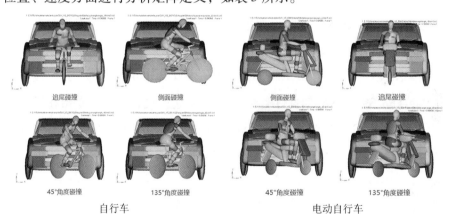

追尾碰撞　　　　　侧面碰撞　　　　　　　侧面碰撞　　　　　　追尾碰撞

45°角度碰撞　　　135°角度碰撞　　　　45°角度碰撞　　　135°角度碰撞

自行车　　　　　　　　　　　　　电动自行车

图 10　两轮车碰撞多体动力学分析模型

表 3　分析矩阵描述

描述	分析矩阵
车型	A 级车型、SUV 车型
假人类型	5th、50th、95^{th}假人
两轮车类型	自行车、电动自行车

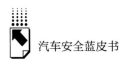

描述	分析矩阵
碰撞场景	追尾碰撞、侧面碰撞 45°角度碰撞、135°角度碰撞
碰撞位置	车辆中心位置至车辆两侧位置
碰撞速度	两轮车 15 km/h、车辆 40 ± 10 km/h

（二）分析结果

如图 11 所示，从自行车与车辆碰撞中 WAD 与碰撞角度关系可以看出假人头部落点整体在 WAD ［1555 - 2386］区间，SUV 车型的头部落点在 WAD ［1738，2209］区间，A 级车头部落点在［1555，2386］区间，其中最大碰撞角度为 70.7°；在自行车与 SUV 车型碰撞过程中可以看出在发动机罩上方的平均头部碰撞角度为 29.01°，在前风窗玻璃上方的平均头部碰撞角度为 23.62°；同时，自行车与 A 级车碰撞过程中在发动机罩上方的平均头部碰撞角度为 41.37°，在前风窗玻璃上方的平均头部碰撞角度为 32.84°。

如图 12，从电动自行车与车辆碰撞中 WAD 与碰撞角度关系可以看出假人头部落点整体在 WAD ［809 - 2155］区间，SUV 车型的头部落点在 WAD ［1123 - 1694］区间，A 级车头部落点在［809 - 2155］区间，其中最大碰撞角度为 88.39°；在电动自行车与 SUV 车型碰撞过程中可以看出在发动机罩上方的平均头部碰撞角度为 61.03°；同时，自行车与 A 级车碰撞过程中在发动机罩上方的平均头部碰撞角度为 45.15°。

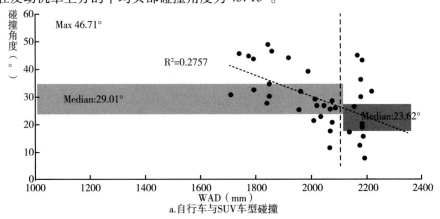

a.自行车与SUV车型碰撞

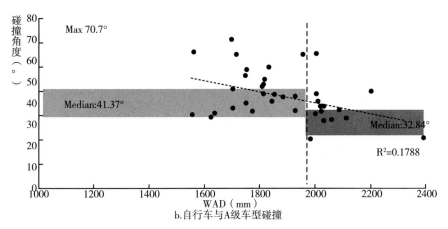

图11 自行车与车辆碰撞时 WAD 与碰撞角度关系

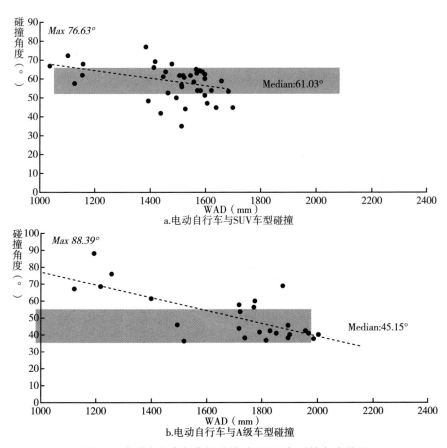

图12 电动自行车与车辆碰撞时 WAD 与碰撞角度关系

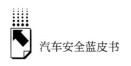

五　结论与展望

本文基于 CIDAS 2011～2018 年统计数据研究了中国道路交通中两轮车碰撞的规律，提炼了两轮车碰撞四类碰撞场景：追尾碰撞、侧面碰撞、45°角度碰撞、135°角度碰撞；通过开展两轮车与车辆动态联动测试，对自行车及电动自行车侧面碰撞工况进行验证，发现受到两轮车类型影响，自行车骑行人头部落点较电动自行车骑行人头部落点靠后约 150mm，电动自行车碰撞后车辆前端变形较自行车碰撞更严重。通过开展两轮车碰撞仿真得出了自行车骑行人头部落点区域在 WAD［1555-2386］内，其中 SUV 车型的头部落点 WAD［1738，2209］，A 级车［1555，2386］，电动自行车头部落点区间在 WAD［809-2155］内，其中 SUV 车型的头部落点 WAD［1126，1694］，A 级车［809，2155］。通过研究发现，两轮车骑行人头部与车辆之间的碰撞角度随车型及碰撞位置而不同。本文的研究成果也为后续针对两轮车防护设计及工程开发提供参考。

本文基于改制的正面碰撞用 50th 男性假人（改制假人腰椎及臀部模块，使下肢与臀部之间能侧向旋转运动）开展研究，在研究中发现假人上体与臀部侧向刚度相对较大，导致研究结果中的头碰位置 WAD 相对偏低等问题。试制更符合真实人体特征的假人，有待进一步深入优化。此外，通过 CIDAS 交通事故统计可以发现，实际车辆与弱势道路使用者碰撞事故中，除头部及下肢外，胸部受伤情况相对严重，因此开展后续的相关研究十分必要。

参考文献

胡林、易平、黄晶、张新、雷正保：《基于真实事故案例的自动紧急制动系统两轮车测试场景研究》，《汽车工程》2018 年第 12 期。

袁泉、郭锐、胡晓佳、李一兵：《基于信息融合的轿车碰撞两轮车事故车速分析》，《汽车工程》2009 年第 12 期。

王兴华、彭勇：《汽车—自行车/摩托车碰撞事故中骑车人头腿部动力学响应对比研究》，《振动与冲击》2018 年第 1 期。

聂进、杨济匡：《基于汽车—自行车碰撞事故重建的骑车人动力学响应和损伤研究》，《汽车工程》2015 年第 2 期。

王鑫、张道文、冉启林、尹均：《电动自行车骑车人与汽车碰撞的动力学响应研究》，《中国安全科学学报》2016 年第 6 期。

Alexandro Badea - Romero, James Lenard, "Source of head injury for pedestrians and pedal cyclists: Striking vehicle or road?", *Accident Analysis and Prevention* 50, 2013: 1140 - 1150.

Sebastian Decker, Dietmar Otte, Dana Leslie Cruz, et al., "Injury Severity of Pedestrians, Bicyclists and Motorcyclists Resulting from Crashes with Reversing Cars", *Accident Analysis and Prevention* 94, 2016: 46 - 51.

Oliver Zander, Michael Hamacher, "Revision of Passive Pedestrian Test and Assessment Procedures to Implement Head Protection of Cyclists", 25th International Technical Conference on the Enhanced Safety of Vehicles (ESV), Paper Number 17 - 0376, 2017.

Fredriksson R., Dahlgren M., Van Schijndel M., De Hair S. and Van Montfort S., "A Real - life Based Evaluation Method of Deployable Vulnerable Road User Protection Systems", *Traffic Injury Prevention* 15, 2014.

Schijndel M. V., Hair S. D., Rodarius C. and Fredriksson R., "Cyclist Kinematics in Car Impacts Reconstructed in Simulations and Full Scale Testing with Polar Dummy", IRCOBI Conference, 2012.

B.17
车辆碰撞行人保护仿真技术研究

朱学武　王孙斌*

摘　要： 随着汽车保有量的不断上升，交通事故数量不断增加，消费者对于汽车安全的重视不断提升。近年来，汽车安全法规开始重视对车外弱势群体的安全防护。为此，C-NCAP（2018年版）增加了对于行人保护性能的评价，行人保护成为汽车碰撞安全中重要的组成部分。行人保护评价中，头型和腿型打击点的数量较多，如果全部依赖试验，研发周期漫长，研发成本昂贵。因此，有限元仿真分析成为主要的研究手段。性能开发过程中，通常采用有限元仿真分析方法，得到所有打击点的伤害值，再通过1~3轮试验验证，对仿真模型进行标定和修正。鉴于有限元仿真在行人保护性能开发过程中发挥的作用越来越大，仿真精度要求越来越高，本文聚焦于结构模拟、仿真设置、材料本构、子系统建模、试验误差等5类因素对仿真精度的影响，开展车辆碰撞行人保护仿真技术研究。阐述了行人保护仿真建模过程中，对精度提升有改善效果的建模方法，介绍了行人保护仿真精度的提升方法。

关键词： 行人保护　仿真建模　仿真精度

* 朱学武，中国第一汽车集团有限公司研发总院整车安全性能主任，从事整车安全性能开发工作，擅长整车及零部件耐撞性、行人保护性能、整车安全系统集成、安全仿真自动化、整车参数化仿真、轻质材料仿真等领域；王孙斌，中国第一汽车集团有限公司研发总院整车安全性能工程师，主要从事碰撞安全及行人保护仿真开发。

一　概述

汽车安全性是汽车的固有属性，随着汽车保有量的不断上升，交通事故数量不断增加，政府和消费者对于汽车安全的重视程度逐年提升。[①] 近年来，得益于汽车安全法规和安全技术的不断发展，车内乘员安全性能改善明显，但车外弱势群体的安全防护发展相对较慢，行人及非机动车事故死亡率居高不下。[②] 为此，C-NCAP 评价规程增加了对于行人保护性能的评价，行人保护成为汽车碰撞安全中重要的组成部分。

行人保护评价中，头型打击点的数量一般集中在 170～200 个，腿型打击点的数量一般在 10～20 个。由于打击点数量较多，如果全部依赖试验，研发周期漫长，研发成本昂贵。因此，有限元仿真分析成为主要的研究手段。性能开发过程中，通常采用有限元仿真分析得到所有打击点的伤害值，再通过 1～3 轮试验验证，对仿真模型进行标定和修正。鉴于有限元仿真在行人保护性能开发过程中发挥的作用越来越大，仿真精度要求越来越高，本文聚焦于结构模拟、仿真设置、材料本构、子系统建模、试验误差等影响仿真精度的五类因素，开展车辆行人保护仿真技术研究。

二　行人保护仿真技术研究

行人保护模型涉及钣金、塑料、橡胶、泡沫等不同材料的结构特征，使影响仿真精度的因素是多元化的，且对仿真精度有着非线性的综合影响。[③] 又因为行人保护头型或腿型的点位间距在 100mm，小间距使影响仿真精度的因素又是互相耦合的。在确保仿真模型具有准确的几何信息、标准的网格

① 匡芳、刘宏达、陈林、陈琳、楼植杨：《行人保护研究综述》，《汽车科技》2018 年第 4 期。
② 孙小光、张二鹏、陈现岭、师玉涛、杨劲松、张世凯：《行人安全评估发展趋势及应对策略探讨》，《北京汽车》2018 年第 6 期。
③ 于蓝：《基于 LS-DYNA 的行人保护仿真与试验对比分析》，《天津科技》2018 年第 7 期。

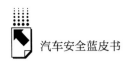

划分、合理的分析设置前提下，还需要有准确的材料模型和参数，以及子系统建模方法，才能使行人保护有限元模型与试验结果有较高的拟合度和精准度。最后，由于行人保护试验结果对车身姿态、零部件安装间隙状态、打击点位置等因素存在高敏感性，这也是行人保护仿真技术的难点之一。

所以，行人保护有限元模型的仿真精度归纳为以下五类影响因素。

（1）模型内结构信息、几何特征、网格划分等。

（2）LS-DYNA分析过程中参数设置，包括单元类型、边界条件、接触设置、控制卡片等。

（3）各类材料本构模型和材料标定精度。

（4）发动机罩锁体、发动机罩铰链、气撑等子系统模型建模方法。

（5）各类试验信息和结果，包括试验数据、高速摄影、试验照片等，通过仿真模拟复现试验过程。

其中，全局影响因素是普遍影响行保仿真精度的，例如行保模型控制卡片、模型结构几何、发动机罩内外板材料模型等。另外，局部影响因素是对行人保护头型和腿型仿真区域内的局部点位有明显影响的，例如发动机罩的锁体和铰链等子系统建模方法，对附近打击点位的仿真精度存在影响；风挡玻璃材料模型对风挡玻璃区域的影响；橡胶材料模型对缓冲块附近区域的影响；翼子板、大灯、发动机罩等安装间隙对发动机罩周边区域的影响等。

（一）行保结构模拟研究

行人保护仿真分析过程中，为提高计算效率，通常只保留与行人可能发生接触的车辆前部结构进行建模和分析，模型结构如表1所示。

行人保护属于系统性开发工作，受造型、总布置、设计、工艺、其他性能的综合影响，尤其是发动机罩内外板等长线件数据的迭代速度较快，结构几何的更新调整对仿真精度将有影响。即使在非结构变化区域，几何结构的差别，对行保仿真精度也有较大影响。

表 1　行人保护模型结构

编号	结构
1	白车身前端结构（包括 A 柱）
2	发动机舱内的总成，如发动机、发动机盖等
3	前副车架
4	雨刷总成、风挡玻璃和仪表板
5	保险杠、散热器、冷却总成
6	仪表板支撑结构，例如跨车梁
7	发动机罩、翼子板、发动机罩锁、支架和各加强板件
8	保险杠蒙皮、格栅
9	前大灯及其内部零件、雾灯

　　行人保护碰撞区域的结构多为塑料外饰件，加强筋、卡扣等细小的几何特征较多。划分网格时，大尺寸的网格尺寸难以捕捉几何特征，对于碰撞区域的仿真精度有较大影响。但过小的网格尺寸将影响 LS-DYNA 显式计算的时间步长，造成网格单元数量庞大，影响计算效率。综合考虑行保网格划分对几何细节以及时间步长对计算资源的额外需求，平衡双方面的考量，行保模型里建议网格平均尺寸为 5mm。相对应地，行保模型时间步长的选取普遍为 1E – 6 秒，可根据网格质量进行调整，但不低于 7E – 7 秒，控制质量增加不超过总模型质量的 1%~2%，以优化计算资源需求。

（二）行保模型设置研究

　　LS-DYNA 求解器分析软件中存在多种模型设置，对行保模型标定精度会有不同程度的影响。

　　对于壳单元，LS-DYNA 默认的 2 号壳单元类型（ELFORM = 2）对计算资源需求较小，且有稳定的鲁棒性，可普遍使用。但对于行人保护分析，碰撞区域需要更高计算精度。所以，碰撞区域中的壳单元建议使用全积分（fully integrated shell element）的 16 号壳单元（ELFORM = 16）。行保模型中涉及的前保泡沫、橡胶缓冲块、密封块、铸造金属件等结构，通常采用体单元，采用默认设置的 1 号体单元（constant stress solid element）和 2 号体单

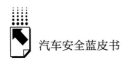
元（fully integrated, selectively reduced solid element）。由于不同体单元类型内不同积分点的分布，若需使用一层体单元来捕捉弯曲刚度，必须使用 2 号体单元，因为单层的 1 号体单元并不能体现弯曲刚度。若几何需求导致体单元的长宽比（aspect ratios）较大，则建议使用默认设置的 1 号体单元，以避免变形反应过刚。

对于 LS-DYNA 行人保护分析中的接触模拟，应在 * CONTROL_ CONTACT 卡片中设置 IGNORE = 1，以改善初始穿透的处理功能。对于较软的橡胶等部件体单元，其相较于金属材料的刚度较小，两者在 LS-DYNA 计算接触时可能导致刚度不匹配，而影响模型计算稳定性下降，出现负体积、穿透等现象，因此需考虑在体单元外包裹 NULL 材料的壳单元，改善稳定性。需要注意的是，在体单元外包壳会对刚度有所影响，不建议对每个体单元包壳，会对整体刚度有不符合现实的影响。在模型中，整个车体里的接触可用 * AUTOMATIC_ SINGLE_ SURFACE 定义接触。为了计算稳定性，模型中需避免重复定义的接触。对于车体模型与行保撞击器模型的接触，应单独利用 * AUTOMATIC_ SURFACE_ TO_ SURFACE 接触定义，以方便检测接触力的输出。

（三）材料模型应用研究

行人保护涉及金属、塑料、泡沫、橡胶、玻璃等多种材料，除金属材料有较为成熟的材料本构模型，其余非金属材料的本构模型还有很大的挑战，在业界还属于应用的初级阶段，限制了行人保护仿真分析精度的提升。

典型的金属材料模型包括 MAT_ 003、MAT_ 020（刚体）、MAT_ 024（普遍应用的材料模型），由于行人保护工况中基本不涉及金属材料失效问题，在仿真过程中可不考虑金属失效。

典型的塑料材料模型包括 MAT_ 024、MAT_ 089、MAT_ 187 等，由于塑料件在试验中存在着断裂失效的情况，塑料材料性能模拟还存在一系列难点，例如材料受配方、工艺等影响带来的材料一致性问题；材料普遍无明显的弹性和塑性段；某些聚合物具有 400% 应变的极端延展性；材料较难获得脆性断裂特性；在行保模型网格尺寸限制下的细节几何模拟等难点。现阶段，MAT_ 187 号材料对塑料性能模拟有一定改善，也具有模拟塑料断裂的失效准则，但对于仿真失效预测仍有局限性。

典型的橡胶材料模型有 MAT_ 007、MAT_ 027、MAT_ 077、MAT_ 181等，缓冲块、密封条等结构，使用 MAT_ 27 号 MOONEY-RIVLIN 双参数橡胶材料模型，通过材料试验提取模型的两个参数设置，对缓冲块和密封条的仿真效果可接受。

典型的泡沫材料模型有 MAT_ 006，通常用于致密橡胶泡沫；MAT_ 057 用于可反弹泡沫；MAT_ 062 用于反应较黏稠的泡沫；MAT_ 063 用于不反弹泡沫；MAT_ 083 适用于大多数泡沫，行人保护模型中可用于前保险杠泡沫。

风挡玻璃的仿真模拟仍然是国际汽车仿真业界中的技术难点，由于玻璃强度受到不可控的瑕疵位置与大小的影响，其脆性失效反应的试验重复性低。典型的风挡玻璃为三层结构，即上、下两层脆性玻璃和中间层粘弹性PVB（Polyvinyl Butyral）薄膜，有采用"壳—体—壳"单元层模拟"玻璃—PVB—玻璃"，如图 1 所示。另有采用 MAT_ 032 号，在壳单元里通过不同积分点设置，模拟玻璃层和 PVB 薄膜。此方法通过样片级材料试验，获得玻璃本体和 PVB 聚合物的材料特性，并通过高速拉伸试验获得玻璃本体和 PVB 聚合物的密度、杨氏模量、泊松比、屈服应力、塑性硬化模量、失效塑性应变等 12 项参数，设置玻璃层和 PVB 聚合物层的厚度、积分点数量和分布。通过部件级三点弯试验进行标定和验证，最终应用在行人保护模型中。随着行人保护法规发展，二轮骑行者的头型保护受到重视，在风挡玻璃区域的头型打击点数量将增加，对风挡玻璃材料的本构模型的研究需要加强。

（四）试验过程监测研究

行保仿真精度提升需以试验数据作为支撑，准确的试验边界条件和

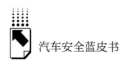

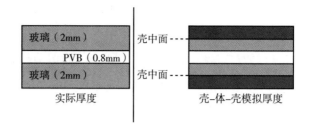

图1　风挡玻璃模拟方法

试验结果将很大程度上影响仿真精度。所以，工程师需跟踪监测行保试
验过程，确认实车状态与仿真模型的一致性，并适量增加实车测量数据
以监测试验车部件安装状态、试验打击速度、实际碰撞点位置等影响
因素。

　　为确认实车试验与行保仿真模型的划线和撞击点位置一致，可记录试验
车前保险杠特征点、门槛结构特征点、前轮眉、后轮眉和后保险杠特征点的
高度信息，调整仿真模型中会影响撞击点位置的地面线、车体高度和角
度等。

　　试验车各零部件之间的安装间隙，会影响部件间接触时间、结构刚度和
撞击反弹表现等。监控发动机罩与翼子板间隙、发动机罩与前端隔栅间隙、
大灯安装间隙等状态，有助于分析零部件安装状态对结果的影响。图2显示
了可能对结果造成较大影响的安装间隙测量位置。

　　行保试验中，划线后得到的撞击点位置可利用三维坐标仪记录坐标，进
行试验和仿真的撞击点位置对比，消除因撞击点位置偏差造成的仿真误差。
另外，由于试验设备在发射头型或腿型冲击器时，存在试验允许偏差，可在
试验过程中记录位置和角度偏差信息，尤其是发动机罩周边特征区域对头型
及前保险杠特征变化区域对腿型的试验结果有较大影响。

（五）头型子系统仿真技术研究

　　行人保护头型仿真模型，根据头型打击点分布特点及对应车辆结构特
征，可将打击点区域分成如图3：发动机罩中心区域（发动机罩内、外板、

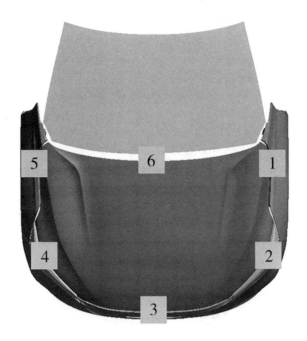

图2　安装间隙测量位置示意

粘胶）、发动机罩前端区域（发动机罩锁体）、前照灯区域、发动机罩后端区域（水槽盖板、发动机罩铰链）、风挡玻璃区域。对各个子系统建模方法的研究，将改善对应区域内的头型打击点仿真精度。

1. 发动机罩锁体

锁体模拟应体现锁体部件几何特征，如图4所示。在网格简化过程中，可适当简化弹簧锁止，保留锁钩、锁舌和锁体结构。锁舌与锁体之间的连接关系，避免刚性连接造成结构刚度过大，头型伤害值过高，而用锁舌和锁体间的面面接触定义，复现试验过程中，发动机罩受到头型冲击时，发动机罩有一定下沉余量。

2. 气撑

针对气撑建模，中间部用弹簧单元和滑动副（＊CYLINDRICAL_JOINT），弹簧单元形式用DISCRETE，材料MAT_S01_SPRIING_ELASTIC，两端连接用旋转副（＊REVOLUTE_JOINT），如图5所示。由于

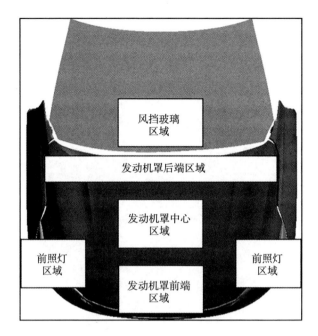

图3　头型打击点区域划分示意

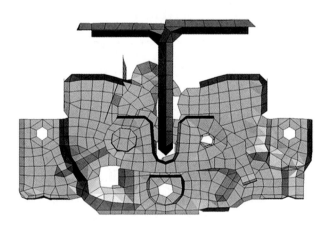

图4　发动机罩锁体建模示意

行保模型中不涉及气撑的开闭，对气撑弹簧刚度设置可做简化处理。

3. 发动机罩铰链

对发动机罩铰链的模拟建议使用旋转副（＊REVOLUTE＿JOINT），如

图 5　气撑建模示意

图 6，避免刚性连接导致的刚度过高问题而影响行保仿真精度。另外，图 7
在铰链区域，连接铰链、发动机罩内板和铰链加强板的螺栓在撞击过程中有
可能接触到发动机罩外板而影响头型撞击器，应按实际高度、大小在行保模
型中体现。

图 6　发动机罩铰链建模示意

4. 水槽盖板

　　水槽盖板等塑料件的模拟，除了需要准确的断裂失效材料本构外，往往
存在较多弱化孔、厚度不同的加强筋，对失效位置和断裂大小有重大影响。
在建模过程中，需注重水槽盖板弱化孔的大小和料厚。对水槽盖板加强筋的
料厚分布进行一定程度的细化，如图 8 所示。不同料厚的结构对断裂失效有
重要影响。

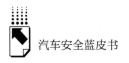

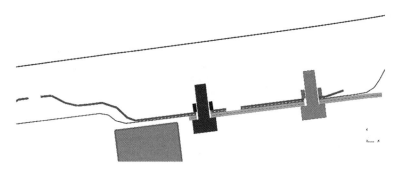

图 7　发动机罩铰链螺栓建模示意

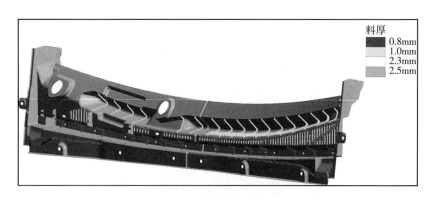

图 8　水槽盖板建模示意

水槽盖板一般安装有密封条，密封条与发动机罩内板之间的接触刚度差异较大，建议密封条建模采用壳单元，避免仿真过程中出现负体积、穿透等现象。

试验过程中，水槽盖板的卡扣也存在脱开失效现象，如图 9 所示。刚性连接模拟的卡扣无法模拟失效过程，造成仿真伤害值偏高。可以利用带失效的梁单元（BEAM）模拟此处连接，并对卡扣进行部件级试验，获取卡扣失效力的参数，以改善仿真精度。

水槽盖板后端通过橡胶条连接风挡玻璃，通过刚性连接会造成水槽盖板后端刚度过大，伤害值偏高；通过接触定义连接，又缺少拉脱力的模拟，造成水槽盖板后端变形模式异常，甚至影响水槽盖板断裂失效情况。可在水槽

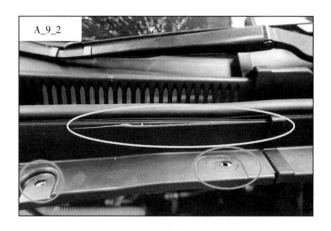

图9　水槽盖板卡扣失效示意

盖板后端与风挡玻璃橡胶条的各单元节点之间，利用弹簧单元模拟连接，通过弹簧刚度模拟拉脱力，如图10所示。

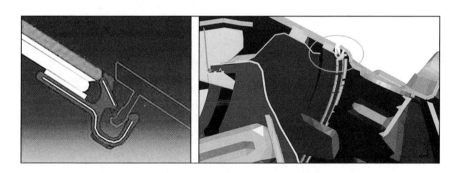

图10　水槽盖板后端连接建模示意

5. 雨刮

出于行人保护性能考虑，雨刮总成常被设计成可溃缩吸能的结构，以降低头型伤害。根据雨刮失效形式不同，可分为溃断式和压溃式雨刮。溃断式雨刮轴，如图11所示，通过在雨刮支座上设计弱化孔、引导槽，在受到冲击时，雨刮支座发生溃断失效，通过设置金属材料失效准则，可较好地模拟失效过程。压溃式雨刮，如图12所示，通过雨刮轴限力挡圈，在受到冲击时，

217

雨刮轴发生压溃，可采用弹簧单元和滑动副（＊CYLINDRICAL_ JOINT）模拟，弹簧材料通过定义压溃力与位移曲线，模拟雨刮轴压溃过程。

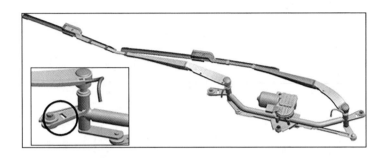

图 11　溃断式雨刮示意

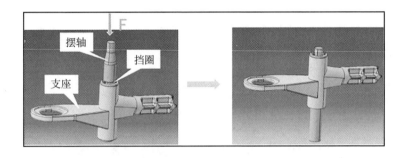

图 12　压溃式雨刮示意

雨刮总成的连杆机构连接采用球铰连接，雨刮总成的摆臂连接采用旋转副连接，雨刮与车体连接包含防震橡胶，可采用六方向梁单元（DISCRETE BEAM）模拟连接。

（六）腿型子系统仿真技术研究

中国新车评价规程 C-NCAP（2018 年版）将行人保护纳入整车安全等级评价，国内各车企对于腿型的性能开发，主要针对下腿型（Flex-PLI）进行开发，对于下腿型（Flex-PLI）冲击仿真建模研究，有利于提高下腿型仿真精度，缩短腿型性能开发周期和节省研发成本。

相较于头型冲击器，下腿型冲击器本身结构更加复杂，导致腿型冲击器有限元模型本身的仿真精度就难于头型冲击器。且头型伤害只考察 HIC 伤害值，下腿型的伤害评价指标包括小腿弯矩 T1、T2、T3、T4 和膝部韧带伸长量 ACL、PCL、MCL，七个评价指标同时考察对有限元模型的仿真精度是更大的挑战。

根据车辆前端外部造型特点，可将腿型试验区域分为中间区域和外侧区域。将散热器格栅等外部造型较平整的区域定义为中间区域，将大灯等外部造型斜向区域定义为外侧区域。中间区域影响因素主要包括散热器格栅、小腿支撑板、前保险杠泡沫等，外侧区域影响因素主要有前保蒙皮、大灯和雾灯、碰撞器角度、高度及位置。

散热器格栅、镀铬装饰条等结构通常采用 ABS 或 ASA 等脆性塑料材料，试验过程中易发生断裂。仿真中针对材料失效，通过样片级、部件级的材料试验进行失效特性标定，采用 GISSMO 断裂失效参数的 MAT_ 187 号材料卡片表征，可以提升腿型仿真精度。

车辆前端外饰零件通常采用卡扣形式与钣金连接，试验中卡扣连接功能是否持续保持直接影响仿真精度。试验过程中，如图 13 出现蒙皮下端卡扣连接失效的情况。在有限元模型中，可进行卡扣部件级试验，获取卡扣失效力参数范围，持续改善行保模型仿真精度。

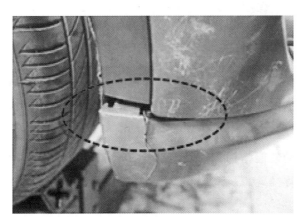

图 13　水槽盖板卡扣失效示意

试验中车辆需换装前保险杠蒙皮、前保险杠泡沫等总成,由于装配工艺误差,前保零件间的安装间隙可能会发生变化,从而影响下腿型撞击过程中的溃缩空间和接触时间。且溃缩空间变化,对碰撞前段(0.015s 之前)没有明显影响,主要影响碰撞后段的弯矩情况。因此,工程师需跟踪监测前保险杠蒙皮、前保险杠泡沫等安装状态,确认仿真模型与实车状态的一致性。

C-NCAP(2018 年版)中,对试验时下腿型冲击器的运动姿态进行了说明,允许冲击器轴线在横向垂直平面内的偏差不大于 ±2°,下腿型的底部应在地面基准平面以上 75mm ± 10mm 范围内,另外,碰撞器在车辆纵向垂直平面内的角度误差会导致碰撞点在 Y 方向的位置发生变化。从而需对每一个腿型试验的碰撞角度、碰撞高度、撞击点位置进行监控和测量,尤其对于外侧区域的腿型点,对性能影响的程度更大。

三 总结与展望

本文基于 LS-DYNA 显式有限元仿真方法,针对结构模拟、仿真设置、材料本构、子系统建模、试验误差等五类影响因素,研究车辆碰撞行人保护仿真技术,阐述了行人保护仿真建模过程中,对精度提升有改善效果的建模方法,介绍了行人保护仿真精度的提升方法和主要影响因素。目前,行人保护仿真在塑料失效、风挡玻璃模拟等方面仍面临较大挑战,现有仿真技术仅仅满足性能开发要求,但对于准确预测性能指标,尤其对于发动机罩后端区域和风挡区域的头型性能预测,还存在一定难度。随着 C-NCAP 评价规程的发展,风挡玻璃区域的头型点位将进一步增加,建立更加精准的风挡玻璃模拟方法迫在眉睫;另外,C-NCAP 评价规程也将采用新型 aPLI 腿型冲击器来评价腿型区域的性能指标,aPLI 腿型与 Flex-PLI 腿型之间的评价指标差异性,以及对仿真结果的差异性还有待研究。

B.18
车辆行人保护关键技术研究

汪家胜　张立玲　崔娜杰　张明新　孙贺*

摘　要： 随着汽车安全技术的发展和 NCAP 评价及法规的不断升级，各大主机厂对行人保护技术开发越来越重视。由于中国车辆行人保护研究起步较晚，行人保护技术相对于欧美主机厂还存在一定差距。基于 NCAP 行人保护评价，本文以行人及两轮车骑行者等弱势群体的伤害程度研究为主线，分别研究了行人头部伤害、行人腿部伤害，同时，对 6 岁儿童行人碰撞进行了伤害研究。研究结果表明，aPLI 腿是未来 NCAP 行人腿部评价的必然趋势；儿童行人在车辆撞击过程中的伤害主要来自胸部。随着智能网联技术的发展，主被动技术融合是未来汽车安全技术的主流趋势，其对生命的安全保护作用更加明显，也是实现汽车交通"零死亡、零重伤、零事故"愿景的关键之路。

关键词： 行人保护　NCAP　风挡玻璃　通风饰板　aPLI 腿

---

* 汪家胜，北京汽车股份有限公司汽车研究院性能分析部行人保护及子系统领域专家，主要负责行人保护及碰撞安全子系统 CAE 分析及性能开发；张立玲，工学博士，教授级高级工程师，北汽集团专业技术带头人，北京汽车股份有限公司汽车研究院性能分析部部长，负责北汽研发全系列自主品牌汽车性能开发工作；崔娜杰，北京汽车股份有限公司汽车研究院性能分析部碰撞安全分析科工程师，主要从事行人保护及子系统 CAE 分析工作；张明新，北京汽车股份有限公司汽车研究院性能分析部碰撞安全分析科工程师，主要从事行人保护及子系统 CAE 分析工作；孙贺，北京汽车股份有限公司汽车研究院性能分析部碰撞安全分析科工程师，主要从事行人保护及子系统 CAE 分析工作。

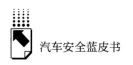

一 引言

根据行人与两轮车交通事故数据统计研究，行人及两轮车骑行者等交通弱势群体，其伤亡率占比越来越大。当行人等弱势群体与车辆发生碰撞时，前保险杠、发动机罩、风挡玻璃等车辆前端结构是造成行人伤害的主要部位。

行人保护是 C-NCAP 评价试验的重要组成部分。根据 C-NCAP 管理中心发布的路线图，未来将考虑两轮车骑行者的伤害评价。经统计，两轮车骑行者的头部碰撞区域主要集中在车辆发动机罩后端的雨刮和风挡玻璃区域，在发布的 C-NCAP（2021 年版）草案中，行人头碰区域由 WAD1000 ~ WAD2100 扩大至 WAD1000 ~ WAD2300，以涵盖两轮车骑行者的头部碰撞区域。针对扩大区域的复杂零件结构及材料多样性，需要准确有效的 CAE 仿真精度来保证车辆的行人头部保护的开发性能。由于行人保护属于低能量碰撞，针对行人头部区域大量应用的聚丙烯（PP）塑料零件和风挡夹层玻璃的 CAE 精确仿真是决定车辆行人头部保护性能的关键，而这一关键的核心就是材料的失效仿真。因此，非金属件失效的精确预测是基于结构优化技术之上的关键技术之一。

根据交通事故统计，行人等弱势群体除了严重伤害占比较大的头部之外，腿部是紧随其后的第二大伤害部位。由中国汽车技术研究中心有限公司牵头组织的中国汽车行人保护研究工作组是致力于提升汽车行人保护技术研发的组织，该组织于 2018 年率先开展了高级行人腿型碰撞器（Advanced Pedestrian Legform Impactor，aPLI）的评价研究，为 C-NCAP 的未来发展提供了技术支持。在工作组的努力支持下，2019 年初，C-NCAP 发布行人保护评价发展路线图，并于 2019 年 9 月推出了 C-NCAP（2021 年版）行人保护评价草案。草案中确定将行人腿部评价升级为 aPLI 腿，领先于 Euro NCAP 一年时间。aPLI 腿型相对于 Flex-PLI 腿型具有更高的生物伤害逼真度，由于 aPLI 腿型增加了碰撞过程中的行人上肢的影响因素，其 aPLI 腿型比 Flex-

PLI 腿型具有更大的重量和冲击惯性，这对于车辆行人保护的性能开发提出了更高的要求和挑战。

现行的 NCAP 行人保护碰撞伤害评价体系，其评价的主体对象主要是成年人。然而，根据国际交通安全机构的统计，在每 10 位死于交通事故的人中，至少有 1 位是儿童。在我国，由于道路交通情况复杂等因素，儿童因交通事故导致的死亡率是欧洲的 2.5 倍，美国的 2.6 倍，已成为 14 岁以下儿童的第一死因。儿童属于最弱且最易发生事故的群体，因此应该得到更多的关注，开展儿童行人的碰撞伤害研究是未来行人保护技术方向之一。

二　行人头部保护关键技术

在车辆行人保护技术开发过程中，CAE 仿真模拟是重要的方法之一。C-NCAP（2018 年版）行人保护头部网格法评价中要求车企提供 CAE 仿真预测值，依据预测结果随机采集 8 个碰撞点进行试验验证，通过试验结果计算修正系数来最终计算出车辆行人头部保护的评价得分，这一修正系数要求在 0.75~1.25 区间才被认为 CAE 仿真结果有效，而 Euro NCAP 中这一系数则要求在 0.85~1.15 区间，否则就要采用分块法进行评价，根据研究对比，分块法相比网格法的结果差异超过 30%，显然，此偏差严重影响车辆的行人保护评价，对车辆的市场带来不良影响。

车辆行人头部保护性能的评价通常采用头锤壁障开展行人头型冲击试验，头型内部安装加速度传感器，用以采集质心处 X、Y、Z 方向的加速度，结合以下公式计算头部伤害值 HIC，以此评估对于行人的伤害程度。

$$\text{HIC} = (t_2 - t_1) \left(\frac{\int_{t_1}^{t_2} a_R dt}{t_2 - t_1} \right)^{2.5} \tag{1}$$

式中：a_R 为合成加速度，$(t_2 - t_1) \leqslant 15 \text{ ms}$。通过 $(t_2 - t_1)$ 时间区域的选取，来求取 HIC 的最大值。

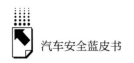
（一）前风挡玻璃失效技术

1. 风挡玻璃材料介绍

1903 年，法国化学家 EDOUARD Benedictur 将凝胶作为中间粘接层连接两块玻璃，开创了夹层玻璃的先河，自 20 世纪 60 年代以来，聚乙烯醇缩丁醛（PVB）由于其出色的透光性和粘接性成为汽车夹层风挡玻璃的首选对象。PVB 汽车夹层玻璃为三层结构，包括上下两层玻璃和中间 PVB 薄膜层，如图 1 所示。当行人头部撞击此处时，玻璃层脆性失效后，PVB 层依然承载，同时上下两层的玻璃碎片牢固地粘接在 PVB 层薄膜上，有一定的吸能缓冲效果，防止玻璃碎屑对行人和乘员的二次伤害。

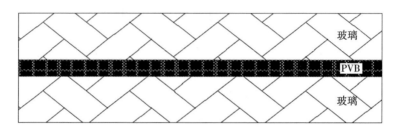

图 1　PVB 夹层玻璃示意

2. 风挡玻璃 CAE 建模

据调研，风挡夹层玻璃 CAE 仿真模拟是行业内的难题。风挡玻璃模型的主要思路是分别建立玻璃层和 PVB 层，再以合适的方法模拟玻璃层与 PVB 层的连接方式。基于行人保护头部与风挡玻璃碰撞的冲击力学模型，其分层建模的方式不同直接影响结果的准确性。根据有限元软件 LS-DYNA 的建模理论，通过大量 CAE 分析研究，采用将风挡玻璃作为整体单层壳单元零件的分析方法，准确地还原了头碰试验 HIC 的加速度伤害曲线和夹层玻璃的蜘蛛网状裂纹形态，如图 2、图 3。该方法采用特定布置形状的 SHELL 单元网格建模，通过 INTEGRATION_ SHELL 关键字对夹层玻璃进行分层定义来区分夹层玻璃的玻璃层和 PVB 层，来表征内、外 2 层玻璃和中间 PVB 聚合物，S 为定义积分点，坐标如图 4 所示，在 −1 ~ 1 区间（上层取负值）。WF 为每个积分点所占整体厚度比例（根据夹层玻璃具体的实际厚度进行定义）。风挡玻璃的采用 MAT_ LAMINATED_ GLASS 材料本构模型。

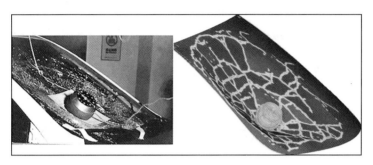

图2　试验和仿真裂纹形态对比

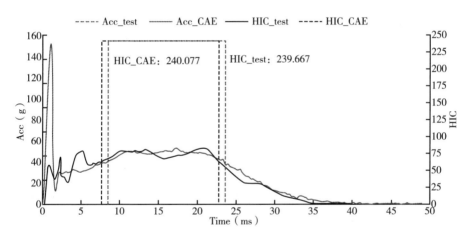

图3　试验和仿真加速度曲线对比

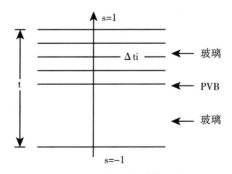

图4　积分点坐标计算示意

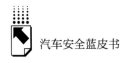

通过风挡玻璃的应用研究，上述方法准确地模拟了行人头碰过程中的风挡玻璃的失效，其精度超过90%，有效支持了车辆行人保护头碰性能的开发。同时，上述方法相对于传统的分层建模具有模型规模小、计算时间短、模型更稳定的特点，为企业及后续的行人保护性能开发提供了新的仿真方法及指导意义。

（二）塑料件的失效技术

随着汽车轻量化的逐渐发展，大量的塑料件被广泛应用，"以塑代钢"的概念逐渐兴起。聚丙烯材料由于其优异的性能成为车用塑料材料中发展最快的品种，但是塑料件的延展性普遍较钢材低，在车辆碰撞中发生断裂失效的概率较大，而常用的常应变失效方法，往往不能真实还原材料的失效状态，近几年来，关于材料失效的本构模型数量不断增多，如 Gurson 模型、Johnson-Cook 模型、GISSMO 失效模型、DIEM 失效模型等，GISSMO 失效模型是一种先进的连续介质损伤模型，将成形失效损伤及载荷加载路径考虑在内，可以更好地还原材料的失效状态。

1. GISSMO 失效模型介绍

GISSMO 失效模型是在 Johnson-Cook 模型基础上发展起来的，是一种唯象损伤力学模型，在本构关系中引入损伤变量 D，用带有损伤变量的本构关系描述受损材料的宏观力学行为，不模拟损伤的物理背景和材料内部的细微结构变化，当 D 达到 1 时，材料发生失效，如公式（2）所示，其中 n 为非线性累积损伤指数，$\Delta\varepsilon_p$ 为失效等效塑性应变增量，$\varepsilon_f(\eta)$ 根据不同应力状态下的等效塑性失效应变曲线进行定义。

$$\Delta D = \frac{n}{\varepsilon_f(\eta)} D^{(1-1/n)} \Delta\varepsilon_p \qquad (2)$$

2. GISSMO 失效模型建立

材料一般分为弹塑性阶段及失效阶段，其中弹塑性阶段通过弹性模量、密度、泊松比及应力应变曲线等进行描述，这些可通过拉伸试验获取，失效阶段可通过设计不同应力状态下的材料断裂失效试验获得所需失效曲线及参数，如表1所示为几种典型的加载工况。

表 1　典型的加载工况

应力三轴度(η)	加载工况
$-2/3$	双轴压缩
$-2/3 < \eta < -2/3$	平面应变
$-1/3$	单轴压缩
0	纯剪切
1/3	单轴拉伸
$1/3 < \eta < 2/3$	平面应变
2/3	双轴拉伸

通过材料试验，获取不同应力三轴度下的等效失效应变和临界应变，同时进行 GISSMO 失效模型的 CAE 仿真网格依赖性曲线研究，建立塑料材料的 LS-DYNA 的 GISSMO 失效模型。以某车型的 C-NCAP 行人保护头碰试验中塑料通风饰板为例，通过 MAT_ ADD_ EROSTION 关键字激活 GISSMO 失效模型进行仿真试验研究，研究结果表明，相比基于常应变失效的仿真模型可更加准确地预测通风饰板的失效断裂行为，HIC 加速度曲线精度评价指标 WIFac 值达到 89.1%，精度提高了 9.4%，如图 5 所示。GISSMO 失效模型库的建立，确定行人保护建模基础，保障了行人保护仿真预测精度，有效支持行人保护性能开发。

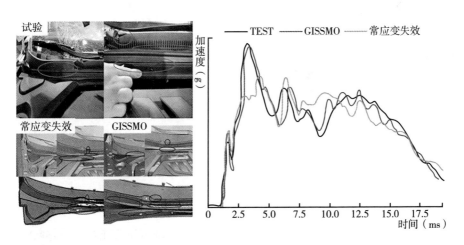

图 5　头碰点处的失效状态和 HIC 加速度曲线

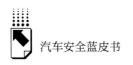
三 先进行人腿型开发技术

C-NCAP（2018年版）行人保护评价中，腿部评价采用 Flex-PLI 腿型冲击器，该腿型冲击器只模拟行人的下肢，没有与行人上半身部分相对应的部分，这意味着与真实交通事故中行人撞击的伤害机理存在差异，研究结果如图6所示。

为了准确真实评估车辆行人保护性能，亟待开发新型的腿型壁障冲击器。ISO/TC22 SC36 组织成立了工作组开展新型人体腿型碰撞器 aPLI 的开发工作，截至2020年4月已完成 aPLI 腿的实物模型开发工作。

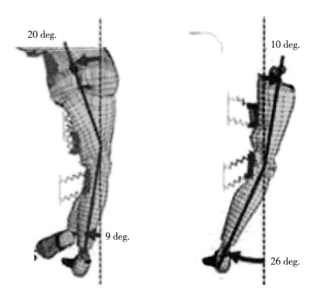

图6 腿型撞击姿态对比

（一）aPLI 腿介绍

aPLI 的腿型结构如图7所示，相对于 Flex-PLI 腿型，aPLI 腿型上方增加了髋骨模块并匹配转动惯量，充分考虑了人体上肢的冲击惯性对腿部伤害的影响。aPLI 腿的重量由 Flex-PLI 腿型的13.4kg增加至24.8kg，并重新根据人体腿的生物指标进行了各部位的尺寸修正和质量分配，以真实体现人体腿部的碰撞性能。图 7 为 aPLI 腿型结构，现行 Flex-PLI 腿型结构如图 8 所示。

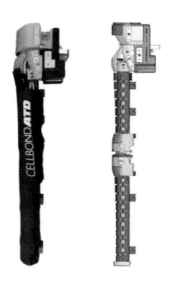

图 7　aPLI 腿型结构示意

图 8　Flex 腿型结构示意

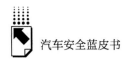
（二）aPLI 腿开发策略研究

C-NCAP（2018 年版）行人保护评价中，腿部伤害评价仅有小腿弯矩和膝盖处的韧带伸长量，而对于上腿部的伤害，则在 2021 版行人保护草案中aPLI 腿中得到的完善。C-NCAP（2021 年版）行人保护评价草案中，aPLI腿型伤害评价如图 9 所示。大腿骨位置依次布置 3 个弯矩传感器。小腿骨位置依次布置 4 个弯矩传感器。膝部位置布置 3 个韧带伸长量测量传感器，分别为内侧副韧带 MCL，前十字韧带 ACL 和后十字韧带 PCL。

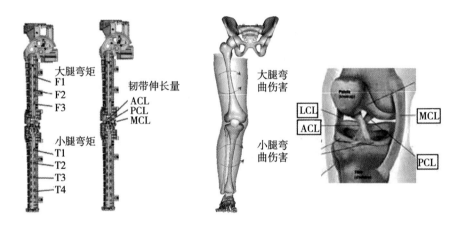

图 9　aPLI 腿型各评价指标测量位置

基于行人腿部伤害机理和 C-NCAP 腿部伤害评价要求，开展车辆的 aPLI腿性能开发研究是各车企当下的重要课题之一。最优拉丁超立方算法是工程开发过程中常用的一种优化算法，根据车辆设计参数，采用拉丁超立方算法设计试验矩阵，通过对各试验点结果的线性主效应准则分析应用，确定车辆前端各设计指标的开发策略。

拉丁超立方试验设计最早由 M. D. Mckay 等人提出。随后 Keramat 等人对其进行改进，将设计空间由一维推广到 n 维，其样本点生成过程如图 10所示，在设计空间内随机生成所有的样本点。

提取对 aPLI 腿型性能影响较大的五个造型和总布置尺寸作为设计因素，

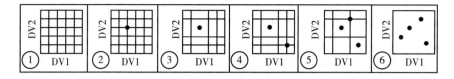

图 10   拉丁超立方样本点生成过程示意

如图 11 所示，设计因素说明如表 2 所示。每个因素相应选取五个水平，应用最优拉丁超立方设计算法，设计出试验矩阵，共计 25 个样本点。

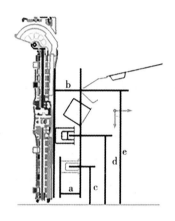

图 11   各设计因素示意

表 2   提取的各设计因素说明

因素	说明
a	发动机罩前端硬点和小腿保护梁之间的 X 向距离
b	发动机罩前端硬点和前保最前端的 X 向距离
c	小腿保护梁离地高度
d	前防撞梁离地高度
e	发动机盖前端硬点离地高度

基于 25 组 CAE 仿真结果进行分析，获取设计因素对各响应的线性主效应。主效应分析是考察某个设计因素对性能响应的变化效应。各设计因素对各响应的线性主效应值，如图 12 所示。横坐标表示各响应，纵坐标表示设计因素对各响应的线性主效应值。

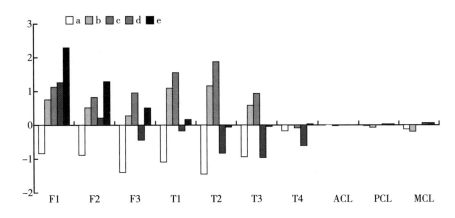

图12　设计因素对各响应的线性主效应

分析 25 组试验结果分析对各响应所敏感的设计因素，提出相应的轿车车型 aPLI 腿型开发策略如下。

（1）发动机罩前端硬点离地高度 e 的变化对行人大腿弯矩的影响作用较大，适当降低 e 和 d 等，可改善行人大腿弯矩，降低大腿伤害风险。

（2）发动机罩前端硬点和前保最前端的 X 向距离 b 对行人韧带伸长量的影响作用较大，适当增大 a 和 b，可改善行人膝部的韧带伸长量，减小膝部韧带伤害。

（3）小腿保护梁离地高度 c 对行人小腿弯矩的影响作用较大，适当降低 c、增大 a 等，可改善行人小腿弯矩，降低小腿伤害风险。

四　儿童行人保护研究

现行的车辆行人保护评价规则，其评价对象的涵盖范围一直也是备受关注的话题，对于道路交通参与者中的最弱势群体——儿童，目前对这一群体的碰撞保护研究存在不足。由于儿童身体特征（如身高、骨骼耐受度等）与成年人存在差异，其在交通事故中呈现不一样的伤害。以下通过对 6 岁儿童的碰撞分析研究来探讨车辆儿童行人保护性能开发的特点。

利用 BUCK 标准轿车模型，建立 Piper 六岁儿童行人假人 ls-dyna 碰撞模型，如图 13 所示，假人的姿态按照 Euro NCAP 假人姿态尺寸标准进行调整，如表 3 所示。BUCK 车配重至 1500kg，车辆以 40km/h 的初速度撞击行人假人右侧，分析研究儿童假人的碰撞伤害。分析动画结果显示，0~30ms 主要表现为车前端与腿部及髋部碰撞，而在 70ms 左右，6 岁儿童头部开始撞击发动机罩，90ms 后，儿童行人抛出，被车辆撞飞，如图 14 所示。

图 13 6 岁儿童假人

表 3 Euro NCAP 6 岁儿童假人姿态

项目	长度（mm）					角度（°）							
	P_X	P_Y	AC_Z	HC_X	HC_Z	K	M	G	H	T	U	V	W
参考值	199	152	640	6.5	1117	89	106	164	175	98	70	140	160
公差	5	15	2	16	1	3	5	3	5	3	3	5	10
P_{lPER} 定标比例尺寸	204	152	630	6	1125	89	104	164	177	98	68	140	164

注：长度对应的公差单位为（％）。

0 ms   30 ms   70 ms   90 ms

图 14 儿童假人各时刻碰撞姿态

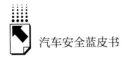

提取假人各部位的伤害，图 15 到图 17 分别为小腿骨、大腿骨和肋骨的最大塑性应变，图 18 为头部的加速度—时间曲线，根据 Jing Huang 等人的研究人体骨骼失效应变与年龄的关系式（3），根据该公式，计算出 6 岁儿童行人假人的骨骼失效应变为 4.032%。

$$Failure\ strain = 4.23 - 0.033age \tag{3}$$

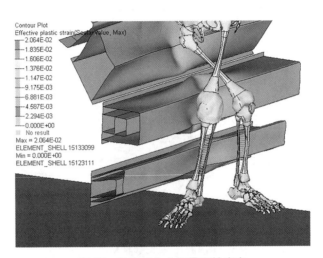

图 15　儿童假人小腿骨塑性应变

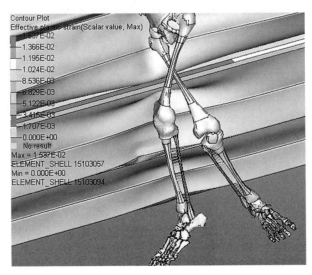

图 16　儿童假人大腿骨塑性应变

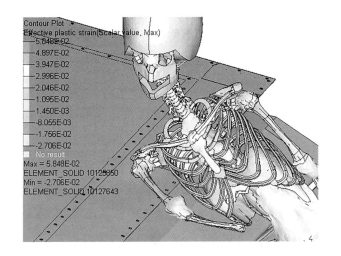

图17 儿童假人 胸部肋骨塑性应变

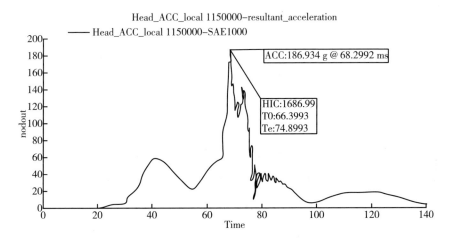

图18 儿童假人头部加速度积分曲线

根据表4中6岁儿童假人的各部位的伤害分析可以看出，儿童假人的碰撞伤害主要来自其胸部，其次为头部。经分析，胸部位置在撞击过程中对应车辆前端上部位置，主要是发动机罩前端。分析结果显示，这一位置的刚度较大，致使假人的胸部侧向挤压变形量过大。

表4　6 岁儿童假人碰撞伤害评价

6 岁儿童假人部位	伤害指标		伤害评价
	应变(%)	HIC	
小腿骨	2.06	—	未失效
大腿骨	1.54	—	未失效
胸部肋骨	5.85	—	失效
头部	—	1687	未失效(小于 1700)

对比现行 NCAP 的评价体系，其并未考察胸部碰撞保护的要求。通过对 6 岁儿童行人的碰撞分析可以看出，胸部伤害是造成交通事故行人伤亡的原因之一，随着汽车市场的不断发展和法规的完善，对行人胸部的碰撞保护要求势必将纳入考察范围。

五　总结

通过 CAE 仿真技术的深度应用，结合车型行人保护性能开发要求，对制约行人保护的技术瓶颈进行深入研究，为车辆行人保护技术提供了有利思路。主要结论有以下几点。

（1）对于行人头部保护性能开发过程中的风挡玻璃和 PP 塑料件 CAE 仿真预测，可以分别采用 INTEGRATION_ SHELL 建模和 GISSMO 失效的方法进行车辆头部 CAE 分析研究，有效提高头碰发动机罩后端头碰点 CAE 预测的修正系数的精度。

（2）aPLI 腿是未来 NCAP 行人腿部评价的必然趋势，通过应用拉丁超立方优化理论，可以确定出发动机罩前端、前防撞梁和小腿保护梁的离地高度以及相对位置等造型、总布置设计指标的要求，有效保证车辆行人腿部保护的性能开发。

（3）针对 NCAP 评价体系中未考虑到的儿童群体进行 6 岁儿童行人碰撞分析研究，结果表明，儿童行人在车辆撞击过程中的伤害主要来自胸部。胸部伤害评价是未来 NCAP 的评价工况之一。

六 展望

Euro NCAP 行人保护评价包括子系统结构部分（头碰、腿碰）和 AEB 等主动部分，其中行人保护五星评价限值要求车辆子系统结构得分大于 22 时，否则总分中将不计算 AEB 得分。而我国 C-NCAP 行人保护评价仅有子系统结构评价，AEB 作为主动安全评价之一，未与行人保护评价关联，被动安全技术是车辆安全技术不可或缺的一部分，但是随着智能网联技术的发展，主被动技术融合是未来汽车安全技术的主流趋势，其对生命的安全保护作用更加明显，也是实现汽车交通"零死亡、零重伤、零事故"愿景的关键之路。

参考文献

赖宇阳：《Isight 参数优化理论与实例详解》，北京航空航天大学出版社，2012。

M. Timmela, S. Kollingb, P. Osterrieder, et al., "A Finite Element Model for Impact Simulation with Laminated Glass", *ScienceDirect* 34, 2007: 1465 – 1478.

Traffic Safety Facts 2013 Data, NHTSA, Washington, DC, USA, 2015.

Chidester A. B., Isenberg R. A., "Final Report: The pedestrian crash data study", Proceedings of the 17th International Technical Conference on the Enhanced Safety of Vehicles (ESV) (No. 248), Amsterdam, the Netherland, 2001.

Jeremie Peres, "A Pedestrian Version of Piper 6 Year Old Child Model", IRCOBI conference, 2018.

J3093, Design and Performance Specifications for a Generic Buck Representing a Small Family Car Used in the Assessment of Pedestrian Dummy Whole Body Impact Response, SAE international, 2019.

J. Huang, Y. Long, Y. Yu, et al., "Development and Validation of an Age-Specific Lower Extremity Finite Element Model for Simulating Pedestrian Accidents", *Applied Bionics & Biomechanics*, 2018: 1 – 12.

B.19
C-NCAP（2021年版）行人
保护 aPLI 腿型研究分析

孙金霞*

摘　要： 本文对柔性腿（Flexible-Pedestrian Legform Impactor, Flex-PLI）和先进腿（advanced Pedestrian Legform Impactor, aPLI）的特点进行对比分析，结果显示，Flex-PLI 与 aPLI 腿型均包含股骨、胫骨、膝盖、皮肤/肌肉四个部分，差异在于 aPLI 新腿型中股骨部分的三个弯矩伤害指标也作为评价伤害指标进行考核；而且 aPLI 比 Flex-PLI 重了接近一倍，aPLI 腿型撞击到车辆后造成的车辆结构的变形与腿型伤害都有所不同。aPLI 腿型撞击的伤害规律：无论是轿车还是 SUV，股骨的第二个弯矩伤害值最大；胫骨的第一个弯矩伤害值最大；膝关节的后韧带拉长量 PCL 远远大于前韧带拉长量 ACL。本文对此提出了相应的改进方案，为进一步研究行人保护 aPLI 腿部碰撞中车辆前部结构的设计提供了依据。

关键词： 行人保护　C-NCAP　腿型研究　柔性腿　先进腿

一　引言

在我国，行人较多，交通秩序相对混乱，在行人与车辆的碰撞过程中，

---

* 孙金霞，高级工程师，泛亚汽车技术中心有限公司前期车辆开发与整车集成部中高级车辆安全集成技术经理，主要研究领域为车辆安全集成开发和行人保护开发。

腿部伤害的比例占 32.4%，是行人较容易发生伤害的部位。我国在 2010 年
9 月开始实施《汽车对行人的碰撞保护》推荐性法规，同时在 2018 年的新
上市车型实施 C-NCAP 星级评定，第一次把行人保护内容加入其中，行人保
护腿碰使用柔性腿型 Flex-PLI 来评估事故中行人下肢的伤害。C-NCAP
（2021 年版）中将会使用新型的 aPLI 腿型进行行人下肢的伤害评估，新型
的 aPLI 腿型更能真实反映事故中行人腿部的伤害。

　　C-NCAP（2021 年版）中行人保护总分数是 15 分，其中头部碰撞占 10
分，腿部碰撞占 5 分。在新车型的 C-NCAP 行人保护星级评定中，腿部碰撞
的得分至关重要。aPLI 新腿型增加了上部质量块、新增了伤害评价，比
Flex-PLI 腿型要求更严苛。无论是轿车还是 SUV，如何开发满足 aPLI 腿型
性能的车型尤为重要。

二　aPLI 腿型的介绍

（一）aPLI 腿型与 Flex-PLI 腿型的对比

　　Flex-PLI 柔性腿包含有四个部分：股骨、胫骨、膝盖、皮肤/肌肉，
如图 1 所示。冲击器总质量为 13.2kg ± 0.4kg，腿部冲击器总长为
928mm。在 Flex-PLI 柔性腿中，针对股骨、膝盖和胫骨三部分，分别有股
骨弯矩、膝盖韧带拉长量和胫骨弯矩三大伤害指标。股骨部分的弯矩主
要有三个，这三个弯矩伤害指标目前只作为监控指标，并不作为评价伤
害指标。膝盖部分的韧带拉长量主要有三个——内侧韧带拉长量
（MCL）、前韧带拉长量（ACL）、后韧带拉长量（PCL），这三个都作为
评价伤害指标。胫骨部分的弯矩主要有四个——弯矩 A1（上部）、弯矩
A2（中上部）、弯矩 A3（中下部）、弯矩 A4（下部），这四个弯矩伤害
指标都是评价伤害指标。

　　新的 aPLI 腿型也包含有四个部分：股骨、胫骨、膝盖、皮肤/肌肉，如
图 2 所示。aPLI 冲击器总质量为 24.5kg ± 0.4kg，其中上部质量块质量就为

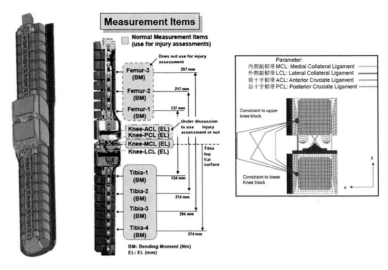

图1 Flex-PLI 柔性腿的组成及伤害指标

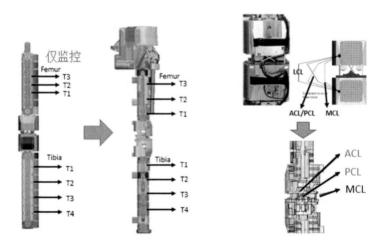

图2 aPLI 腿型的组成及伤害指标

11.8kg，用来模拟行人大腿质量。跟 Flex-PLI 柔性腿不同之处，在于 aPLI 新腿中的股骨部分的三个弯矩伤害指标也作为评价伤害指标进行考核。aPLI 膝盖部分也有三个韧带拉长量指标，跟 Flex-PLI 柔性腿不同之处，在于前后韧带拉长量由斜交叉形式变为垂直形式的拉伸量。韧带拉伸量由斜交叉形式变成垂直形式之后，腿部撞击到车辆后，前后韧带拉长量更大，更容易超标。aPLI 胫骨部分的弯矩仍然是四个，跟 Flex-PLI 柔性腿相同，都是考核的伤害指标。

（二）aPLI 腿型的分析状态

由于 aPLI 腿型比 Flex-PLI 腿型重了接近一倍（从 13.2kg 到 24.5kg），并且增加的大腿重量集中在上部，所以 aPLI 腿型撞击到车辆后，车辆结构的变形和 aPLI 腿型的伤害都有所不同。

如图 3 所示，Flex-PLI 腿型撞击到车辆后，车辆发动机罩盖支撑住腿部上部，Flex-PLI 股骨基本不发生变形。但是 aPLI 腿型撞击到车辆后，由于 aPLI 的上部质量块（11.8kg）重量更大，撞击后车辆发动机罩盖不足以支撑腿部上部而发生变形，上部股骨的各关节之间发生弯曲，使股骨三个弯矩伤害容易超标。

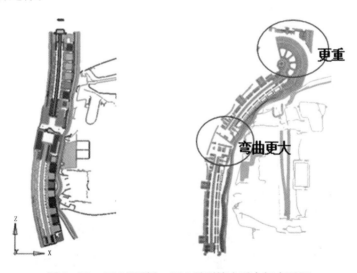

图 3　Flex-PLI 腿型和 aPLI 腿型撞击后车辆变形图

同时，Flex-PLI 腿型撞击到车辆后，上部股骨和下部胫骨之间发生的弯曲并不大，因此膝关节的韧带拉伸量不大。但是 aPLI 腿型撞击到车辆后，上部股骨和下部胫骨之间发生很大的弯曲，从而导致膝关节的韧带拉伸量变大，更容易超标。

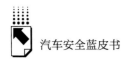

因此，针对 aPLI 腿型，若想满足腿碰性能，车辆的结构设计完全不同于 Flex-PLI 腿型。

三 碰撞模拟分析及改进

（一）aPLI 腿型的伤害规律

针对 aPLI 腿型，进行了六款车型（包括小型轿车和中型 SUV/MPV），四个不同撞击位置（包括 Y0 – Y500）的虚拟分析，发现新腿型的弯矩和韧带拉伸量伤害值具有一定的规律。

针对上腿股骨的三个考核指标，股骨弯矩 M1、M2、M3，无论是轿车还是 SUV，无论是 Y0 中间撞击位置还是 Y500 大灯撞击位置，股骨的第二个弯矩是伤害值最大的，最容易超标的一个弯矩。如图 4 所示，6 个不同车型中在 Y0 撞击位置，几乎都是弯矩 M2 是最大的。第二个弯矩 MY2 的位置相对不同的车辆来说差异很大，由于 SUV 车型较高，弯矩 M2 相对落在 SUV 车型的进气格栅位置，而轿车较低，弯矩 M2 相对落在轿车的发动机罩盖位置。

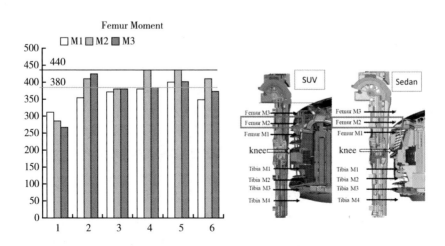

图 4 6 个不同车型（Y0 位置）的上腿股骨伤害

针对下腿胫骨的四个考核指标，胫骨弯矩 M1、M2、M3、M4，无论是轿车还是 SUV，无论是 Y0 中间撞击位置还是 Y500 大灯撞击位置，胫骨的第一个弯矩是伤害值最大的，最容易超标的一个弯矩。如图 5 所示，6 个不同车型中在 Y0 撞击位置，几乎都是弯矩 M1 是最大的。第一个弯矩 M1 的位置相对不同的车辆来说差异却不大，不管是较高的 SUV 车型还是较低的轿车，弯矩 M1 相对落在 SUV 或轿车的前防撞梁吸能块的下部位置。

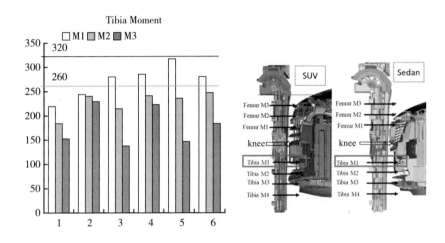

图 5　6 个不同车型（Y0 位置）的下腿胫骨伤害

针对膝关节的三个考核指标，韧带拉长量 ACL、PCL、MCL，无论是轿车还是 SUV，无论是 Y0 中间撞击位置还是 Y500 大灯撞击位置，后韧带拉长量 PCL 远远大于前韧带拉长量 ACL，在 C-NCAP（2021 年版）中，后韧带拉长量不仅由斜交叉改为垂直考核方式，还是内侧韧带拉长量 MCL 是否可以得分的门槛考核值，一旦后韧带拉长量 PCL 超标，膝关节内侧韧带拉长量 MCL 就无法得分。即使后韧带拉长量 PCL 满足要求，新腿型 aPLI 的内侧韧带拉长量 MCL 也比之前的 Flex-PLI 腿型变得更大（由于 aPLI 腿型上部质量块更重导致膝关节弯曲更大从而韧带拉长量更大），如图 6 所示，不管轿车还是 SUV 车型的内侧韧带拉长量很容易超标，很难得分。

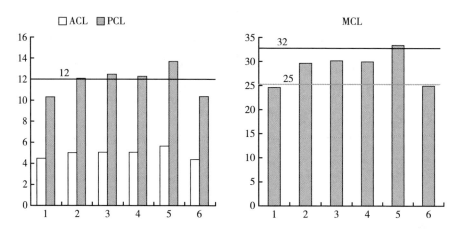

图6　6个不同车型（Y0位置）的膝关节韧带拉长量ACL/PCL/MCL伤害

（二）aPLI腿部碰撞不同车型结构的改进——SUV车型

如前所述，SUV车型相对较高，针对aPLI新腿，伤害较小更容易得分。如图7所示，以某款SUV车型为例，车辆前端结构没有任何更改的前提下，aPLI腿型的得分为3.02分［C-NCAP（2021年版）腿型满分为5分］，为了提高aPLI腿型的得分，针对车辆前端结构进行了下述相关方案的研究，可以提高到4.71分。

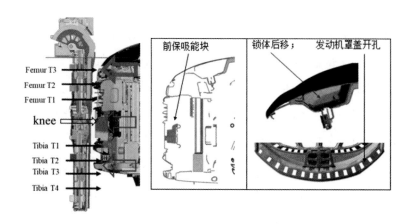

图7　某SUV车型的aPLI得分改善方案

- 发动机罩盖及锁后移，使罩盖变成易变形的悬臂梁结构；
- 发动机罩盖内板厚度减薄（由 0.6mm 改为 0.5mm）；
- 发动机罩盖内板前端增加弱化孔；
- 去掉前保吸能块。

如图 8 所示，通过这些方案，aPLI 腿型的上腿和下腿弯矩有明显改善，分别降低了 16% 和 33%，同时膝关节韧带拉长量 PCL 和 MCL 也改善了 24% 和 28%。

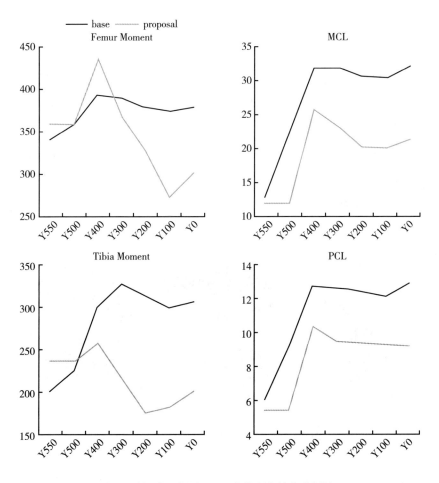

图8 某 SUV 车型 aPLI 改善方案的伤害对比

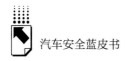
（三）aPLI 腿部碰撞不同车型结构的改进——轿车车型

如前所述，轿车车型相对较低，相对于 aPLI 腿型上部承载结构（发动机罩盖及格栅前端）较低，很难有效地把 aPLI 腿型的上部质量块撑住或推开，因此上腿股骨和下腿胫骨的相对弯曲很大，导致上腿股骨弯矩较大，膝关节韧带拉长量较大，从而很难得分。

如图 9 所示，以某款轿车车型为例，车辆前端结构没有任何更改的前提下，aPLI 腿型的得分为 1.8 分［C-NCAP（2021 年版）腿型满分为 5 分］，通过相关方案的研究，可以提高到 3.5 分。

这款轿车为主动式罩盖车型，在前保吸能块里面布置了行人感知压力管，行人腿部撞击到前保吸能块，吸能块里的压力传感器受到挤压后发送信号给整车碰撞传感器来触发发动机罩盖抬起，减少行人头部撞击的伤害，因此在进行方案研究时，不能完全去掉前保吸能块，只能对前保吸能块进行相关弱化并且还要考虑感知压力管的布置，同时还对前保下支撑板进行了结构上的研究。

- 弱化前保吸能块；
- 加强前保下支撑板结构。

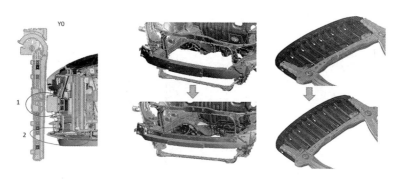

图 9　某轿车车型的 aPLI 得分改善方案

如图 10 所示，前保吸能块减弱后，下腿胫骨及膝关节可以继续平推移动，下腿和上腿的相对弯曲大大减少，从而上腿股骨和下腿胫骨的弯矩大大减小，同时膝关节反弹量减少，膝关节的韧带拉长量 MCL 和 PCL 都有所减小。前保下支撑板加强后，可以快速有效地把下腿胫骨推开，从而下腿胫骨的弯矩减小。

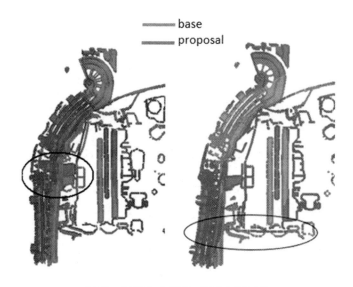

图 10　某轿车车型的 aPLI 变形对比

如图 11 所示，方案更改后的 aPLI 各个伤害指标比前原始结构的有明显改善，上腿股骨和下腿胫骨最大弯矩降低了 15% 和 18%，同时膝关节韧带拉长量 MCL 和 PCL 也改善了 28% 和 23%。

四　结论

不管是轿车还是 SUV 车型相对 aPLI 腿型有上、中、下三条传递路径，如图 12 所示。

- 上部传递路径通常来说是发动机罩盖；
- 中部传递路径通常来说是前防撞梁及吸能块；
- 下部传递路径通常来说是蒙皮格栅下部支撑结构。

车辆上部支撑结构：支撑位置 Z 向越高、支撑结构越弱、支撑相对于

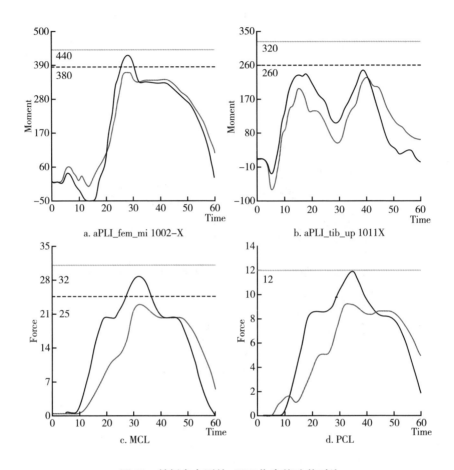

图11 某轿车车型的 aPLI 伤害值改善对比

前防撞梁的 X 向距离越小，上腿股骨和膝关节韧带拉长量这些伤害越小，如图 12 所示。因此在对车辆前部结构进行设计的时候，可以考虑发动机罩盖前端增加减弱孔、减弱前保格栅支撑结构、发动机罩盖和格栅分缝线后移等方案。

车辆中部支撑结构：支撑位置 Z 向对 aPLI 腿型伤害影响较小，支撑结构越弱、支撑相对于前防撞梁的 X 向距离越大，上腿股骨和膝关节韧带拉长量这些伤害越小，如图 14 所示。因此在对车辆前部结构进行设计的时候，可以考虑减弱前保吸能块结构（考虑低速法规碰撞不建议弯曲去掉吸能块）、增加支撑跟前保蒙皮之间的空间等方案。

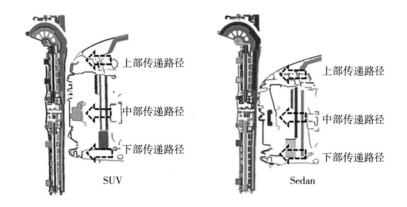

图 12　车型相对 aPLI 腿型的传递路径

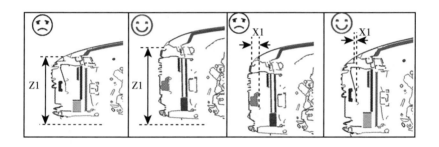

图 13　车辆上部支撑与 aPLI 相对关系

图 14　车辆中部支撑与 aPLI 相对关系

　　车辆下部支撑结构：支撑位置 Z 向越高、支撑结构越强、支撑相对于前防撞梁的 X 向距离越大，上腿股骨和膝关节韧带拉长量这些伤害越小，

如图 15 所示。因此在对车辆前部结构进行设计的时候，可以考虑加强前保下支撑板结构、增加支撑跟前防撞梁之间的空间等方案。

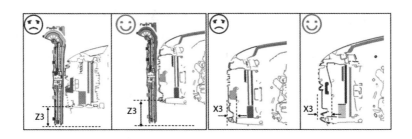

图 15　车辆下部支撑与 aPLI 相对关系

参考文献

C-NCAP 管理中心：《C-NCAP 管理规则（2021 年版）》，中国汽车技术研究中心有限公司，2020。

190607_ atd-models_ apli_ aktueller_ stand_ 00. 11_ jn，2019.

Euro NCAP-Pedestrian-Protocol-Version − 8. 5，2018.

B . 20

中型 SUV "探岳"车型正面碰撞
乘员保护性能开发

赵庆波 陈垣晓 林 松 伏小龙 马 悦*

摘 要： 探岳（Tayron）作为一款高端中型 SUV，是一汽—大众继探歌（T-Roc）后的第二款 SUV 产品。该车型的造型设计、功能定义、概念布置、安全开发以及批量验证等方面，绝大部分工作由一汽—大众技术开发部承担，是一汽—大众自主开发完成的一款 SUV 产品。该车型于 2019 年第四季度被中汽中心抽中进行 C-NCAP（2018 年版）测试，综合得分率达到 94.6%，获得 5 星＋评价。在被动安全方面，占权重 70% 的乘员保护达到 67.91 分，得分率为 97.01%，截至 2019 年底，位列所有测试车型中第二名。本文重点介绍探岳车型正碰乘员保护性能开发相关工作。

关键词： 正碰乘员保护 C-NCAP 被动安全

探岳（Tayron）于 2019 年第四季度被中汽中心抽中进行 C-NCAP（2018

---

* 赵庆波，一汽—大众汽车有限公司技术开发部车身开发部车辆安全科产品工程师，主要从事整车安全正碰和乘员保护开发工作；陈垣晓，工程师，一汽—大众汽车有限公司技术开发部车身开发部车辆安全科科长，主要从事汽车主被动安全性研究；林松，工程师，一汽—大众汽车有限公司技术开发部车身开发部车辆安全科专家，主要从事汽车主被动安全性研究；伏小龙，一汽—大众汽车有限公司技术开发部车身开发部车辆安全科产品工程师，主要从事整车安全正碰和乘员保护开发工作；马悦，一汽—大众汽车有限公司技术开发部车身开发部车辆安全科产品工程师，主要从事整车安全正碰和乘员保护开发工作。

年版）碰撞测试，乘员保护、行人保护和主动安全综合得分率达到94.6%，
并获得 C-NCAP 5 星 + 安全评价，位列所有测试车型第二名。作为大众 MQB
A2 平台的一员，探岳基于欧版 Tiguan 而来，欧版 Tiguan 于 2016 年进行了
Euro NCAP 测试，也获得 5 星的安全评价结果。一方面，探岳无论在车身结
构安全或者乘员保护安全方面，均保持了欧版 Tiguan 相同优秀的安全性能；
另一方面，探岳在开发过程中，一汽—大众始终坚持安全性能为重中之重，
不遗余力的研发精力和高昂的成本投入以保证其优秀的整车安全性能。碰撞
测试中被动安全乘员保护一项成绩出色，其中正碰乘员保护的优异分数为其
总体达到 5 星 + 奠定了良好基础。

　　本文主要针对探岳整车安全性能之正碰乘员保护开发工作进行介绍。分
为 3 部分：从开发前提和目标解读入手，阐述 C-NCAP（2018 年版）测试要
求和探岳正碰乘员保护安全开发的标准；针对正碰乘员保护开发过程，从结
构输入、概念开发布置、安全装备及零件性能要求等方面介绍开发细节；介
绍碰撞安全试验验证工作内容。

图 1　探岳的 C-NCAP（2018 年版）碰撞测试结果

一　正碰乘员保护安全开发目标

　　C-NCAP（2018 年版）作为中国新车评价规则的第 5 代版本，由中汽中
心于 2017 年 4 月正式发布，从 2018 年 7 月开始对中国市场新车进行评价测
试。因此在最初确定探岳安全开发计划时，一汽—大众便将 C-NCAP 五星

开发作为探岳基本目标。对于国标碰撞测试要求,探岳各项考核标准至少保留 20% 的安全余量。德国大众针对乘员保护也形成了苛刻的内部开发标准,采用但不限于欧洲和北美等地区安全法规、其他消费者评价标准或者真实事故研究统计等,Tayron 车型批量生产前必须达到认可标准后才进入销售市场。

为保证探岳达到安全目标,需要对开发前提进行分析,包括欧洲和中国在燃料政策、用户需求、法规和消费者碰撞测试方法等方面差异,同时对开发目标进行了详细的要求解读。

(一)开发前提

首先,以燃料政策和用户开车习惯为例,欧洲普遍使用柴油发动机和消费者青睐搭配手动变速箱,中国普遍使用汽油发动机和更受消费者欢迎的自动变速箱。以用户对座椅要求为例,欧洲消费者倾向于手动织物、硬度高和头枕头后间隙大的座椅,而中国消费者更喜欢电动真皮、手感软和更小的头后间隙的座椅。乘员保护开发时必须考虑 Tayron 车型自身车重(碰撞减速度波形)和座椅设计(乘员的约束性能)要求。

其次,从消费者评价测试方法看,虽然 C-NCAP 和 Euro NCAP 正面测试工况均为 50km/h 正面刚性墙和 64km/h 正面偏置碰撞。但 C-NCAP 规则是中汽中心在对国内道路特点、事故特征和乘员伤害统计研究的基础上,对碰撞工况设置、车内假人位置和尺寸等进行了优化调整,如图 2 和图 3 所示。

从对比可以看到,虽然同属 NCAP 评价体系,但 C-NCAP(2018 年版)相比 Euro NCAP 侧重点不同。比如,C-NCAP 前排使用 50th 男性假人进行测试,考察中大尺寸和体重的乘员是否得到有效保护;C-NCAP 后排使用 5th 女性假人和儿童假人进行测试。从碰撞强度和乘员伤害严重程度看,C-NCAP 工况严苛程度并不比 Euro NCAP 低,以 64km/h 偏置碰撞中小尺寸女性乘员保护开发为例,其因车身偏转引起的颈部伤害和下潜风险在实际开发中必须考虑。

最后,对比中国和欧洲正面碰撞法规,两者均考察 50km/h 下的刚性墙

差异	C-NCAP（2018年版）	Euro NCAP 2018
乘员类型	前排：2*50thHIII 后排：5thHIII和Q3	前排：2*5thHIII 后排：5thHIII
前排考察	头、颈、胸、大腿和小腿	头、颈、胸和大腿

图 2　C-NCAP 和 Euro NCAP 对比——正面 100% 重叠刚性壁障碰撞试验

差异	C-NCAP（2018年版）	Euro NCAP 2018
乘员类型	前排：2*50thHII 后排：5thHIII	前排：2*50thHIII 后排：Q6和Q10
后排考察	女性头、颈和胸腹部	儿童头、颈和胸部

图 3　C-NCAP 和 Euro NCAP 对比——正面 40% 重叠可变形壁障碰撞试验

正面碰撞和 56km/h 偏置碰撞工况，但是要求和乘员类型仍然不同，比如国标偏置碰撞为推荐标准，且副驾驶员侧评价中大尺寸乘员伤害保护。

表 1　国标和欧标对比——正碰法规

碰撞类型	国标		欧标	
	标准号	乘员类型	标准号	乘员类型
50km/h 正面刚性墙	GB 11551 – 2014	2 * 50th HIII	ECE R137	50th、5th HIII
56km/h 正面偏置碰撞	GB/T 20913 – 2007		RCE R94	2 * 50th HIII

（二）开发目标解读

根据开发目标，解读探岳乘员保护开发要求，包含了碰撞工况、乘员类型、伤害指标限值和内饰件安全等，如图 4 所示。可以看到，在 C-NCAP、国标和大众内部标准的要求下，探岳安全性能开发时针对不同类型乘员、碰撞工况和速度区间等均有考虑和涉及。该解读也有助于指导制定安全试验矩阵和零部件开发要求、定义安全装备以及开展安全试验等。

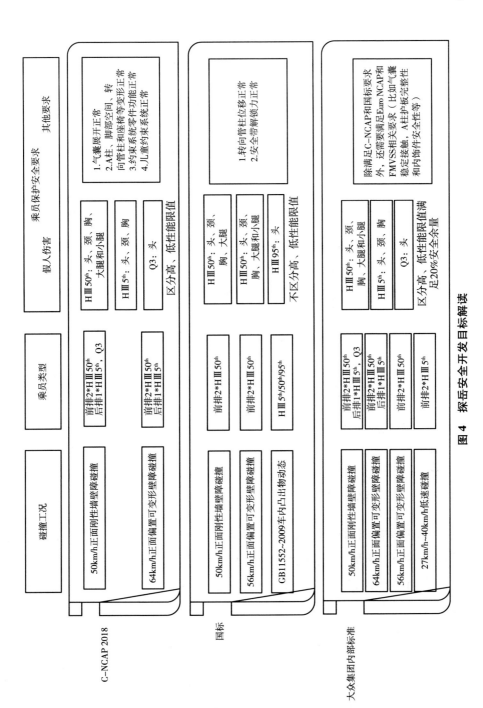

图 4　探岳安全开发目标解读

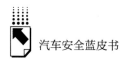
二　正碰乘员保护开发过程

正碰乘员保护开发需要考虑的因素非常多，比如碰撞波形、乘员周边环境件布置、安全装备及约束系统零件性能、仿真前期气囊包型设计和方案筛选、仿真——滑车和整车试验协同等。本文列出简单的开发过程，并针对其中 3 项进行简要介绍。

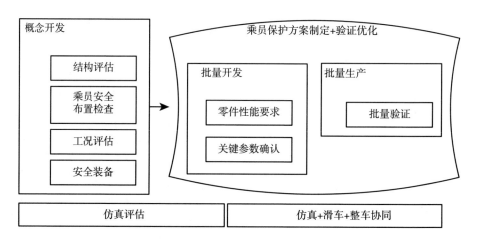

图5　正碰乘员保护开发过程简述

（一）车身结构输入要求

对于正碰乘员保护开发而言，车身结构安全至关重要。它既是保护车内乘员安全的第一道屏障，也是车内乘员保护性能开发的输入参数。良好的车身结构设计指车身变形元件（如吸能盒、纵梁等）可以吸收碰撞时车辆的能量，有效地将车辆缓慢地停止下来，同时高强度元件（如 A 柱、门槛等）保持原有设计位置以避免前舱结构侵入而造成乘员舱空间挤压，从而直接威胁乘员安全。除此之外，车身空间大小、结构设计如何更有策略地降低车身速度过程以及碰撞时尽早的信号识别以让 ECU（气囊控制器）发出点火指令到被动安全装备（气囊、安全带等约束系统）进行工作等，都对乘员保护开发非常关键。比如宽大的空间，给了被动安全装备用以约束车内乘员更多时间；车辆较快或者较慢的减速过程，均对车内乘员保护开发有不同要求；比如位于保险杠内的碰撞信号传感器布置策略，决定了被动安全装备不同的点火时间。

从乘员保护角度而言，在车身结构设计时需要提出评价指标，比如碰撞波形的评价有乘员负载评价 OLC（Occupant Load Criteria）、ESW（Equivalent Square Wave）和回零时刻等；对于乘员舱完整性评价，踏板位移量、脚部空间侵入量和 A 柱位移量等。探岳采用的 MQB A2 平台和优秀的结构安全设计，保证了车辆发生 64km/h 40% 偏置碰撞工况下，仍能保持乘员舱完整性。这里仅对探岳 OLC 指标进行简单说明。

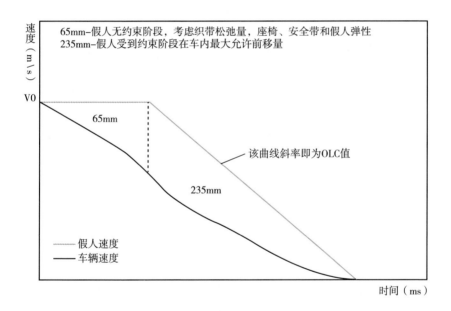

图 6 OLC 概念定义

OLC 作为评价车体波形强度的重要指标，是通过对车辆碰撞时的减速度波形直接计算而得到。方法是：将碰撞过程中车内乘员运动过程分为无约束阶段和有效约束阶段。前者考虑约束系统松弛量，即乘员在受到约束系统有效约束前，相对车内空间自由前移 65mm；后者要求在 235mm 的空间内完成乘员约束，以避免乘员与车体内部饰件发生"二次碰撞"，OLC 值即为有

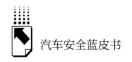

效约束阶段乘员理论速度曲线的斜率，如图 5 所示。物理意义是：斜率越小，代表可以利用乘员约束系统使乘员速度停止下来的时间越长，约束系统施加更小的负载至乘员，也就是碰撞时乘员自身的减速度较小，以降低乘员的伤害。它可以表征一次碰撞强度的轻微或者恶劣，也可以表征车辆结构变形影响乘员负载大小的属性。

对于探岳，相同的车身结构搭配不同的动力总成，其 OLC 基本维持在 28～31g 区间。对于一款中型 SUV 来讲，其自重在 1545kg～1750kg，考虑到乘员和试验设备，其总重达到 1745kg～2050kg。从乘员保护角度评价，该值稍显苛刻，但考虑探岳后排加长的设计和前排较大的乘员空间，可以算是不错的结构设计输入。

（二）概念开发安全布置要求

对于安全开发而言，前期的概念开发至关重要，一旦到后期难以达到开发目标去更改设计，必然会影响开发周期和成本。概念开发阶段要求校核车身结构布置合理性和乘员约束系统布置合理性。探岳在概念开发阶段针对乘员约束系统布置安全性要求如下。

（1）仪表板 A 面造型检查。与乘员膝盖和小腿 Tibia 接触区域，需要校核是否存在不合理的仪表板造型设计，碰撞时仪表板表面阻止 Tibia 向前运动和膝盖产生位移，比如凸起的棱线或者表面，从而导致假人较大的膝部滑移伤害，引起乘员膝部韧带断裂。

（2）仪表板表面和内部硬点结构检查。仪表板 A 面及向内空间属于膝盖碰撞区域，不允许出现不可变形的硬点，比如仪表板和副仪表板过渡区域结构硬度超标、凸起的平台或者金属材质零件等，均可能导致膝部产生不均匀分布的集中载荷，引起乘员骨盆脱臼或者大腿骨折等。如果硬点布置无法避免，可以考虑内部增加缓冲垫。

（3）膝盖与仪表板的距离以及膝盖向前移动时足够的 Y 向空间。如果膝盖与仪表板距离过大，可能引起假人小腿较大的 My 值，严重时可能导致乘员小腿骨折等；如果膝盖向前运动过程中，Y 向空间小而造成小腿运动阻碍，同样会引起较大的膝部滑移伤害。

（4）转向管柱压溃行程校核。转向管柱溃缩设计就是为了保证碰撞时，驾驶员胸部和头部有更多的生存空间，同时避免外力作用而导致转向管柱向车内侵入，可以保护驾驶员胸部免受挤压和减轻头部气囊作用载荷。一旦压溃行程中有阻碍溃缩的结构设计，将难以保证其正常设计功能。

（5）脚部空间缓冲垫校核。主副司机脚底缓冲垫区域校核，主要考虑覆盖范围、软硬度和坡度设计。目的是阻止脚部移动，吸收和阻挡车辆减速过程中通过地板传递给乘员下肢的载荷。

（6）后排女性防下潜校核。女性假人大腿根与骨盆交汇处的腹部上边缘皮肤高度较小，可能导致作用在骨盆位置处的合力不均匀，引起安全带腰带从盆骨滑向腹部，碰撞过程中巨大负载冲击容易造成腹部软组织受伤。校核包含静态坐姿和动态运动过程，考虑因素有安全带固定点、座椅泡沫造型和硬度、座椅是否考虑下潜设计等。

上述校核只是其中一部分，理论上只要影响到乘员约束的点都需要进行检查，例如后排安全带导向和支撑部分是否设计合理，安全带在胸前佩戴位置校核等。

（三）安全装备及零件性能要求

探岳安全装备及约束系统关键零件性能参数如表2所示。安全方面，不仅有常见的前排预紧+限力式安全带、正面气囊、压溃式转向管柱和头部气帘等，而且还有高端车型用到的主动式 RGS 安全带、膝部气囊和后排预紧安全带等装备。配置率方面，除了入门级别个别装备选装外，大部分安全装备均为标配。

表2　探岳安全装备及约束系统关键零件性能参数

单位：%

安全装备		功能/性能参数	配置率
前排安全带	普通预紧安全带	预紧+限力	95
	RGS 安全带	电动预紧+预紧+限力	5,可选装
后排安全带	普通预紧安全带	预紧+限力	90

安全装备		功能/性能参数	配置率
安全气囊	司机普通气囊	–	85
	司机 R-Line 气囊	–	15
	膝部气囊	–	90
	副司机气囊	–	100
	头部气帘（左/右）	–	90
	座椅侧气囊（左/右）	–	90
方向盘	全系多功能方向盘	平底	100
转向柱	溃缩式转向管柱	变形条撕裂式	100
座椅	前排 4 向调节 后排 2 向可调	防下潜座椅设计	100

1. 安全装备选择

自被动安全技术 20 世纪 80 年代初出现雏形以来，迄今为止发展出了各种各样的汽车安全装备，例如正碰乘员保护从最初的三点式安全带和气囊缓冲垫，现如今广泛运用卷收器预紧 + 限力式安全带、溃缩式转向管柱、stopper 卷收器、夹紧锁舌、双级限力、自适应气囊、膝部气囊和端片预紧等。上述是广义的安全装备，还有一些可能提升乘员约束系统保护性能的零件配置，比主动可逆式 RGS 安全带、柔软的安全带锁和转向柱内部缓冲泡沫等。安全装备选择通常需要根据开发目标、成本和安全开发理念来决定。

对于探岳，为了保证正面乘员保护安全性能，其选择了较高的安全装备：前排乘员配备卷收器预紧 + 限力式安全带，同时针对车辆不同配置，增加了夹紧锁舌和可逆式 RGS 安全带。除驾驶员和乘员侧正面气囊及四向调节 + 溃缩式转向管柱外，为了进一步提高对驾驶员保护性能，还额外配备了膝部气囊；后排乘员配备预紧 + 限力安全带，增加 stopper 功能，用于避免后排较大尺寸乘员头部与前排座椅靠背或者 B 柱等内饰件二次碰撞等。考虑到车辆发生正面碰撞后失控可能引起二次侧面碰撞，还增加了覆盖前后排的左、右侧气帘。

2. 零件性能开发要求

（1）前排安全带。安全带作为保护乘员生命安全的最重要装备，对于乘员保护起主要效果是其预紧和限力功能。预紧作用是在碰撞发生时拉紧织带以减少织带松弛量，该松弛量会延迟安全带有效作用时间，降低安全带的效能。限力可以改善安全带的能量吸收特性，对乘员施加比较均匀的约束力。安全带的理论工作曲线如图 7 虚线所示。

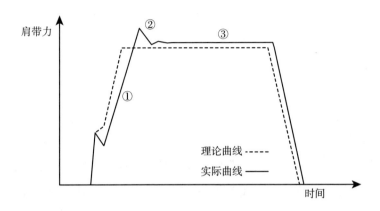

图 7　前排安全带性能要求

开发时需避免实际曲线与理论曲线有较大差异，以提高安全带对乘员的约束性能和降低胸部肋骨变形量。如图 6 所示，常见的差异有 3 点：①预紧起作用后，安全带力明显下降，并且在限力作用前其上升斜率较小；②限力作用前超出限力水平设计值的峰值；③稳定阶段限力水平值超出理论值公差范围。

（2）正面气囊。气囊也称辅助乘员保护系统（Supplemental Restraint System，SRS）。主要是辅助安全带对乘员头部和胸部进行缓冲约束。从乘员保护角度，常用的评价指标如下。

充气时间：指 ECU 发出点火信号至气囊完全充满所需要的时间，如果充气过慢，可能导致乘员在接触到气囊之后，气囊仍然在充气，造成头部较大冲击。通常司机气囊充气时间控制在 25～35ms，副司机气囊充气时间控制在 40ms 以内。

气囊体积：大体积意味可以在各种碰撞角度下为乘员提供较大的保护区域，特别是乘员侧保护气囊，但需要匹配合适的气体发生器。

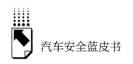

展开方式：气囊展开过程中，不应该有拍打脸部、胸部以及扫脸等危险动作，特别是小尺寸假人距离气囊较近。开发过程中，应该针对危险的展开进行气袋折叠方式优化。

展开位置：对于驾驶侧，其完全展开后应该处于方向盘中间位置，避免靠上或者靠下的不对称位置，从而造成后期胸部或者头部击穿。对于乘员侧，包型和展开方式应该考虑仪表板的造型，确保气囊完全展开后处于稳定支撑位置。通常，可以通过优化气囊罩盖撕裂或者气袋折叠方式等保证展开位置。

气囊硬度：碰撞工况有不同的特性，比如50km/h正面碰撞刚性墙时波形短而加速度大，需要气囊迅速展开对头部进行约束；而64km/h偏置碰撞时波形长，前期加速度小而后期加速度中等且持续时间长，如果气囊展开过早或者气囊保压性能较差，在头部还未完全反弹前，气囊已经失去压力，引起头部透击现象。气囊硬度检查采用气囊线性冲击或者跌落塔试验。

通常，发生器性能是气囊性能的最重要影响因素，其充气速度、火药量及压力输出特性直接影响气囊方案，比如体积大小、是否加涂层、泄气孔数量和尺寸等。此外，泄气孔的布置位置也需要考虑是否会对乘员身体产生灼伤以及泄气通畅性。

（3）膝部气囊。作为提升驾驶员保护性能的装备，膝部气囊作用：气囊充满气后，支撑大腿和小腿，减少乘员骨盆和下肢向前位移，它可以改变碰撞过程中乘员的运动姿态，使乘员上半部分可以更多地绕骨盆向前转动。膝部气囊效果图示如图8所示。它对改善乘员小腿和胸部（降低胸部压缩量）起到一定的效果。

从乘员保护角度，对膝部气囊有如下要求：①气囊出口有稳定的支撑；②较快的充气时间；③展开方式无危险行为，比如导致Tibia出现Fx或者膝部滑移量峰值；④覆盖范围。如果气囊尺寸较小，不能完全覆盖乘员膝部，可能由膝部气囊设计不合理和引起较大的膝部滑移量。

（4）转向管柱。安全带和安全气囊的保护下，驾驶员仍然可能撞到方向盘而引起胸部骨折或者内脏受伤。而溃缩式转向柱可以沿轴向方向吸能压

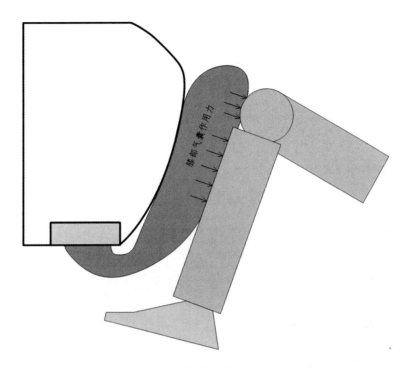

图8 膝部气囊效果图示

溃有效降低前端碰撞变形导致的驾驶员物理损伤。从乘员保护角度，要求转向柱碰撞时较大的压溃行程和稳定的压溃性能。初始压溃力可以影响压溃时间或者压溃行程，是乘员保护匹配的关键参数。

溃缩吸能通过以下一种或者多种组合：①材料弯曲；②材料变形；③接触摩擦；④折断；⑤剪断；⑥撕裂。探岳使用的溃缩式转向柱通过一根变形条撕裂和转向柱主轴与变形条之间的接触摩擦来实现吸能，该设计可以保证转向管柱正确的压溃时间和压溃行程。

（5）后排安全带。后排乘员的约束靠后排安全带来实现，从正碰乘员保护角度，后排预紧对提升后排乘员保护性能起到关键作用，在有限的空间内，可以将乘员骨盆和胸部尽早地约束在座椅上；限力值的选择和 stopper 圈数调节范围尽可能大，匹配时可以选择合理的参数设定。探岳后排采用预紧 + 限力 + stopper 组合的安全带类型，既满足 C-NCAP 工况的 5th 女性假人

在不触发 stop 功能情况下胸部和颈部得到有效保护，又能保证真实事故中 50th 或者 95th 乘员触发 stop 功能，避免乘员头部与前排座椅靠背、B 柱等二次碰撞。

（6）头部气帘。作为侧碰乘员保护的主要安全装备，但当正面碰撞发生时，探岳头部气帘将会被点爆。在车内乘员头部滑出气囊保护区域时，头部气帘可以为头部提供支撑，避免头部接触到仪表板和 A 柱等硬物，同时保护头部反弹时不与 B 柱等硬物接触；另外在避免车辆失去控制而发生类似翻滚或者二次事故时，头部气帘可以为乘员头部提供保护。

图 9　探岳头部气帘作用

从正碰乘员保护角度，要求头部气帘必须有向前足够的覆盖范围，同时气帘展开和定位后不应干涉安全带或者正面气囊正常工作。

三　正碰乘员保护安全试验验证

探岳正面乘员保护安全试验验证，尽管在 CAE 仿真输入、优化和全程伴随的情况下，仍然开展了 17 次正面滑车试验和 18 次整车碰撞试验。碰撞安全试验是车辆被动安全性能开发必不可少的步骤，它占车型开发费用的一大开支，要求试验工程师们必须有效地利用碰撞试验资源完成所有相关的开发验证，即在整个安全试验环节，不仅要考虑 C-NCAP（2018 年版）要求的测试工况和要求，还要完成国标、气囊参数标定、零件和整车安全开发等所有内容。如图 10 介绍探岳正面乘员保护安全试验。

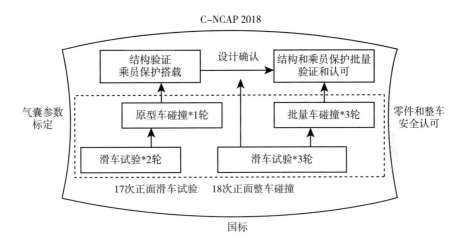

图 10　探岳正面乘员保护碰撞安全试验

C-NCAP 测试评价作为消费者购车买车的参考依据，正常只关注最大销量的车型配置，其标准远远高于国标要求。探岳为了满足消费者需求，车辆装备和功能开发有多样化配置。例如，不同动力总成，包含 280 TSI/330 TSI/380TSI，DQ381 和 DQ500，二驱和四驱等；不同的约束系统安全装备类型，含普通气囊和 R-line 气囊，含普通方向盘、多功能/加热方向盘和 R-Line 方向盘，含普通安全带/RGS 安全带，以及带/不带膝部气囊等；不同内饰零件，比如手动座椅和电动座椅，带/不带 HUD 和液晶仪表的仪表板，以及机械锁/电子锁转向柱护套等。

为了保证探岳整车安全性能，在正面乘员保护安全试验设计过程中，严格按照装备比例原则，利用现有碰撞或者滑车试验完成对不同的装备和功能零件的碰撞安全验证。以确保不仅 C-NCAP 测试的最大销量配置车型是五

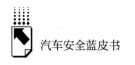

星＋安全的，而且其他小众配置安全性能均达到 C-NCAP、国标和大众集团内部安全标准。

四　小结

本文仅针对探岳整车安全性能之正面碰撞乘员保护的安全开发目标，约束系统匹配过程中的车身结构、安全布置、安全装备选择和零件性能等要求，以及安全试验要求等进行介绍，让读者和消费者们能管窥到一汽—大众为探岳安全性能开发做出的真切努力。实际上，探岳的正面乘员保护约束系统虽然由一汽—大众开发匹配，但得到了德国大众安全专家的支持和检查把关；同时也离不开整车、CAE 仿真、安全电子、零件和试验工程师们的协同工作和不懈努力。安全性能是我们工作的重中之重，特别是随着 C-NCAP 升级至 2021 版落定，国内的车辆安全测试方法和评价要求将会变得更加专业和严苛，从消费者角度也将可以更加有保障和安心。

参考文献

C-NCAP 管理中心：《C-NCAP 管理规则（2018 年版)》，中国汽车技术研究中心有限公司，2017。

GB 11551 – 2014，《汽车正面碰撞的乘员保》。

GB/T 20913 – 2007，《乘用车正面偏置碰撞的乘员保护》。

钟志华等：《汽车碰撞安全技术》，机械工业出版社，2008。

高明：《转向管柱吸能机构的设计与 CAE 分析》，上海交通大学硕士学位论文，2013。

林小哲：《汽车吸能转向机构的设计与碰撞仿真》，浙江大学硕士学位论文，2008。

童忠财：《乘员约束系统优化 – 安全气囊与安全带匹配研究》，《2011 第十四届汽车安全技术学术会议论文集》，2011。

朱海涛、孙振东、白鹏、吕恒绪：《汽车正面碰撞中乘员的胸部伤害分析》，《交通标准化》2009 年 11 期。

邱少波：《汽车碰撞安全工程》，北京理工大学出版社，2016。

马悦:《乘用车正面碰撞后排乘员力学响应分析与约束系统优化设计》,吉林大学硕士学位论文,2014。

Hu J. , Fischer K. , Lange P. , et al. ,   "Effects of Crash Pulse, Impact Angle, Occupant Size, Front Seat Location, and Restraint System on Rear Seat Occupant Protection", SAE Technical Papers, 2015。

专项调查篇

Special Investigations

B.21
不同细分市场汽车安全性评价

贺畅　张衡　郭欣*

摘　要： 本文通过分析轿车、SUV 和 MPV 三个细分市场消费者对安全
性的满意度评价，了解不同细分市场和整体市场的差距，并
结合消费者对安全性各细项指标的重视程度，深入挖掘不同
细分市场消费者在安全性方面的痛点，从而确定其未来重点
改进方向，全面提升汽车安全。

关键词： 汽车安全性　细分市场　满意度评价

---

* 贺畅，工程师，任职于中汽研（天津）汽车信息咨询有限公司，主要研究领域为我国汽车客
户满意度评价、汽车消费者人群分析、消费者评价模型建立等；张衡，工程师，任职于中汽
研（天津）汽车信息咨询有限公司，主要研究领域为消费行为研究；郭欣，工程师，任职于
中汽研（天津）汽车信息咨询有限公司，主要研究领域为汽车消费者满意度调查与评价。

一 汽车安全性概述

汽车的安全性能是一个非常复杂且庞大的集合体。它并不局限于谁比谁坚硬，哪个比哪个更灵活，而是要通过多方面性能的组合，实现对车辆更全面的保护目的[①]。2019 年，CATARC 调研从汽车产品的安全性能、驾驶性能、造型及品质、舒适性、故障率和经济性六个方面，对车辆产品表现进行全方位的评价。[②] 由图 1 可知，消费者对车辆安全性的满意度尚可，满意度远远高于经济性和舒适性。

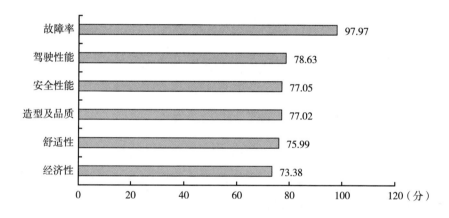

图 1 整体市场产品各指标满意度表现

车辆安全性下共包含安全性能、看上去的安全程度、照明表现、视野表现和极端情况表现 5 个细项指标。由图 2 可以看出，车辆看上去的安全程度足够高，消费者对车辆安全性的感官认知较为满意。消费者对安全性满意度较低的方面是视野表现，与安全性相比整体差距较大，是需要重点提升的指标。

---

① 伍赛特：《汽车先进设计技术研究进展及未来发展趋势展望》，《机电技术》2019 年第 5 期。
② 秘玉兆：《某车型的汽车满意度研究》，吉林大学硕士学位论文，2018。

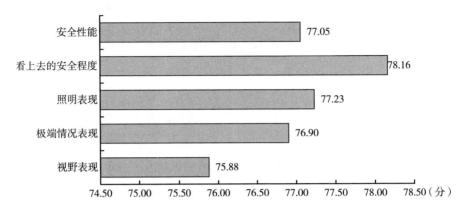

图 2 整体市场安全性细项指标满意度表现

二 不同细分市场安全性分析

（一）不同细分市场安全性表现及差异

轿车与SUV的安全性对比一直是人们争议的话题，SUV凭借其较大的体形和重量，给人一种厚实可靠、安全性高的感觉。此外，随着轿车市场和SUV市场趋于饱和，MPV作为潜在增长点开始发力，尤其是在家用领域受到广泛青睐。那么，轿车、SUV和MPV三个细分市场的车型安全性表现到底如何呢[①]？

所以从安全性的角度来看，SUV、MPV和轿车谁更安全也顺应了时代的变化。CATARC调研共包含轿车、SUV和MPV三类细分市场，其中轿车细分市场包含紧凑型轿车、小型轿车和中大型轿车三个级别；SUV细分市场包含紧凑型SUV、小型SUV和中大型SUV三个级别（见表1）。由于不同级别车型的价格、配置和定位等具有一定差异，安全性表现也不尽相同，为了进一步分析消费者对车辆安全性的满意度评价，下文针对这三个细分市场分别进行分析和比较。

---

① 刘毅坤：《汽车安全性研究》，《汽车实用技术》2018年第15期。

表1 CATARC 调研细分市场划分

市场	细分市场
轿车细分市场(3 个级别)	紧凑型轿车
	小型轿车
	中大型轿车
SUV 细分市场(3 个级别)	紧凑型 SUV
	小型 SUV
	中大型 SUV
MPV 细分市场	MPV

如图3 所示，从安全性方面来看，轿车、SUV 和 MPV 三个细分市场的表现还是存在一定差异的。其中，SUV 细分市场的安全性满意度处于领先地位；轿车和 SUV 细分市场的满意度相差不大；而 MPV 细分市场的安全性满意度相对较低，消费者评价不高。可见，当前汽车市场 SUV 车型更为火爆，这与消费者对其安全性的满意度高也是密不可分的。

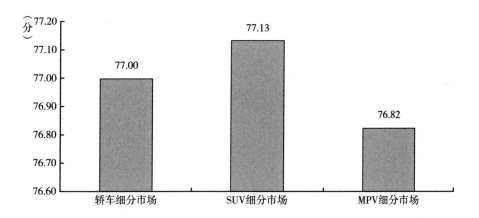

图3 不同细分市场安全性满意度

（二）轿车细分市场安全性分析

随着经济的发展和人们生活水平的提高，购买家用轿车已越来越普遍。

在价格、性能等诸因素中，安全性是轿车消费者首要考虑的因素。[①] 从轿车细分市场车型和整体的对比来看（见图4），产品满意度二者相差不大，但不同指标具有一定差异。其中，安全性方面，轿车细分市场的满意度略低于整体，但差距不显著。

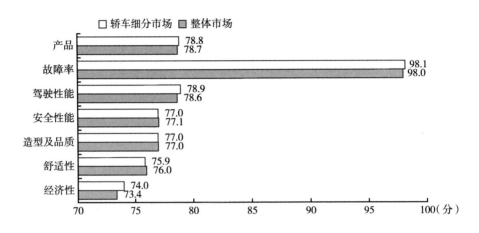

图4　轿车细分市场与整体市场产品满意度

从安全性的细项指标来看（见图5），轿车细分市场和整体市场相比，安全性的各个细项指标差距不明显，可见，轿车细分市场在安全性方面基本处于市场平均水平。

轿车细分市场车型安全性自身来看，消费者对车辆看上去的安全程度满意度较高，远高于其他细项指标；照明表现和极端情况表现的满意度基本处于中等水平；消费者对视野的满意度评价相对较差，和安全性整体满意度存在较大差距。

相对于整体市场，轿车细分市场的消费者在安全性方面更为关注车体感知强度、主动安全性配置丰富程度、能见度较低情况下的照明能力和保护儿童安全设计（见图6）。

从轿车细分市场自身来看，消费者较为关注安全气囊数量和行车视野的安全性，而对保护儿童安全设计这一安全性指标关注度较低。结合该细分市

---

① 夏海鳌：《轿车安全指数系统的研究》，沈阳航空工业学院硕士学位论文，2006。

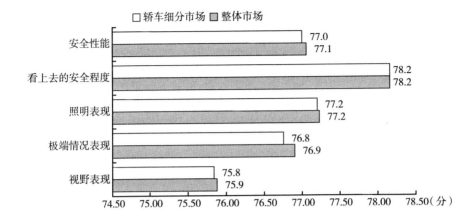

图5 轿车细分市场与整体市场安全性满意度

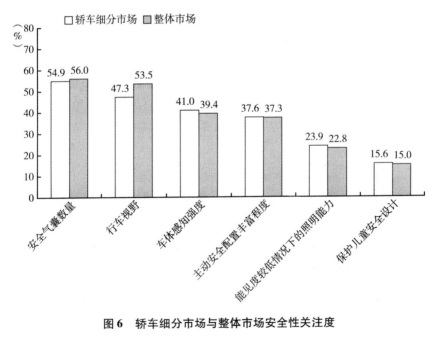

图6 轿车细分市场与整体市场安全性关注度

场消费者安全性各项指标的满意度来看，视野安全性是消费者满意度较低但关注度较高的指标，需要引起企业重视，如果在该指标上有所改善，将能较大幅度提升消费者对安全性的满意度。

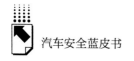

（三）SUV 细分市场安全性分析

很大一部分消费者选择购 SUV 是看重其安全性，并且近年来有延续之势。[①] 从 SUV 细分市场车型和整体的对比来看（见图7），产品满意度二者基本一致，不同产品指标差异不大，其中 SUV 细分市场安全性的满意度与整体市场水平相当。

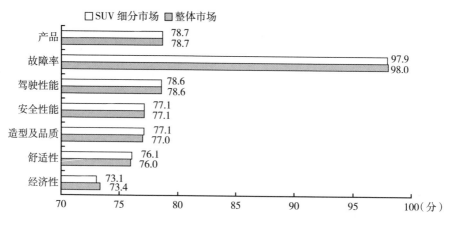

图7　SUV 细分市场与整体市场产品满意度

从安全性的细项指标来看（见图8），SUV 细分市场和整体市场相比，照明表现和极端情况表现的满意度较高，而在视野表现方面满意度略低于整体市场。

从 SUV 细分市场车型安全性自身来看，消费者对车辆看上去的安全程度满意度较高，远高于其他细项指标；消费者对视野的满意度评价相对较差，远低于其他安全性细项指标，需要重点改进。

相对于整体市场，SUV 细分市场的消费者在安全性方面更为关注安全气囊数量、行车视野、主动安全配置丰富程度（见图9）。

从 SUV 细分市场自身来看，消费者最为关注行车视野的安全性，而对保护儿童安全设计这一安全性指标关注度较低。结合该细分市场消费者安全

① 《MNI：支持 SUV 流行的一大因素是安全性》，《汽车零部件》2015 年第 5 期。

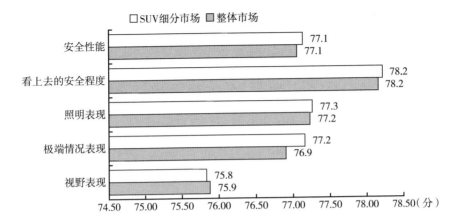

图8 SUV细分市场与整体市场安全性满意度

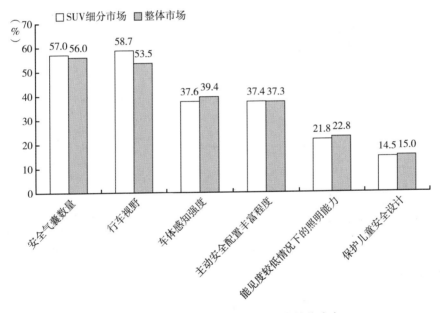

图9 SUV细分市场与整体市场安全性关注度

性各项指标的满意度来看，消费者最为关注视野安全性，加之对SUV的视野表现期望较高，要求自然较高，因此可能导致对视野安全性的满意度相对较低。因此，未来SUV细分市场车型仍需在视野安全性方面精益求精，进一步提升消费者满意度。

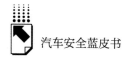

（四）MPV 细分市场安全性分析

从 MPV 细分市场和整体的对比来看（见图 10），产品满意度低于整体市场水平，产品各指标表现均呈现一定劣势，安全性表现也有待提高。

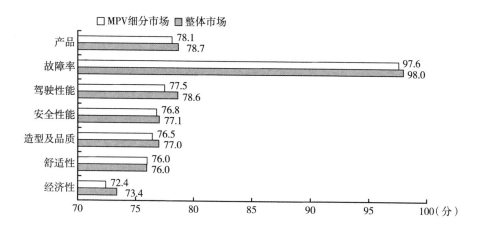

图 10　MPV 细分市场与整体市场产品满意度

从安全性的细项指标来看（见图 11），MPV 细分市场和整体市场相比，视野表现的满意度较高，而在看上去安全程度、安全性能和极端情况表现方面的满意度低于整体市场。

从 MPV 细分市场车型安全性自身来看，消费者对车辆看上去的安全程度满意度较高，远高于其他细项指标；消费者对极端情况表现的满意度评价相对较差，远低于其他安全性细项指标，需要重点改进。

相对于整体市场，MPV 细分市场的消费者在安全性方面更为关注车体感知强度、能见度较低情况下的照明能力（见图 12）。

从 MPV 细分市场自身来看，消费者最为关注安全气囊数量、行车视野和车体感知强度，而对保护儿童安全设计这一安全性指标关注度较低。结合该细分市场消费者安全性各项指标的满意度来看，消费者最为关注安全气囊数量，而对极端情况的安全性满意度较低，可见消费者更为关注发生危险等

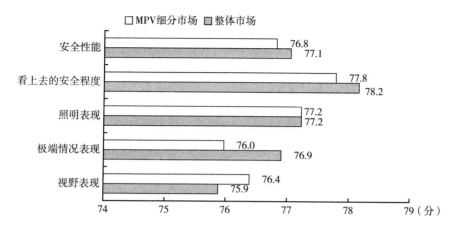

图11　MPV细分市场与整体市场安全性满意度

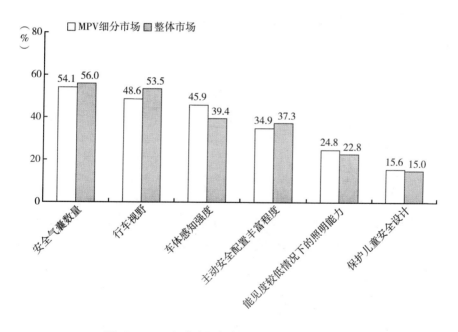

图12　MPV细分市场与整体市场安全性关注度

情况下车辆的安全配置，因此企业应重点加强对MPV车型安全性装置的完善，以提升消费者对安全性的满意度。

三 结论及建议

从 CATARC 调研结果可知，轿车、SUV 和 MPV 三个细分市场的安全性表现具有一定差异，SUV 细分市场消费者对安全性的满意度较高，其次是轿车细分市场，而 MPV 细分市场的消费者对安全性满意度偏低。随着时代的进步和汽车安全技术的发展，汽车安全的概念、内容也在逐步扩大，安全技术、标准、评价体系不断更新、完善，并且出现一些新的特点和挑战。[①]

轿车细分市场的安全性满意度略低于整体市场，尤其是极端情况表现和视野表现这两个指标的安全性较整体市场存在一定差距。此外，结合轿车细分市场消费者对安全性各指标的满意度和重视程度来看，视野的安全性表现是消费者最为重视但满意度较低的指标，需要重点改善。

SUV 细分市场的安全性满意度和整体市场水平相当，除视野表现方面与整体市场存在一定差距外，其他安全性指标表现均呈现一定优势。此外，结合细分市场消费者对安全性各指标的满意度和重视程度来看，视野的安全性是消费者重视程度最高的指标，自然期望值也随之较高，因此视野安全是SUV 细分市场的重中之重。

MPV 细分市场的安全性满意度相比整体市场存在一定差距，尤其是看上去的安全程度、安全性能和极端情况表现方面的满意度较整体市场存在劣势。此外，结合 MPV 细分市场消费者对安全性各指标的满意度和重视程度来看，发生极端情况下的安全装置是消费者最为重视但满意度较低的指标，需要加强。

---

① 曹正林：《汽车安全法规与评价体系发展趋势》，《汽车文摘》2019 年第 2 期。

借　鉴　篇

Reference

B.22

欧盟汽车安全技术法规最新发展情况

朱　毅*

摘　要： 本文详细介绍欧盟汽车整车型式批准框架性技术法规（EU）
2018/858，以及欧盟汽车安全框架性技术法规的相关内容，
系统分析欧盟在汽车安全领域技术法规制修订和实施的最新
发展情况。

关键词： 欧盟　汽车安全　技术法规　海外汽车市场

　　2018～2020年，欧盟在汽车安全技术法规的制修订和实施方面又取得
重大新发展，欧盟作为传统的主流汽车市场，其汽车技术法规的制定和实施

---

* 朱毅，任职于中国汽车技术研究中心有限公司汽车标准化研究所，主要从事全球各个市场汽
车标准、技术法规和产品认证制度的研究工作。

（汽车产品的型式批准制度）在世界汽车市场具有很大的影响力，具有"领头羊"和"风向标"的作用，成为全球绝大部分汽车市场制修订和实施技术法规时借鉴与采用的范例。一直以来，欧盟新的汽车安全技术法规出台后，全球其他国家和地区往往梯次跟进，借鉴采用欧盟的汽车技术法规。本文重点介绍欧盟在汽车安全领域的技术法规的最新发展情况。

一　欧盟汽车整车型式批准框架性技术法规的最新发展

（一）欧盟汽车整车型式批准框架性技术法规（EU）2018/858概述

目前，欧盟整车型式批准框架技术法规2007/46/EC仍在实施中，后续将被撤销并由新的欧盟议会及理事会法规（EU）2018/858所替代。2018年5月30日发布的（EU）2018/858法规全称为：就机动车辆及其挂车，以及用于该车辆的系统、部件和单独技术单元的批准和市场监督修订法规（EC）No 715/2007和（EC）No 595/2009，并撤销原指令2007/46/EC的欧盟议会及理事会法规。

（EU）2018/858法规于2020年9月1日起强制实施，同时2007/46/EC法规将被废止。目前计划进入欧盟汽车市场的出口企业，应该完全按照新的（EU）2018/858法规相关要求对汽车产品进行定型和型式认证。

（EU）2018/858法规与2007/46/EC法规相比，对车辆产品的技术要求没有明显改变，主要技术内容依然一脉相承，其主要变化是型式批准管理程序加严，增加了车辆产品入市后的市场监管要求。主要内容如下。

（1）欧盟委员会和欧盟各个成员国均需强化对车辆合规和一致性的后期（获得型式批准入市后）监督管理，其中，欧盟各成员国下设汽车型式批准主管机关（Type Approval Authority，TAA）和市场监管机关（Market Surveillance Autority，MSA），以上两个机构独立运作，每四年将评估结果反馈给欧盟委员会。

（2）欧盟对汽车产品市场监管：①对已获批入市后的整车和零部件进行合规的监督检验；②每40000辆车至少进行一次监管试验；③每年最少5次测试，超过5次的20%应为排放测试；④欧盟委员会及各成员国均开展此项工作。

（3）欧盟委员会的监管权力增大：①每五年对各成员国型式批准主管机关（TAA）进行评估，并公开发布结果；②建立信息交换与执法论坛（TAA 及 MSA 参加）并担任主席；③可在欧盟范围执行市场保护措施（禁售）及启动召回；④TAA 的指定评委必须包含欧盟委员会 EC 代表（TS 五年有效期）；⑤对于不符合车辆，可进行行政处罚，最高每车罚 30000 欧元。

（4）其他加严管理：①型式批准证书的有效期为 7 年（M1/N1）或 10 年（其他车型）；②至少每 3 年做 1 次 COP 检查或测试；③TAA 至少每 30 个月要对技术服务机构（TS）进行现场评审 1 次。

欧盟汽车整车型式批准技术法规（EU）2018/858 在很大程度上对欧盟原有的汽车产品市场准入体制和做法进行了改变，对汽车企业提出了更高、更严格的要求，企业在车辆产品进行准入认证时，不仅要确保送检的样车满足各项技术法规要求，还要严格确保通过认证后进入市场的所有车辆的合规一致性，否则如果在后续的监管中被查出车辆与法规要求不符，企业将面临产品召回、高额罚款（对不符合车辆，可实施行政处罚，每车最高 30000 欧元）及退市风险。

（二）欧盟整车型式批准框架应满足的汽车单项零部件和系统型式批准技术法规/指令

不同于美国的汽车技术法规体系，欧盟对汽车产品的整车与零部件及系统同时建立了型式批准技术法规体系，且两者之间既独立又互补，共同构成完整的汽车产品型式批准技术法规体系。（EU）2018/858 法规仍遵循这一基本原则，欧盟整车产品要获得型式批准，前提是需要按照该法规的要求，确保各单项零部件和系统技术法规得到满足。而且（EU）2018/858 中所要求的各个汽车零部件和系统的单项安全、环境保护和节能等方面的 EEC（EC）技术法规/指令又可以独立存在，也就是说，根据这些技术指令可以开展对车辆产品的零部件和系统的单项型式批准，而这些车辆零部件和系统的单项型式批准既单独存在，作为零部件和系统产品进入欧盟市场的前提条件，同时又是构成欧盟整车产品型式批准中必不可少的一部分。

本文针对（EU）2018/858 及该法规的最新修订本（EU）2019/2144[①]中对于汽车产品零部件、系统和独立的技术单元的技术指令/法规及其修订本的完整项目清单，以及法规所适用的车型予以介绍（见表1）。

根据欧盟汽车安全性框架性法规（EC）661/2009 的要求，欧盟自身技术法规要求的大部分项目被撤销，并以联合国 ECE 法规直接替代。目前，欧盟仍保留 19 个项目继续使用欧盟自身独有的技术法规项目，但其中的大部分又将被欧盟新的汽车安全框架性技术法规（EU）2019/2144 所撤销，后文将对此予以详细介绍。

表1 （EU）2018/858 规定的正常批量生产的车辆获取欧盟整车型式批准
应满足的各个单项技术法规项目及其各个法规项目适用的车型

序号	项目	法规	适用范围										单独技术单元或部件
			M_1	M_2	M_3	N_1	N_2	N_3	O_1	O_2	O_3	O_4	
1A	允许声级	（EU）540/2014	X	X	X	X	X	X					X
2A	轻型车辆排放（欧5 和欧 6）/信息的获取	（EC）715/2007	$X^{(1)}$	$X^{(1)}$		$X^{(1)}$	$X^{(1)}$						X
3A	防火（液体燃料箱）	（EU）2019/2144 ECE R34	X	X	X	X	X	X	X	X	X	X	
3B	后下部防护装置（RUPDs）及其安装；后下部防护（RUP）	（EU）2019/2144 ECE R58	X	X	X	X	X	X	X	X	X	X	X
4A	后牌照板的安装及固定空间	（EU）2019/2144 （EU）1003/2010	X	X	X	X	X	X	X	X	X	X	
5A	转向装置	（EU）2019/2144 ECE R79	X	X	X	X	X	X	X	X	X	X	

---

① （EU）2019/2144 为欧盟汽车安全性框架性法规：（EC）661/2009 的升级替代版本，在欧盟汽车型式批准认证法规体系中具有极其重要的作用。本文后续部分将对该法规进行专题介绍。因此表1中原有的（EC）661/2009 已被（EU）2019/2144 取代。

续表

序号	项目	法规	适用范围										单独技术单元或部件
			M₁	M₂	M₃	N₁	N₂	N₃	O₁	O₂	O₃	O₄	
6A	车辆进入及操纵性（台阶、踏板和扶手）	(EU)2019/2144 (EU)130/2012	X			X	X	X					
6B	门锁及门保持件	(EU)2019/2144 ECE R11	X			X							
7A	声响报警装置及信号	(EU)2019/2144 ECE R28	X	X	X	X	X	X					X
8A	间接视野装置及其安装	(EU)2019/2144 ECE R46	X	X	X	X	X	X					X
9A	车辆及其挂车的制动	(EU)2019/2144 ECE R13	X⁽³⁾	X⁽³⁾	X⁽³⁾	X⁽³⁾	X⁽³⁾	X⁽³⁾	X⁽³⁾	X⁽³⁾	X⁽³⁾	X⁽³⁾	
9B	乘用车制动	(EU)2019/2144 ECE R13–H	X⁽⁴⁾			X⁽⁴⁾							
10A	电磁兼容性	(EU)2019/2144 ECE R10	X	X	X	X	X	X	X	X	X	X	X
12A	内饰件	(EU)2019/2144 ECE R21	X										
13A	机动车辆防盗保护	(EU)2019/2144 ECE R18	X⁽⁴ᴬ⁾	X⁽⁴ᴬ⁾			X⁽⁴ᴬ⁾	X⁽⁴ᴬ⁾					X
13B	机动车辆防盗保护	(EU)2019/2144 ECE R116	X			X							X
14A	在碰撞中防止转向机构对驾驶员的伤害	(EU)2019/2144 ECE R12	X			X							
15A	座椅,及其固定点和头枕	(EU)2019/2144 ECE R17	X	X⁽⁴ᴮ⁾	X⁽⁴ᴮ⁾	X	X	X					
15B	大型乘用车座椅	(EU)2019/2144 ECE R80		X	X								
16A	外部凸出物	(EU)2019/2144 ECE R26	X										X
17A	车辆进入和操纵性（倒车装置）	(EU)2019/2144 (EU)130/2012	X	X	X	X	X	X					
17B	车速表装置及其安装	(EU)2019/2144 ECE R39	X	X	X	X	X	X					

续表

序号	项目	法规	适用范围										单独技术单元或部件
			M_1	M_2	M_3	N_1	N_2	N_3	O_1	O_2	O_3	O_4	
18A	制造商法定铭牌及车辆识别代号	（EU）2019/2144 （EU）19/2011	X	X	X	X	X	X	X	X	X	X	
19A	安全带固定、ISOFIX固定系统及ISOFIX上拉带固定点	（EU）2019/2144 ECE R14	X	X	X	X	X	X					
20A	车辆灯光及光信号装置的安装	（EU）2019/2144 ECE R48	X	X	X	X	X	X	X	X	X	X	
21A	机动车辆及其挂车回复反射装置	（EU）2019/2144 ECE R3	X	X	X	X	X	X	X	X	X	X	X
22A	机动车辆及其挂车前后位置灯、驻车灯、示廓灯	（EU）2019/2144 ECE R7	X	X	X	X	X	X	X	X	X	X	X
22B	机动车辆昼间行驶灯	（EU）2019/2144 ECE R87	X	X	X	X	X	X					X
22C	机动车辆及其挂车侧标志灯	（EU）2019/2144 ECE R91	X	X	X	X	X	X	X	X	X	X	X
23A	机动车辆及其挂车方向指示器	（EU）2019/2144 ECE R6	X	X	X	X	X	X	X	X	X	X	X
24A	机动车辆及其挂车后牌照板照明	（EU）2019/2144 ECE R4	X	X	X	X	X	X	X	X	X	X	X
25A	发射欧洲不对称远光或近光或两者的机动车辆封闭式前照灯（SB）	（EU）2019/2144 ECE R31	X	X	X	X	X	X					X
25B	机动车辆及其挂车已批准的灯具单元中使用的白炽灯	（EU）2019/2144 ECE R37	X	X	X	X	X	X	X	X	X	X	X
25C	车辆安装气体放电光源的前照灯	（EU）2019/2144 ECE R98	X	X	X	X	X	X					X
25D	机动车辆已批准的气体放电灯具单元中使用的气体放电光源	（EU）2019/2144 ECE R99	X	X	X	X	X	X					X

续表

序号	项目	法规	适用范围										单独技术单元或部件
			M_1	M_2	M_3	N_1	N_2	N_3	O_1	O_2	O_3	O_4	
25E	发射不对称远光、近光或两者,并安装白炽灯和/或LED模块的机动车辆前照灯	(EU)2019/2144 ECE R112	X	X	X	X	X	X					X
25F	车辆自适应前照明系统(AFS)	(EU)2019/2144 ECE R123	X	X	X	X	X	X					X
26A	机动车辆前雾灯	(EU)2019/2144 ECE R19	X	X	X	X	X	X					X
27A	牵引装置	(EU)2019/2144 (EU)1005/2010	X	X	X	X	X	X					
28A	机动车辆及其挂车后雾灯	(EU)2019/2144 ECE R38	X	X	X	X	X	X	X	X	X	X	X
29A	机动车辆及其挂车倒车灯	(EU)2019/2144 ECE R23	X	X	X	X	X	X	X	X	X	X	X
30A	机动车辆及其挂车驻车灯	(EU)2019/2144 ECE R77	X	X	X	X	X	X					
31A	安全带,约束系统,儿童约束系统和ISOFIX儿童约束系统	(EU)2019/2144 ECE R16	X	X	X	X	X	X					X
32A	前向视野	(EU)2019/2144 ECE R125	X										
33A	手控制器、信号装置和指示器位置和标识	(EU)2019/2144 ECE R121	X	X	X	X	X	X					
34A	风窗玻璃除雾和除霜系统	(EU)2019/2144 (EU)672/2010	X	(5)	(5)	(5)	(5)	(5)					
35A	风窗玻璃刮刷和清洗系统	(EU)2019/2144 (EU)1008/2010	X	(6)	(6)	(6)	(6)	(6)					X
36A	加热系统	(EU)2019/2144 ECE R122	X	X	X	X	X	X	X	X	X	X	X
37A	护轮板	(EU)2019/2144 (EU)1009/2010	X										
38A	头枕,包含或不包含于车辆座椅内	(EU)2019/2144 ECE R25	X										

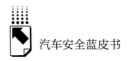
续表

序号	项目	法规	适用范围										单独技术单元或部件
			M₁	M₂	M₃	N₁	N₂	N₃	O₁	O₂	O₃	O₄	
41A	重型车辆排放(欧6)/信息的获取	(EC)595/2009	X$^{(9)}$	X$^{(9)}$	X	X$^{(9)}$	X$^{(9)}$	X					X
42A	货车侧面防护	(EU)2019/2144 ECE R73					X	X			X	X	X
43A	喷溅抑制系统	(EU)2019/2144 (EU)109/2011				X	X	X	X	X	X	X	X
44A	质量和尺寸(M1类车辆)	(EU)2019/2144 (EU)1230/2012	X										
45A	安全玻璃材料及其安装	(EU)2019/2144 ECE R43	X	X	X	X	X	X	X	X	X	X	X
46A	轮胎的安装	(EU)2019/2144 (EU)458/2011	X	X	X	X	X	X	X	X	X	X	
46B	机动车辆及其挂车气压轮胎(C1类)	(EU)2019/2144 ECE R30	X			X			X	X			X
46C	商用车及其挂车气压轮胎(C2和C3类)	(EU)2019/2144 ECE R54		X	X	X	X	X			X	X	X
46D	轮胎滚动噪声,湿地附着力和滚阻(C1、C2、C3类)	(EU)2019/2144 ECE R117	X	X	X	X	X	X	X	X	X	X	X
46E	备胎、漏气续驶轮胎/系统和胎压监测系统	(EU)2019/2144 ECE R64	X$^{(9A)}$			X$^{(9A)}$							X
47A	车辆速度限制	(EU)2019/2144 ECE R89		X	X		X	X					X
48A	质量和尺寸(M1类以外车辆)	(EU)2019/2144 (EU)1230/2012		X	X	X	X	X	X	X	X	X	
49A	商用车驾驶室车厢后面板之前的外凸物	(EU)2019/2144 ECE R61				X	X	X					
50A	车辆列车的机械耦合部件	(EU)2019/2144 ECE R55	X$^{(10)}$	X$^{(10)}$	X$^{(10)}$	X$^{(10)}$	X$^{(10)}$	X$^{(10)}$	X	X	X	X	X

续表

序号	项目	法规	适用范围										单独技术单元或部件
			M_1	M_2	M_3	N_1	N_2	N_3	O_1	O_2	O_3	O_4	
50B	紧耦合装置（CCD）；已认证 CCD 的安装	（EU）2019/2144 ECE R102					$X^{(10)}$	$X^{(10)}$			$X^{(10)}$	$X^{(10)}$	X
51A	某类车辆中内饰材料的燃烧特性	（EU）2019/2144 ECE R118			X								
52A	M_2 和 M_3 类车辆	（EU）2019/2144 ECE R107		X	X								
52B	大型乘用车上部结构强度	（EU）2019/2144 ECE R66		X	X								
53A	前碰撞中的乘员保护	（EU）2019/2144 ECE R94	$X^{(11)}$										
54A	侧碰撞中的乘员保护	（EU）2019/2144 ECE R95	$X^{(12)}$			$X^{(12)}$							
55A	侧面柱碰撞	（EU）2019/2144 ECE R135	X			X							
56A	运载危险货物的车辆	（EU）2019/2144 ECE R105				$X^{(13)}$	$X^{(13)}$	$X^{(13)}$	$X^{(13)}$	$X^{(13)}$	$X^{(13)}$	$X^{(13)}$	
57A	前下部保护装置（FUPDs）及其安装，前下部防护（FUP）	（EU）2019/2144 ECE R93					X	X					X
58	行人保护	（EU）2019/2144 ECE R127	X			X							X
59	再利用	2005/64/EC	X			X							
60	空白												
61	空调系统	2006/40/EC	X			$X^{(14)}$							
62	氢能系统	（EU）2019/2144 ECE R134	X	X	X	X	X	X					X
63	一般安全	（EU）2019/2144	$X^{(15)}$	$X^{(15)}$	$X^{(15)}$	$X^{(15)}$	$X^{(15)}$	$X^{(15)}$	$X^{(15)}$	$X^{(15)}$	$X^{(15)}$	$X^{(15)}$	
64	换挡指示器	（EU）2019/2144 （EU）65/2012	X										
65	自动紧急制动系统	（EU）2019/2144 ECER131		X	X		X	X					
66	道路偏离警示系统	（EU）2019/2144 ECER130		X	X		X	X					

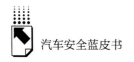
续表

序号	项目	法规	适用范围										单独技术单元或部件
			M_1	M_2	M_3	N_1	N_2	N_3	O_1	O_2	O_3	O_4	
67	液化石油气部件要求及其安装	（EU）2019/2144 ECE R67	X	X	X	X	X	X					X
68	车辆警示系统（VAS）	（EU）2019/2144 ECE R97	X			X							X
69	电气安全	（EU）2019/2144 ECE R100	X	X	X	X	X	X					
70	CNG 部件要求及其安装	（EU）2019/2144 ECE R110	X	X	X	X	X	X					X
71	驾驶室强度	（EU）2019/2144 ECE R29				X	X	X					
72	e-Call 系统	（EU）2015/758	X			X							

注：X 表示法规适用于该车辆类型。

（1）对于基准质量不超过 2610kg 的车辆，应制造商要求（EC）715/2007 法规可适用于基准质量不超过 2840kg 的车辆。

（2）若车辆安装有 LPG 或 CNG，需要按照 ECE R67 或 R110 做车辆的型式认证。

（3）电子稳定控制（ESC）系统的安装要求与法规（EU）2019/2144 的 4（5）条一致。

（4）ESC 系统的安装要求与法规（EU）2019/2144 的 4（5）条一致。

（4A）如果安装，其保护装置应满足 ECE R18 的要求。

（4B）本法规适用于不在 ECE R80 范围内的座椅。

（5）该类车辆应安装合适的风挡玻璃除霜除雾装置。

（6）该类车辆应安装合适的风挡玻璃清洗和刮刷装置。

（9）对于基准质量超过 2610kg，且其没有在法规（EC）715/2007 下获得型式认证的车辆（应制造商的要求且其基准质量不超过 2840kg）。

（9A）仅适用于 ECE R64 中要求的车辆装置。M1 类车辆胎压监测系统作为强制性要求，应满足法规（EU）2019/2144 的 5（1）条的要求。

（10）仅适用于安装耦合（连接）装置的车辆。

（11）适用于技术允许最大负载质量不超过 2.5 吨的车辆。

（12）仅适用于最低座椅的"座椅基准点"（R 点）离地不超过 700mm 的车辆。

（13）仅适用于当制造商申请危险物品运输车辆的型式认证。

（14）仅适用于（EC）715/2007 附录 I 中描述的 N1 类 I 级（Class I）车辆。

（15）必须符合法规（EU）2019/2144，但是，本项目号下的型式认证是不可预见的，因为其仅仅代表了表中所列的引用了法规（EU）2019/2144 的单项项目。

二 欧盟最新汽车安全框架性技术法规（EU）2019/2144

（一）对欧盟汽车安全框架性技术法规的总体概述

在欧盟汽车产品市场准入认证和管理的技术法规体系中，除了汽车整车型式批准框架性技术法规（EU）2018/858，以及针对汽车产品安全、排放的零部件、系统和独立技术单元的单项技术指令/法规外，欧盟还有一项专门针对汽车安全的框架性技术法规，是2009年7月13日欧盟议会及理事会发布的法规（EC）661/2009，即机动车辆及其挂车所使用的系统、部件和单独技术单元的一般安全性的型式批准要求的欧盟议会和理事会法规。目前，（EC）661/2009法规的最新升级替代版本为欧盟议会和理事会法规（EU）2019/2144。

为进一步厘清欧盟汽车产品市场准入认证和管理技术法规体系中（EU）2018/858（2007/46/EC）与（EC）661/2009［（EU）2019/2144］之间的相互关系，本文将欧盟的汽车技术法规与我国汽车产品市场准入管理体系中的相关法规和标准进行类比。

（EU）2018/858（2007/46/EC）相当于中国国家认证认可监督管理委员会发布的《强制性产品认证实施规则——汽车》，编号是 CNCA-C11-01：汽车（当初我国的该汽车整车认证的框架性规则，起草时就在很大程度上参考借鉴了欧盟法规2007/46/EC的相关内容）。

欧盟汽车安全框架性技术法规（EC）661/2009［（EU）2019/2144］在层次上比整车型式批准框架性技术法规（EU）2018/858（2007/46/EC）要低，但又高于其他单项的汽车安全零部件和系统法规，它凌驾于所有汽车安全单项零部件和系统法规之上，对汽车安全的法规体系和要求提出总体、框架性的要求，是所有单项汽车安全零部件和系统法规的综合、集成性法规。在一定程度上类似于我国的强制性国家标准 GB7258《机动车运行安全技术条件》，两者都对汽车安全提出综合性的要求，同时在层次上凌驾于其他的

单项汽车安全标准法规之上。由于我国的汽车产品管理和标准法规制定实施体制与欧盟有较大的差别，因此（EC）661/2009［（EU）2019/2144］与GB7258只是在一定程度上类似。

（二）欧盟汽车安全框架性技术法规最新进展

（EC）661/2009《就机动车辆及其挂车，它们所使用的系统、部件和单独技术单元的一般安全性的型式批准要求的欧盟议会和理事会法规》发布于2009年7月13日。2019年12月16日，欧洲联盟发布了新的汽车安全框架性技术法规，即原法规（EC）661/2009的修订替代法规的正式文本，该法规编号为：欧盟议会和理事会法规（EU）2019/2144，法规的名称全称为"关于机动车及其挂车和用于这些车辆的系统、零部件和独立技术装置的一般安全以及对车辆使用者和易受伤害的道路使用者的保护的型式认证要求"，修改欧盟议会和理事会法规（EU）2018/858，撤销欧盟议会和理事会法规（EC）No 78/2009、（EC）No 79/2009和（EC）No 661/2009，以及撤销欧盟委员会法规（EC）No 631/2009，（EU）No 406/2010，（EU）No 672/2010，（EU）No 1003/2010，（EU）No 1005/2010，（EU）No 1008/2010，（EU）No 1009/2010，（EU）No 19/2011，（EU）No 109/2011，（EU）No 458/2011，（EU）No 65/2012，（EU）No 130/2012，（EU）No 347/2012，（EU）No 351/2012，（EU）No 1230/2012和（EU）2015/166的欧盟议会和理事会2019年11月27日法规（EU）2019/2144。

此次该新法规的出台和实施，将极大改变欧盟原有的汽车技术法规体系格局和相关技术要求，除了对汽车安全方面提出一大批先进的技术要求和装置、部件安装要求外，同时也将伴随新的框架性技术法规的实施，撤销与原有法规（EC）661/2009中规定的与整车型式批准框架性技术法规2007/46/EC相配套的一大批欧盟独有的单项技术法规，这一点首先就直接体现在该新法规冗长而又繁复的标题名称上。这样，随着法规（EU）2019/2144的后续逐渐落实和实施，欧盟仍保留使用的自身独有技术法规项目，除了汽车噪声、排放、回收利用、空调系统、E-call系统这几个项目外，其余欧盟原来独有的汽车安全项目将全部撤销。

对于上述撤销的原有欧盟法规（EC）661/2009 规定的欧盟独有的单项技术法规，除了部分项目已明确转而直接采用联合国 WP29（世界车辆法规协调论坛）已完成制修订的 UN（ECE）法规替代外（即表 2 中单项法规项目栏目中列举的各个 UN 法规项目），对于（EU）2019/2144 新规定的一大批先进的技术要求和装置、部件安装要求，后续还将针对新的法规项目（在新法规项目实施的过渡期内完成）制定新的、具体的欧盟单项技术法规（EU 法规），或根据联合国 WP29 的工作进展，直接采用 WP29 未来针对上述先进技术要求和装置、部件新制定的 UN 法规。对此我国汽车行业应与密切跟踪关注其进展。[①]

为使企业深入系统了解欧盟最新汽车安全框架性技术法规（EU）2019/2144 的主要内容，本文表 2 列举了欧盟新法规（EU）2019/2144 与原法规（EC）661/2009 在汽车先进安全技术和装置、部件要求上主要差异的比对分析。

表 2　欧盟新法规（EU）2019/2144 与原法规（EC）661/2009 在汽车先进安全技术装置、部件要求上主要差异的比对分析

序号	类别	采用的单项法规项目	（EU）2019/2144 与欧盟新的汽车整车型式批准框架性法规（EU）2018/858 相配套	（EC）661/2009 （配套 2007/46/EC）	主要差异
1	约束系统、碰撞、燃料系统完整性和高压电安全方面	正面偏置碰撞（UN R94）	对最大质量≤3.5t 的 M1 类、最大质量≤2.5t 的 N1 类车辆实施：2022 年 7 月 6 日起，将要求所有在产车辆按照法规要求颁发型式批准（拒绝按照原法规对车辆颁发型式批准）对最大质量 >2.5t 的 N1 类车辆实施：2022 年 7 月 6 日起对新定型车辆按照法规要求颁发型式批准。2024 年 7 月 7 日起对所有在产车辆实施法规要求	对最大质量≤2.5t 的 M1 类车辆实施	扩大了适用车型范围

---

① 由此可知，后续需要同时关注联合国 WP29 制定 UN 法规以及欧盟制定自身的 EU 法规的工作进展。

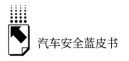

续表

序号	类别	采用的单项法规项目	（EU)2019/2144 与欧盟新的汽车整车型式批准框架性法规(EU)2018/858 相配套	（EC) 661/2009 （配套 2007/46/EC)	主要差异
2	约束系统、碰撞、燃料系统完整性和高压电安全方面	正面100%碰撞（UN R137)	对 M1 和 N1 类车辆实施：2024 年 7 月 7 日起，将要求新定型车辆按照法规要求颁发型式批准(拒绝按照原法规对车辆颁发型式批准)；2026 年 7 月 7 日起对所有在产车辆实施法规要求	无	新增项目
3		侧面碰撞（UN R95)	对座椅 R 点高度≤700mm 的 M1 类、N1 类车辆实施：2022 年 7 月 6 日起，将要求所有在产车辆按照法规要求颁发型式批准(拒绝按照原法规对车辆颁发型式批准)对座椅 R 点高度＞700mm 的 M1 类、N1 类车辆实施：2022 年 7 月 6 日起对新定型车辆按照法规要求颁发型式批准；2024 年 7 月 7 日起对所有在产车辆实施法规要求	对座椅 R 点高度≤ 700mm 的 M1 类、N1 类车辆实施	增加对 R 点高度＞700mm 的车辆进行强制要求
4		侧面柱碰（UN R135)	对 M1 和 N1 类车辆实施：2022 年 7 月 6 日起，将要求新定型车辆按照法规要求颁发型式批准(拒绝按照原法规对车辆颁发型式批准)；2024 年 7 月 7 日起对所有在产车辆实施法规要求	无	新增项目
5		后部碰撞（UN R34)	对 M1 类（≤3.5t)和 N1 类车辆实施：2022 年 7 月 6 日起，将要求新定型车辆按照法规要求颁发型式批准(拒绝按照原法规对车辆颁发型式批准)；2024 年 7 月 7 日起对所有在产车辆实施法规要求	整车后碰非强制要求（仅对油箱单品进行强制要求)	强制要求后部碰撞
6		氢安全（UN R134)	对 M 类、N 类车辆实施：自2022 年 7 月 6 日起对所有在产车辆实施	按（EC) 79/2009 对 M 类、N 类车辆实施	将（EC) 79/2009 撤销，用 UN R134 替代，并等同认可国标 GB/T 24549 - 2009《燃料电池电动汽车安全要求》

序号	类别	采用的单项法规项目	（EU）2019/2144 与欧盟新的汽车整车型式批准框架性法规（EU）2018/858 相配套	（EC）661/2009 （配套2007/46/EC）	主要差异
7		行人保护 （UN R127）	对M1类、N1类车辆实施：2022年7月6日起，将要求所有在产车辆按照法规要求颁发型式批准（拒绝按照原法规对车辆颁发型式批准）头部撞击增加区域部分：2024年7月7日起，将要求新定型车辆按照新法规要求颁发型式批准（拒绝按照原法规对车辆颁发型式批准）；2026年7月7日起对所有在产车辆实施法规要求	按（EC）78/2009 对M1类、N1类车辆实施	撤销（EC）78/2009，用UN R127代替，2024年7月7日起增加头部的撞击区域
8		自动紧急制动系统（AEB，对行人和自行车）	对M1类、N1类车辆实施：2024年7月7日起，将要求新定型车辆按照法规要求颁发型式批准；2026年7月7日起对所有在产车辆实施法规要求	无	新增项目
9	弱势道路使用者，视野	行人和自行车碰撞预警	对M2、M3、N2、N3类车辆实施：2022年7月6日起，将要求新定型车辆按照新法规要求颁发型式批准；2024年7月7日起对在产车辆实施新法规要求	无	新增项目
10		盲区信息系统	对M2、M3、N2、N3类车辆实施：2022年7月6日起，将要求新定型车辆按照新法规要求颁发型式批准；2024年7月7日起对所有在产车辆实施新法规要求	无	新增项目
11		倒车监测	对M类、N类车辆实施：2022年7月6日起，将要求新定型车辆按照新法规要求颁发型式批准；2024年7月7日起对所有在产车辆实施新法规要求	无	新增项目
12		前方视野 （UN R125）	对M1类车辆实施：2022年7月6日起，将要求所有在产车辆按照法规要求颁发型式批准（拒绝按照原法规对车辆颁发型式批准）对N1类车辆实施：2024年7月7日起对新定型车辆按照法规要求颁发型式批准；2026年7月7日起对所有在产车实施法规要求	对M1类车辆实施	扩大了适用车型范围

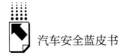

续表

序号	类别	采用的单项法规项目	（EU)2019/2144 与欧盟新的汽车整车型式批准框架性法规(EU)2018/858 相配套	（EC) 661/2009 （配套 2007/46/EC)	主要差异
13	弱势道路使用者，视野	重型车辆前方视野	对 M2、M3、N2、N3 类车辆实施：2026 年 1 月 7 日起，将要求新定型车辆按照新法规要求颁发型式批准；2029 年 1 月 7 日起对所有在产车辆实施新法规要求	无	新增项目
14		车道偏离报警系统（LDWS）（UN R130）	对 M2、M3、N2、N3 类车辆的实施：2022 年 7 月 6 日起，对所有在产车辆实施法规要求（拒绝按照原法规对车辆颁发型式批准）	按（EU）No 351/2012 对 M2、M3、N2、N3 类车辆实施	撤销(EU) 351/2012，用 UN R130 代替
15		紧急车道保持系统	对 M1、N1 类车辆实施：2022 年 7 月 6 日起，将要求新定型车辆按照新法规要求颁发型式批准；2024 年 7 月 7 日起对所有在产车辆实施新法规要求	无	新增项目
16	车辆底盘、制动、轮胎和转向	重型车辆自动紧急制动系统（AEB）（UN R131）	对 M2、M3、N2、N3 类车辆实施：2022 年 7 月 6 日起，对所有在产车辆实施法规要求（拒绝按照原法规对车辆颁发型式批准）	按（EU）347/2012 对 M2、M3、N2、N3 类车辆实施	撤销(EU) 347/2012，用 UN R131 代替
17		轻型车辆自动紧急制动系统（AEB）	对 M1、N1 类车辆的实施：2022 年 7 月 6 日起，将要求新定型车辆按照新法规要求颁发型式批准；2024 年 7 月 7 日起对所有在产车辆实施新法规要求	无	新增项目
18		轻型车辆胎压监测系统（TPMS）（UN R141）	对最大质量≤3.5t 的 M1 类车辆实施：2022 年 7 月 6 日起，将要求所有在产车辆按照法规要求颁发型式批准（拒绝按照原法规对车辆颁发型式批准）对 N1 类车辆实施：2022 年 7 月 6 日起，将要求新定型车辆按照新法规要求颁发型式批准；2024 年 7 月 7 日起对所有在产车辆实施新法规要求	对 M1 类车辆实施	扩大适用车型范围

序号	类别	采用的单项法规项目	（EU）2019/2144 与欧盟新的汽车整车型式批准框架性法规（EU）2018/858 相配套	（EC）661/2009 （配套 2007/46/EC）	主要差异
19	车辆底盘、制动、轮胎和转向	重型车辆胎压监测系统（TPMS）	对 M2、M3、N2、N3 类车辆实施：2022 年 7 月 6 日起，将要求新定型车辆按照新法规要求颁发型式批准	无	新增项目
20	车载仪表、电子系统、车辆照明及防盗保护，包括网络攻击	网络攻击防护	对 M、N 类车辆实施：2022 年 7 月 6 日起，将要求新定型车辆按照新法规要求颁发型式批准；2024 年 7 月 7 日起对所有在产车辆实施新法规要求	无	新增项目
21		智能车速辅助	对 M、N 类车辆实施：2022 年 7 月 6 日起，将要求新定型车辆按照新法规要求颁发型式批准；2024 年 7 月 7 日起对所有在产车辆实施新法规要求	无	新增项目
22		紧急停止信号	对 M、N 类车辆实施：2022 年 7 月 6 日起，将要求新定型车辆按照新法规要求颁发型式批准；2024 年 7 月 7 日起对所有在产车辆实施新法规要求	无	新增项目
23		酒精锁安装便利化	对 M、N 类车辆实施：2022 年 7 月 6 日起，将要求新定型车辆按照新法规要求颁发型式批准；2024 年 7 月 7 日起对所有在产车辆实施新法规要求	无	新增项目
24	驾驶员和系统行为	驾驶员疲劳和注意力警报	对 M、N 类车辆实施：2022 年 7 月 6 日起，将要求新定型车辆按照新法规要求颁发型式批准；2024 年 7 月 7 日起对所有在产车辆实施新法规要求	无	新增项目
25		驾驶员注意力分散自动警报系统	对 M、N 类车辆实施：2024 年 7 月 7 日起，将要求新定型车辆按照新法规要求颁发型式批准；2026 年 7 月 7 日起对所有在产车辆实施法规要求	无	新增项目

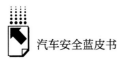

序号	类别	采用的单项法规项目	（EU）2019/2144 与欧盟新的汽车整车型式批准框架性法规（EU）2018/858 相配套	（EC）661/2009（配套 2007/46/EC）	主要差异
26	驾驶员和系统行为	驾驶员可用性监测系统	对 M、N 类自动驾驶车辆实施：2022 年 7 月 6 日起，将要求新定型车辆按照新法规要求颁发型式批准；2024 年 7 月 7 日起对所有在产车辆实施新法规要求	无	自动驾驶车辆专有项目
27		事件数据记录系统（EDR）	对 M1、N1 类车辆实施：2024 年 7 月 7 日起，将要求新定型车辆按照法规要求颁发型式批准；2026 年 7 月 7 日起对所有在产车辆实施法规要求 对 M2、M3、N2、N3 类车辆的实施：2026 年 1 月 7 日起，将要求新定型车辆按照新法规要求颁发型式批准；2029 年 1 月 7 日起对所有在产车辆实施新法规要求	无	新增项目
28		替代驾驶员控制的系统	对 M、N 类自动驾驶车辆实施：2022 年 7 月 6 日起，将要求新定型车辆按照新法规要求颁发型式批准；2024 年 7 月 7 日起对所有在产车辆实施新法规要求	无	自动驾驶车辆专有项目
29		为车辆提供车辆状态及周围环境信息的系统	对 M、N 类自动驾驶车辆实施：2022 年 7 月 6 日起，将要求新定型车辆按照新法规要求颁发型式批准；2024 年 7 月 7 日起对所有在产车辆实施新法规要求	无	自动驾驶车辆专有项目
30		列队跟驰	对 M2、M3、N2、N3 类车辆实施（如安装，则必须符合）：2022 年 7 月 6 日起，将要求新定型车辆按照新法规要求颁发型式批准；2024 年 7 月 7 日起对所有在产车辆实施新法规要求	无	新增项目（非强制安装）
31		为其他道路使用者提供安全信息的系统	对 M、N 类自动驾驶车辆实施：2022 年 7 月 6 日起，将要求新定型车辆按照新法规要求颁发型式批准；2024 年 7 月 7 日起对所有在产车辆实施新法规要求	无	自动驾驶车辆专有项目

从上述内容以及表 2 中可以看出，在车辆安全方面，出口车辆将面临欧盟最新发布实施的汽车安全框架性法规（EU）2019/2144 的相关要求，该法规的发布实施，一下将我国安全标准与欧盟安全法规的差距拉大（本来我国汽车安全标准与欧盟汽车安全技术法规之间的差距近年来在不断缩小，几乎已到了相差不大的程度。例如对于 N2 和 N3 类中重卡，我国现阶段强制性标准和强检项目中，除了少数几个项目，诸如自动紧急制动系统、车道偏离报警系统等项目缺项外，其他项目与欧盟法规差距已不大），一些先进的汽车安全技术（智能驾驶辅助装置）后续几年开始在欧盟强制要求，主要时间节点为 2022 年、2024 年和 2026 年（即法规 EU 2019/2144 原文附件二表中 A、B、C、D 所代表的时间节点，本文已将这些时间节点直接反映在表 2 中），相关先进的安全技术和装置包括如下：

- 自动紧急制动系统（AEB，对行人和自行车）
- 行人和自行车碰撞预警
- 紧急车道保持系统
- 倒车探测（如摄像装置）
- 盲区信息系统
- 重型车辆前方视野
- 重型车辆胎压监测系统（TPMS）
- 网络攻击防护
- 智能车速辅助
- 紧急停止信号
- 酒精锁安装便利化
- 驾驶员疲劳和注意力警报
- 驾驶员注意力分散自动警报系统
- 驾驶员存在监测系统
- 事件数据记录系统（EDR）
- 替代驾驶员控制的系统
- 为车辆提供车辆状态及周围环境信息的系统

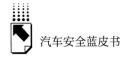
● 列队跟驰

● 为其他道路使用者提供安全信息的系统

上述这些项目都是我国正在制定标准，或还没有纳入公告、3C 强检的，因此如果近期车辆定型准备出口欧盟市场，应考虑上述这些新的法规项目。按照上述不同项目法规实施的时间节点，即使前几年在产车可以不装某些先进的安全装置和系统，但整车定型时至少要考虑留出接口，做好预留安装。如在考虑车辆的布线、娱乐信息系统时，就应考虑和车辆其他电控制装置和系统，包括上述的先进安全装置和功能可能的集成问题（对于中重型商用车辆，还须考虑欧盟法规中要求的车辆行驶记录仪①）。

（三）欧盟汽车安全技术法规新发展的关键要点

1. 关于欧盟实施的新的汽车安全装置和要求

正如本文上述内容和表 2 相关内容的介绍，欧盟新的汽车安全框架性技术法规（EU）2019/2144 的发布和实施，大大提升了汽车产品的安全性能和要求，增加了一大批先进的汽车安全装置和要求（即表 2 中所表述的"新增项目"），自然也就给汽车企业提出了新的达标要求。由于法规（EU）2019/2144 作为汽车安全的框架性技术法规，对汽车安全要求只是提出项目上的总体要求②，各个项目具体的法规要求（包括性能要求、验证是否达标的试验规程、产品的一致性要求等），欧盟将采取如下两种方式进行具体单项技术法规的制定。

（1）欧盟完全根据自身的需求和实际情况，在欧盟自身的法律法规体系框架内，制定自身独有的欧盟汽车安全单项技术法规，即与本文前面所述的"欧盟仍保留使用的自身独有技术法规项目"列举的法规项目性质相同的法规。

（2）在自身能完全把控（包括技术内容和时间进度等方面）和满足自

---

① 即为了有效记录和监督驾驶员是否遵守驾驶作息时间要求的装置。

② 对部分先进的汽车安全装置，法规（EU）2019/2144 中也提出了一些比较具体的技术要求，相关要求可直接参阅法规（EU）2019/2144 文本相关章节。包括法规第二章第 5 条关于胎压监测系统和轮胎的具体规定；第 6 条用于所有机动车类别的高级车辆系统；第 9 条有关公共汽车和卡车的特殊要求；第 10 条有关氢能汽车的特殊要求；第 11 条针对自动驾驶车辆和全自动驾驶车辆的特定要求。

身需求与实际情况的前提下，欧盟将在联合国世界车辆法规协调论坛的组织框架内制定对应上述新的汽车安全项目的联合国 UN（ECE）法规，在这些联合国法规制定出台后，欧盟直接将其纳入整车型式批准体系中，即在整车型式认证和批准程序中，增加应满足单项安全技术法规（ECE）的项目。

后续我国汽车行业应始终密切跟踪收集上述两方面的法规制定的发展情况和法规文本，并及时进行分析研究，切实将法规贯彻落实到产品的规划、研发、制造生产和检测认证等各个环节中。

2. 关于欧盟汽车产品型式认证体系中直接采用的联合国 ECE 法规版本

对于欧盟汽车产品型式批准体制中，包括整车型式批准框架性技术法规（EU）2018/858 和欧盟汽车安全框架性技术法规（EU）2019/2144 中所采用的联合国 UN（ECE）法规，除了法规号，还要始终掌握欧盟所采用的联合国法规的版本，因为联合国法规发展变化非常快，其法规制修订的版本更新速度很快，因此欧盟使用的联合国法规的制修订版本一般也都在其汽车安全框架性技术法规中详细列举。例如最新发布的（EU）2019/2144 法规中，就在其附件一中列举所采用的 ECE 法规版本。因此对于按照整车型式批准框架性技术法规（EU）2018/858 进行整车市场准入的型式批准时，对于法规中直接采用的联合国 ECE 单项技术法规，则按照（EU）2019/2144 附件一所述的版本（或更高的版本），进行单项 ECE 法规的认证和批准即可。如表 3 所示。

表 3　欧盟法规（EU）2019/2144 中列举的联合国 ECE 法规及其版本示例

UN 法规编号	主题	OJ 中发表的一系列修正案	OJ 参考	联合国法规涵盖的范围
1	配备白炽灯 R2 和或 HS1 的前照灯发射不对称近光和或远光	02 系列修正案	OJL 177, 10. 7. 2010, 第 1 页	M,N([a])
3	机动车辆及其拖车的后回复反射装置	02 系列修正案	OJL 323, 6. 12. 2011, 第 1 页	M,N,O
4	机动车辆及其拖车的后牌照明	法规的原始版本	OJL 4, 7. 1. 2012, 第 17 页	M,N,O
6	机动车辆及其拖车的方向指示器	01 系列修正案	OJL 213, 18. 7. 2014, 第 1 页	M,N,O

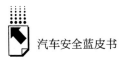

续表

UN 法规编号	主题	OJ 中发表的一系列修正案	OJ 参考	联合国法规涵盖的范围
7	机动车辆及其拖车的前后位置(侧)灯、刹车灯及后轮廓标志灯	02 系列修正案	OJL 285,30.9.2014,第 1 页	M,N,O
8	机动车辆前照灯(H1、H2、H3、HB3、HB4、H7、H8、H9、HIR1、HIR2 和或 H11)	05 系列修正勘误表 1 至版次 4	OJL 177,10.7.2010,第 71 页	M,N(ᵃ)
10	电磁兼容性	05 系列修正案	OJL 41,17.2.2017,第 1 页	M,N,O
11	车门锁和车门保持件	04 系列修正案	OJL 218,21.8.2019,第 1 页	M1,N1
12	在发生碰撞时,保护驾驶员不受转向装置的伤害	04 系列修正案	OJL 89,27.3.2013,第 1 页	M1,N1
13	车辆及拖车的制动	11 系列修正案	OJL 42,18.2.2016,第 1 页	M2,M3,N,O(ᵇ)
13–H	乘用车的制动	法规的原始版本	OJL 335,22.12.2015,第 1 页	M1,N1
14	安全带固定装置	07 系列修正案	OJL 218,19.8.2015,第 27 页	M,N
16	安全带、约束系统、儿童乘员约束系统和 ISOFLX 儿童乘员约束系统	07 系列修正案	OJL 109,27.4.2018,第 1 页	M,N
17	座椅及其固定装置和任何头部保护装置	08 系列修正案	OJL 230,31.8.2010,第 81 页	M,N
18	保护机动车免于违例使用	03 系列修正案	OJL 120,13.5.2010,第 29 页,	M₂,M₃,N₂,N₃
19	机动车前雾灯	04 系列修正案	OJL 250,22.8.2014,第 1 页	M,N
20	配备卤素白炽灯(H₄ 灯)的前照灯发射不对称近光或远光,或两者同时发生	03 系列修正案	OJL 177,10.7.2010,第 170 页	M,N(ᵃ)
21	内部配件	01 系列修正案	OJL 188,16.7.2008,第 32 页	M₁

后续随着联合国 UNECE 法规制修订版本的不断发展,欧盟也会继续对(EU)2019/2144 法规做出相应的修订,包括修订欧盟所采用的 ECE 法规的最新版本。

3. 关于（EU）2019/2144对欧盟汽车整车型式批准框架性法规（EU）2018/858的修订

欧盟汽车安全框架性技术法规（EU）2019/2144 除了对汽车产品提出新的先进安全技术和要求，明确了欧盟汽车产品认证批准体系中所采用的联合国 ECE 法规和版本外，还就汽车安全领域的项目，对欧盟整车型式批准框架性法规（EU）2018/858 相关内容，主要是应满足的单项技术法规项目进行了修订。因此在使用法规（EU）2018/858 时，应考虑这些修订内容。本文第一部分在对法规（EU）2018/858 进行介绍时，已将相关内容纳入，即法规（EU）2019/2144 附件三相关内容。

附　　录

Appendices

B.23
2019年中国汽车安全大事记

2019 年 3 月 15 日　由中国汽车技术研究中心有限公司主办的"《汽车自动驾驶技术路线图》信息安全技术研讨会"召开。《汽车自动驾驶技术路线图》课题关注自动驾驶技术前沿问题，研究自动驾驶技术的发展路径及预期目标，推进市场向技术重点领域聚集。

2019 年 3 月 15 日　交通运输部发布《营运车辆自动紧急制动系统性能要求和测试规程》。该标准规定了营运车辆自动紧急制动系统的一般要求、功能要求、环境适应性要求和测试规程，自 2019 年 4 月 1 日起实施。

2019 年 3 月 25 日　国家市场监管总局、国家标准化管理委员会发布 GB/T 37295 – 2019《城市公共设施 电动汽车充换电设施安全技术防范系统要求》。该标准规定了城市公共设施电动汽车充换电设施安全技术防范系统的总体要求，充电站、电池更换站、分散式充电设施和管理与维护等相关要求，自 2019 年 10 月 1 日起实施。

2019 年 3 月 25 日　国家市场监管总局、国家标准化管理委员会发布 GB/T

37337 - 2019《汽车侧面柱碰撞的乘员保护》。该标准规定了汽车侧面柱碰撞乘员保护的技术要求和试验方法，适用于 M1 类汽车，自 2019 年 10 月 1 日起实施。

2019 年 5 月 10 日　国家市场监管总局、国家标准化管理委员会发布 GB/T 37378 - 2019《交通运输 信息安全规范》。该标准规定了交通运输信息安全技术体系架构和通用技术要求，包括构成交通运输信息系统的用户终端、载运装备单元、基础设施单元、计算中心、网络与通信各基本组成部分的信息安全通用和专项技术要求，自 2019 年 12 月 1 日起实施。

2019 年 5 月 10 日　国家市场监管总局、国家标准化管理委员会发布 GB/T 37437 - 2019《正面安全气囊 离位乘员保护技术要求》。该标准规定了前排正面安全气囊离位乘员保护的试验方法和技术要求，适用于具有离位乘员保护功能的正面安全气囊系统，自 2019 年 12 月 1 日起实施。

2019 年 7 月 16 ~ 18 日　全国汽车标准化技术委员会智能网联汽车分标委组织召开涉及先进驾驶系统、自动驾驶、汽车信息安全和网联功能与应用等相关领域的 14 项相关标准项目组会议。主要内容包括"汽车交通拥堵辅助控制系统性能要求及试验方法"、"后部交通穿行提示系统性能要求及试验方法"、"乘用车紧急转向辅助系统技术要求和试验方法"、"全速自适应巡航系统性能要求及试验方法"、"自动驾驶功能评价指南"、"智能网联汽车 术语和定义"、"无人物流车标准需求研究"、"感知融合标准化研究"、"汽车信息安全通用技术要求"、"汽车网关信息安全技术要求"、"电动汽车充电信息安全技术要求"、"车载信息交互系统信息安全技术要求"、"基于 LTE-V2X 直连通信的车载信息交互系统技术要求"和"道路车辆 网联车辆方法论"等。

2019 年 7 月 16 日　国家市场监管总局、生态环境部联合起草的《机动车环境保护召回管理规定（征求意见稿）》面向社会公开征求意见。征求意见稿的提出意味着机动车产品不符合大气污染物排放标准或者不符合环境保护耐久性要求的将被纳入召回管理当中。

2019 年 7 月 29 日　国家市场监管总局、国家标准化管理委员会发布 GB 7258 - 2017《机动车运行安全技术条件》（第 1 号修改单）。修改单对

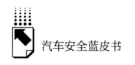
2017 年发布、2018 年 1 月 1 日实施的 GB 7258－2017 号文件进行了补充。其中，第 4.4.1.4 条、第 4.6.3 条自批准之日起实施。第 11.2.10 条，自 2019 年 11 月 1 日起，对新生产的车长大于或等于 6m 的设有乘客站立区的客车和未设置乘客站立区的公共汽车实施；自 2020 年 8 月 1 日起，对新生产的车长大于 9m 的公路客车和旅游客车实施。第 11.3.13 条和第 11.3.14 条自 2019 年 8 月 1 日起对新生产车实施。

2019 年 9 月 20 日　中国汽车技术研究中心有限公司联合北京新能源汽车股份有限公司开展了全球范围内首次公开电动汽车三车双重碰撞测试，以极限条件验证纯电动汽车的被动安全和电气安全，直击消费者最关心的安全问题，试验取得圆满成功。

2019 年 9 月 27 日，工业和信息化部起草的《关于促进网络安全产业发展的指导意见（征求意见稿）》面向社会公开征求意见。意见指出，到 2025 年，培育形成一批年营收超过 20 亿元的网络安全企业，形成若干具有国际竞争力的网络安全骨干企业，网络安全产业规模超过 2000 亿元。

2019 年 11 月 14 日　"道路车辆功能安全标准研究制定工作组"启动国家标准 GB/T 34590－2017《道路车辆 功能安全》修订工作。国家标准 GB/T 34590－2017（包含 10 个部分，修改采用国际标准 ISO 26262－2011）针对车辆电控系统因发生故障、功能失效而导致车辆失控、人员伤亡等安全风险，提出了全生命周期（设计、开发、生产、运行、服务、报废）内的功能安全要求和流程管控要求，对于从设计开发源头提升车辆安全技术水平及企业安全管理水平具有重要指导意义。

2019 年 12 月 10 日　国家市场监管总局、国家标准化管理委员会发布 GB/T 38283－2019《电动汽车灾害事故应急救援指南》。该标准给出了电动汽车发生火灾、碰撞、泡水等灾害事故时的灭火和应急救援指导，自 2019 年 12 月 1 日起实施。

2019 年 12 月 20 日　交通运输部、工业和信息化部、公安部、生态环境部、应急管理部、国家市场监管总局颁布联合部令《危险货物道路运输安全管理办法》，自 2020 年 1 月 1 日起施行。旨在深入贯彻落实党中央、国务院部署要求，切实强化安全管理，将有效预防危货道路运输事故，保障人民群众生命财产安全。

2019 年 12 月 25 日　由江苏省市场监督管理局发布并归口，好孩子儿童用品有限公司、亿科检测认证有限公司、江苏大学单位起草的 DB32/T 3677 – 2019《高速儿童汽车安全座椅技术规范》正式实施。

B.24

各国新车评价规程测试评价统计

附表 1 《C-NCAP 管理规则（2018 年版）》测试评价统计（2019 年第一批～2020 年第一批）

单位：分，%

序号	生产企业及型号	测试年份	乘员保护		行人保护		主动安全		综合评价		星级/电安全
			得分	得分率	得分	得分率	得分	得分率	电气安全	得分率	
	A 类乘用车										
1	浙江吉利汽车有限公司 MR7153C04（领克 02 1.5T 两驱耀 Pro）	2019 年第 1 批	68.576	97.97	11.788	78.59	14.584	97.23	/	95.0	★★★★☆
2	北京现代汽车有限公司 BH7161CAAV（菲斯塔 280TGDi DLX DCT 智速版）	2019 年第 1 批	59.483	84.98	8.834	58.89	4.000	26.67	/	72.3	★★★
3	东风汽车有限公司 DFL7160VAN8I（T60 1.6L CVT 智趣版）	2019 年第 2 批	65.884	94.11	11.748	78.32	14.091	93.94	/	91.7	★★★★
4	上汽大众汽车有限公司 SVW71521DF（新朗逸 1.5L 自动舒适版）	2019 年第 3 批	63.896	91.28	11.539	76.93	13.786	91.91	/	89.2	★★★★
5	北汽（广州）汽车有限公司 BJ7152CSFCH（智道 U7 1.5T CVT 新智版）	2019 年第 4 批	58.940	84.20	9.210	61.40	4.000	26.67	/	72.2	★★★

续表

序号	生产企业及型号	测试年份	乘员保护		行人保护		主动安全		综合评价		星级/电安全
			得分	得分率	得分	得分率	得分	得分率	电气安全	得分率	
A类乘用车											
6	广汽丰田汽车有限公司 GTM7121LPCJM（雷凌 185T 豪华版）	2019年第4批	65.443	93.49	11.808	78.72	14.567	97.11	/	91.8	★★★★
7	东风汽车有限公司 DFL7162VANH2（轩逸 1.6XL CVT 悦享版）	2019年第4批	64.785	92.55	11.797	78.65	14.382	95.88	/	91.0	★★★★
B类乘用车											
1	上汽通用汽车有限公司 SGM7157EAA1（新君威 20T 精英型）	2019年第1批	64.266	91.81	13.055	87.03	9.825	65.50	/	87.2	★★★★★
2	广汽本田汽车有限公司 GHA7150AAC5C（雅阁 260TURBO 精英版）	2019年第2批	62.923	89.89	11.668	77.79	12.538	83.59	/	87.1	★★★★
3	天津一汽丰田汽车有限公司 TV7256G6（亚洲龙 2.5L 汽油动力 Touring 尊贵版）	2019年第3批	64.922	92.75	10.844	72.29	12.063	80.42	/	87.8	★★★★
4	广汽乘用车有限公司 GAC7152B2A6A（GA6 270T AT 尊贵版）	2020年第1批	66.678	95.25	10.241	68.27	14.381	95.87	/	91.3	★★★★
5	上汽大众汽车有限公司 SVW72023FV（帕萨特 330TSI 精英版）	2020年第1批	66.400	94.86	10.879	72.53	14.068	93.79	/	91.4	★★★★

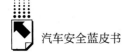

续表

序号	生产企业及型号	测试年份	乘员保护		行人保护		主动安全		综合评价		星级/电安全
			得分	得分率	得分	得分率	得分	得分率	电气安全	得分率	
	多功能乘用车（MPV）										
1	浙江吉利汽车有限公司 MR6471D03（嘉际 智擎 1.5TD 尊享型）	2019 年第 2 批	64.070	91.53	10.483	69.89	14.758	98.39	/	89.3	★★★★
	运动型乘用车（SUV）										
1	广州汽车集团乘用车(杭州)有限公司 GAH6470D2M6A（GS5 270T 自动尊享版）	2019 年第 1 批	66.231	94.62	10.250	68.33	14.573	97.15	/	91.1	★★★★★
2	华晨宝马汽车有限公司 BMW6475AX/BMW6475CX（X3 xDrive 25i M 运动套装型）	2019 年第 1 批	66.458	94.94	13.052	87.01	15.000	100.00	/	94.5	★★★★★
3	华晨鑫源重庆汽车有限公司 JKC6460F5ZA（C01 1.5T – 6AT 智 up）	2019 年第 1 批	53.047	75.78	4.938	32.92	0.000	0.00	/	58.0	★★
4	江西大乘汽车有限公司 JML6472A62（G70S 2.0T 自动至尊型）	2019 年第 1 批	59.119	84.46	9.489	63.26	4.000	26.67	/	72.6	★★★
5	重庆长安汽车股份有限公司 SC6482BDH5（科赛 1.5T 自动炫型）	2019 年第 2 批	65.194	93.13	10.500	70.00	11.222	74.81	/	86.9	★★★★
6	一汽－大众汽车有限公司 FV6461LAQBG（Q5L 荣享时尚型）	2019 年第 2 批	66.867	95.52	11.502	76.68	15.000	100.00	/	93.4	★★★★☆

续表

序号	生产企业及型号	测试年份	乘员保护		行人保护		主动安全		综合评价		星级/电安全
			得分	得分率	得分	得分率	得分	得分率	电气安全	得分率	
7	北京现代汽车有限公司 BH6490MCAV（胜达 380TGDi GLS 2WD 8AT 豪华版）	2019 年第 3 批	65.102	93.00	10.170	67.80	14.343	95.62	/	89.6	★★★★
8	奇瑞汽车股份有限公司 SQR6471T1AT9（瑞虎 8 290TGDI 自动豪华版）	2019 年第 3 批	60.159	85.94	10.635	70.90	14.024	93.49	/	84.8	★★★★
9	上汽大通汽车有限公司 SH6472P1GB（D60 1.5T 自动潮享版）	2019 年第 4 批	64.128	91.61	10.904	72.69	13.906	92.71	/	88.9	★★★★
10	合肥长安汽车有限公司 SC6479BEH6（CS75 PLUS 1.5T 自动尊贵型）	2019 年第 4 批	63.417	90.60	10.625	70.83	11.401	76.01	/	85.4	★★★★
11	四川野马汽车股份有限公司 SQJ6450C4（博骏 1.5T CVT 领动型）	2019 年第 4 批	41.486	59.27	6.163	41.09	4.000	26.67	/	51.7	★★
12	一汽一大众汽车有限公司 FV6462LADDG（探岳 330TSI 两驱豪华型）	2019 年第 4 批	67.910	97.01	12.205	81.37	14.464	96.43	/	94.6	★★★★☆
13	广汽本田汽车有限公司 GHA6460RAC6B 型（皓影 240TURBO CVT 两驱尊贵版）	2020 年第 1 批	65.487	93.55	12.562	83.75	14.097	93.98	/	92.2	★★★★

续表

序号	生产企业及型号	测试年份	乘员保护		行人保护		主动安全		综合评价		星级/
			得分	得分率	得分	得分率	得分	得分率	电气安全	得分率	电安全
	EV/HEV										
1	威马汽车制造温州有限公司 SZS6460A05BEV（EX5 400 Extra 创新版）	2019 年第 2 批	63.254	90.36	10.117	67.45	10.217	68.11	安全	83.6	★★★★
2	上海蔚来汽车有限公司 HFC6502ECEV1－W（ES8 七座版）	2019 年第 2 批	65.009	92.87	10.169	67.79	13.257	88.38	安全	88.4	★★★★★
3	长城汽车股份有限公司 CC7001CE03BEV（iQ 智联型）	2019 年第 2 批	58.878	84.11	9.327	62.18	4.000	26.67	安全	72.2	★★★
4	广州小鹏汽车科技有限公司 HMA7001S68BEV（G3 智享版）	2019 年第 2 批	67.549	96.50	10.551	70.34	14.113	94.09	安全	92.2	★★★★★
5	上海汽车集团股份有限公司 CSA6461FBEV1（MARVEL X 后驱版）	2019 年第 3 批	65.531	93.62	11.072	73.81	15.000	100.00	安全	91.6	★★★★★
6	比亚迪汽车有限公司 BYD7008BEVA（秦 Pro EV 智联领耀型）	2019 年第 3 批	59.888	85.55	10.861	72.41	13.710	91.40	安全	84.5	★★★★★
7	安徽江淮汽车集团股份有限公司 HFC7001EAEV7（iEV7S 豪华智尊型精装版）	2019 年第 3 批	42.277	60.40	10.610	70.73	0.000	0.00	安全	52.9	★★
8	广汽乘用车有限公司 GAM7000BEVA0C（AION.S 魅 Evo 630）（EV）	2019 年第 4 批	57.889	82.70	9.700	64.67	10.473	69.82	安全	78.1	★★★

续表

序号	生产企业及型号	测试年份	乘员保护		行人保护		主动安全		综合评价		星级/电安全
			得分	得分率	得分	得分率	得分	得分率	电气安全	得分率	
9	株式会社斯巴鲁 SKEHL1S（森林人智擎旗舰版 EyeSight）(HEV)	2019年第4批	63.921	91.32	12.157	81.05	14.267	95.11	安全	90.4	★★★★
10	浙江豪情汽车制造有限公司 HQ7002BEV37（几何 A 高维标准续航幂方版）(EV)	2020年第1批	65.320	93.31	9.769	65.13	14.077	93.85	安全	89.2	★★★★

附表2　欧洲 Euro NCAP 新车评价规程测试评价统计（2018~2019 年）

单位：%

序号	生产企业	测试年度	测试车型号	成人保护	儿童保护	弱势道路使用者	安全辅助	星级
			微型车					
1	德国大众汽车公司	2019年	Audi A1 sportback	95	85	73	80	★★★★★
2	美国福特汽车公司	2019年	Ford Puma	94	84	77	74	★★★★★
3	法国雷诺汽车公司	2019年	Renault Clio Zen 1.0 TCe 100, LHD	96	89	72	75	★★★★★
4	德国欧宝公司	2019年	Opel Corsa 1.2 'Edition', LHD	84	86	66	69	★★★★
5	法国标致汽车公司	2019年	Peugeot 208 1.2L Puretech 75, LHD	91	86	56	71	★★★★
6	德国大众汽车公司	2019年	VW e-up! 'Move Up', LHD	81	83	46	55	★★★
7	德国大众汽车公司	2019年	VW e-up! 'Move Up', LHD	81	83	46	55	★★★
8	日本铃木公司	2018年	Jimny 1.5L GLX	73	84	52	50	★★★
9	意大利菲亚特汽车公司	2018年	FIAT Panda Easy 1.2 Fire, LHD	45	16	47	7	☆

311

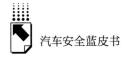

续表

序号	生产企业	测试年度	测试车型号	成人保护	儿童保护	弱势道路使用者	安全辅助	星级
			小型家用车					
1	德国宝马汽车公司	2019年	BMW 118i, LHD	83	87	76	72	★★★★
2	美国福特汽车公司	2019年	Ford Focus 1.0 'Trend', LHD	96	87	72	75	★★★★★
3	韩国起亚汽车公司	2019年	Kia Ceed 1.4T-GDI 'EX', LHD	88	85	68	73	★★★★
4	日本马自达株式会社	2019年	Mazda 3 2.0 petrol, LHD	98	87	81	73	★★★★★
5	德国戴姆勒梅赛德斯奔驰汽车公司	2019年	Mercedes-Benz CLA 180, AMG Line, LHD	96	91	91	75	★★★★★
6	上海汽车集团公司	2019年	MG ZS EV, LHD	90	85	64	70	★★★★★
7	韩国双龙汽车公司	2019年	SsangYong Korando 1.6 diesel, LHD	88	85	68	74	★★★★★
8	日本丰田汽车公司	2019年	Toyota Corolla Hatchback 1.8, LHD	95	84	86	77	★★★★★
9	德国大众汽车公司	2019年	VW Golf, 1.5 petrol 'Comfortline', LHD	95	89	76	78	★★★★★
10	德国大众汽车公司	2019年	Škoda Scala 1.0 TSI "Ambition", LHD	97	87	81	76	★★★★★
11	韩国起亚汽车公司	2019年	Kia Ceed 1.4T-GDI 'EX', LHD	88	85	52	68	★★★★
12	美国福特汽车公司	2018年	Ford Focus 1.0 'Trend', LHD	85	87	72	75	★★★★★
13	德国戴姆勒梅赛德斯奔驰汽车公司	2018年	Mercedes-Benz A 180 d, LHD	96	91	92	75	★★★★★
14	日产汽车公司	2018年	Nissan LEAF 'Acenta', LHD	93	86	71	71	★★★★★
			大型家用车					
1	德国宝马汽车公司	2019年	BMW 320d, LHD	97	87	87	76	★★★★★
2	美国福特汽车公司	2019年	Ford Mondeo 2.0 diesel 'Titanium' Estate, LHD	96	87	70	73	★★★★★
3	美国特斯拉公司	2019年	Tesla Model 3 Long Range RWD, LHD	96	86	74	94	★★★★★

续表

序号	生产企业	测试年度	测试车型号	成人保护	儿童保护	弱势道路使用者	安全辅助	星级
			大型家用车					
4	德国大众汽车公司	2019年	Škoda Octavia Combi 1.5 TSI "Ambition", LHD	92	88	73	79	★★★★
5	丰田汽车公司	2018年	Lexus ES 300h 'Comfort', RHD	91	87	90	77	★★★★★
6	马自达株式会社	2018年	Mazda6 2.2 diesel 'Core', LHD	95	91	66	73	★★★★★
7	法国标致汽车公司	2018年	Peugeot 508 BlueHDi 1.5, LHD	96	86	71	79	★★★★★
9	瑞典沃尔沃集团	2018年	Volvo V60 D4 Momentum	96	84	74	76	★★★★★
			商务车					
1	德国保时捷公司	2019年	Porsche Taycan 4S Performance Battery, LHD	85	83	70	73	★★★★★
2	德国大众汽车公司	2018年	Audi A6 40 TDI Sportline 4x2, LHD	93	85	81	76	★★★★★
3	德国大众汽车公司	2018年	Audi A6 40 TDI Sportline 4x2, LHD	93	85	81	76	★★★★★
4	英国捷豹汽车有限公司	2018年	I-PACE SE EV400	91	81	73	81	★★★★★
			运动跑车					
1	德国宝马汽车公司	2019年	BMW Z4 sDrive 30i, LHD	97	87	91	76	★★★★★
			小型MPV					
1	德国戴姆勒梅赛德斯奔驰汽车公司	2019年	Mercedes-Benz B 180 - Progressive Line, LHD	96	90	78	75	★★★★
2	德国大众汽车公司	2019年	VW T-Cross 1.0 petrol 'Life', LHD	97	86	81	80	★★★★
3	法国标致汽车公司	2018年	Peugeot Rifter BlueHDi 100 Allure, LHD	91	81	58	68	★★★

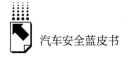

续表

序号	生产企业	测试年度	测试车型号	成人保护	儿童保护	弱势道路使用者	安全辅助	星级
			小型MPV					
4	美国福特汽车公司	2018年	Ford Tourneo Connect 1.5 diesel 'Titanium', LHD	92	79	65	75	★★★
5	法国标致汽车公司	2018年	Peugeot Rifter BlueHDi 100 Allure, LHD	91	81	58	68	★★★
6	法国标致汽车公司	2018年	Peugeot Rifter BlueHDi 100 Allure, LHD	91	81	58	68	★★★
7	法国标致汽车公司	2018年	Peugeot Rifter BlueHDi 100 Allure, LHD	91	81	58	68	★★★
			大型MPV					
1	德国大众汽车公司	2019年	VW Sharan 1.4 'Comfortline', LHD	89	78	59	62	★★★
2	德国大众汽车公司	2019年	VW Sharan 1.4 'Comfortline', LHD	89	78	59	62	★★★
			小型越野					
1	法国雪铁龙公司	2019年	Citroen C5 Aircross 1,51 Hdi Live	89	86	67	82	★★★★
2	法国标致雪铁龙集团	2019年	DS 3 Crossback,1.2 Puretech 100,LHD	96	86	64	76	★★★★
3	美国福特汽车公司	2019年	Ford Kuga 2.0 diesel 4x4 automatic, LHD	92	86	82	73	★★★★
4	丰田汽车公司	2019年	Lexus UX 250h, LHD	96	85	82	77	★★★★
5	马自达株式会社	2019年	MAZDA CX-30 2.0 petrol, LHD	99	86	80	77	★★★★
6	德国戴姆勒制梅赛德斯奔驰汽车公司	2019年	Mercedes-Benz EQC 400 4MATIC - AMG Line	96	90	75	75	★★★★

续表

序号	生产企业	测试年度	测试车型号	成人保护	儿童保护	弱势道路使用者	安全辅助	星级
			小型越野					
7	德国戴姆勒梅赛德斯奔驰汽车公司	2019年	Mercedes-BenzGLB 200 – AMG-Line, LHD	92	88	78	74	★★★★
8	英国MG公司	2019年	MG HS 1.5 petrol, RHD	92	81	64	76	★★★★
9	日产汽车公司	2019年	Nissan Juke, DIG-T 117, N-Connecta, LHD	94	85	81	73	★★★★
10	法国标致汽车公司	2019年	Peugeot 2008 Allure 1.2 Puretech 130, LHD with optional safety pack	93	84	73	73	★★★★★
11	英国路虎公司	2019年	Range Rover Evoque R Dynamic 'S', 2.0 diesel, RHD	94	87	72	73	★★★★★
12	法国雷诺汽车公司	2019年	Renault Captur 1.0 TCe, LHD	96	83	75	74	★★★★★
13	日本斯巴鲁汽车公司	2019年	Subaru Forester 2.0i-L EyeSight	97	91	80	78	★★★★★
14	日本丰田汽车公司	2019年	Toyota RAV4 Hybrid AWD, LHD	93	87	85	77	★★★★★
15	德国大众汽车公司	2019年	Škoda Kamiq 1.0 petrol 'Ambition', LHD	93	85	81	76	★★★★★
16	法国雪铁龙公司	2019年	Citroen C5 Aircross 1,5l Hdi Live, LHD	87	86	58	75	★★★
17	法国标致雪铁龙集团	2019年	DS 3 Crossback,1.2 Puretech 100, LHD	87	86	54	63	★★★★
18	美国戴姆勒－克莱斯勒公司	2019年	Jeep Cherokee 2.2 diesel ESS 'Limited', LHD	80	78	56	69	★★★★
19	法国标致汽车公司	2019年	Peugeot 2008 Allure 1.2 Puretech 130, LHD	91	84	62	68	★★★★

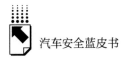

续表

序号	生产企业	测试年度	测试车型号	成人保护	儿童保护	弱势道路使用者	安全辅助	星级
			小型越野					
20	中国爱驰汽车有限公司	2019年	Aiways U5,LHD	73	70	45	55	★★★
21	美国戴姆勒－克莱斯勒公司	2019年	Jeep Renegade 1.0 'LIMITED', LHD	82	84	55	58	★★★
22	德国大众汽车公司	2018年	Audi Q3 2.0 TDI,4x4,LHD	95	86	76	85	★★★★★
23	瑞典沃尔沃集团	2018年	Volvo XC40 D4 AWD Momentum	97	87	71	76	★★★★★
			大型越野					
1	德国大众汽车公司	2019年	Audi e-tron 55 quattro,LHD	91	85	71	76	★★★★★
2	德国大众汽车公司	2019年	Audi Q7 50 TDI quattro S line,LHD	92	86	71	72	★★★★★
3	德国大众汽车公司	2019年	Audi Q8 50 TDI quattro,LHD	93	87	71	73	★★★★★
4	美国福特汽车公司	2019年	Ford Explorer Plug-in Hybrid,LHD	87	86	61	7	★★★★★
5	本田株式会社	2019年	Honda CR-V 2.0 Hybrid,LHD	93	83	70	76	★★★★★
6	德国戴姆勒梅赛德斯奔驰汽车公司	2019年	Mercedes-Benz G350d,LHD	90	83	78	72	★★★★★
7	德国戴姆勒梅赛德斯奔驰汽车公司	2019年	Mercedes-Benz GLE 350d 4MATIC-AMG Line,LHD	91	90	78	78	★★★★★
8	西班牙西亚特公司	2019年	SEAT Tarraco 1.5 TSI R4,LHD	97	84	79	79	★★★★★
9	美国特斯拉公司	2019年	Tesla Model X Long Range,LHD	98	81	72	94	★★★★★
10	德国宝马汽车公司	2018年	BMW X5 xDrive30d,LHD	89	86	75	75	★★★★★
11	韩国现代汽车股份有限公司	2018年	Hyundai NEXO GL,LHD	94	87	67	80	★★★★★
12	韩国现代汽车股份有限公司	2018年	Hyundai Santa Fe 2.2CRDi,LHD	94	88	67	76	★★★★★
13	德国大众汽车公司	2018年	VW Touareg 3.0 diesel "Elegance", LHD	89	86	72	81	★★★★★
14	美国戴姆勒－克莱斯勒公司	2018年	Jeep Wrangler Sahara 4-Door Unlimited	50	69	49	32	★

皮 书

智库报告的主要形式
同一主题智库报告的聚合

❖ 皮书定义 ❖

皮书是对中国与世界发展状况和热点问题进行年度监测,以专业的角度、专家的视野和实证研究方法,针对某一领域或区域现状与发展态势展开分析和预测,具备前沿性、原创性、实证性、连续性、时效性等特点的公开出版物,由一系列权威研究报告组成。

❖ 皮书作者 ❖

皮书系列报告作者以国内外一流研究机构、知名高校等重点智库的研究人员为主,多为相关领域一流专家学者,他们的观点代表了当下学界对中国与世界的现实和未来最高水平的解读与分析。截至 2020 年,皮书研创机构有近千家,报告作者累计超过 7 万人。

❖ 皮书荣誉 ❖

皮书系列已成为社会科学文献出版社的著名图书品牌和中国社会科学院的知名学术品牌。2016 年皮书系列正式列入"十三五"国家重点出版规划项目;2013~2020 年,重点皮书列入中国社会科学院承担的国家哲学社会科学创新工程项目。

权威报告·一手数据·特色资源

皮书数据库
ANNUAL REPORT(YEARBOOK)
DATABASE

分析解读当下中国发展变迁的高端智库平台

所获荣誉

- 2019年，入围国家新闻出版署数字出版精品遴选推荐计划项目
- 2016年，入选"'十三五'国家重点电子出版物出版规划骨干工程"
- 2015年，荣获"搜索中国正能量 点赞2015""创新中国科技创新奖"
- 2013年，荣获"中国出版政府奖·网络出版物奖"提名奖
- 连续多年荣获中国数字出版博览会"数字出版·优秀品牌"奖

成为会员

通过网址www.pishu.com.cn访问皮书数据库网站或下载皮书数据库APP，进行手机号码验证或邮箱验证即可成为皮书数据库会员。

会员福利

- 已注册用户购书后可免费获赠100元皮书数据库充值卡。刮开充值卡涂层获取充值密码，登录并进入"会员中心"—"在线充值"—"充值卡充值"，充值成功即可购买和查看数据库内容。
- 会员福利最终解释权归社会科学文献出版社所有。

社会科学文献出版社 皮书系列
SOCIAL SCIENCES ACADEMIC PRESS (CHINA)

卡号：726781762772
密码：

数据库服务热线：400-008-6695
数据库服务QQ：2475522410
数据库服务邮箱：database@ssap.cn
图书销售热线：010-59367070/7028
图书服务QQ：1265056568
图书服务邮箱：duzhe@ssap.cn

基本子库 SUB DATABASE

中国社会发展数据库（下设 12 个子库）

整合国内外中国社会发展研究成果，汇聚独家统计数据、深度分析报告，涉及社会、人口、政治、教育、法律等 12 个领域，为了解中国社会发展动态、跟踪社会核心热点、分析社会发展趋势提供一站式资源搜索和数据服务。

中国经济发展数据库（下设 12 个子库）

围绕国内外中国经济发展主题研究报告、学术资讯、基础数据等资料构建，内容涵盖宏观经济、农业经济、工业经济、产业经济等 12 个重点经济领域，为实时掌控经济运行态势、把握经济发展规律、洞察经济形势、进行经济决策提供参考和依据。

中国行业发展数据库（下设 17 个子库）

以中国国民经济行业分类为依据，覆盖金融业、旅游、医疗卫生、交通运输、能源矿产等 100 多个行业，跟踪分析国民经济相关行业市场运行状况和政策导向，汇集行业发展前沿资讯，为投资、从业及各种经济决策提供理论基础和实践指导。

中国区域发展数据库（下设 6 个子库）

对中国特定区域内的经济、社会、文化等领域现状与发展情况进行深度分析和预测，研究层级至县及县以下行政区，涉及地区、区域经济体、城市、农村等不同维度，为地方经济社会宏观态势研究、发展经验研究、案例分析提供数据服务。

中国文化传媒数据库（下设 18 个子库）

汇聚文化传媒领域专家观点、热点资讯，梳理国内外中国文化发展相关学术研究成果、一手统计数据，涵盖文化产业、新闻传播、电影娱乐、文学艺术、群众文化等 18 个重点研究领域。为文化传媒研究提供相关数据、研究报告和综合分析服务。

世界经济与国际关系数据库（下设 6 个子库）

立足"皮书系列"世界经济、国际关系相关学术资源，整合世界经济、国际政治、世界文化与科技、全球性问题、国际组织与国际法、区域研究 6 大领域研究成果，为世界经济与国际关系研究提供全方位数据分析，为决策和形势研判提供参考。

法律声明

　　"皮书系列"（含蓝皮书、绿皮书、黄皮书）之品牌由社会科学文献出版社最早使用并持续至今，现已被中国图书市场所熟知。"皮书系列"的相关商标已在中华人民共和国国家工商行政管理总局商标局注册，如LOGO（▧）、皮书、Pishu、经济蓝皮书、社会蓝皮书等。"皮书系列"图书的注册商标专用权及封面设计、版式设计的著作权均为社会科学文献出版社所有。未经社会科学文献出版社书面授权许可，任何使用与"皮书系列"图书注册商标、封面设计、版式设计相同或者近似的文字、图形或其组合的行为均系侵权行为。

　　经作者授权，本书的专有出版权及信息网络传播权等为社会科学文献出版社享有。未经社会科学文献出版社书面授权许可，任何就本书内容的复制、发行或以数字形式进行网络传播的行为均系侵权行为。

　　社会科学文献出版社将通过法律途径追究上述侵权行为的法律责任，维护自身合法权益。

　　欢迎社会各界人士对侵犯社会科学文献出版社上述权利的侵权行为进行举报。电话：010-59367121，电子邮箱：fawubu@ssap.cn。

社会科学文献出版社